教育部人文社会科学研究青年基金项目——"长期护理保险的缴费机制研究：基于政府、企业和居民缴费责任分担视角下的测算（19YJC790068）"

# 我国长期护理保险制度缴费机制研究

李新平　著

南开大學出版社

天　津

**图书在版编目(CIP)数据**

我国长期护理保险制度缴费机制研究 / 李新平著
. 一天津 : 南开大学出版社, 2024.1
ISBN 978-7-310-06594-3

Ⅰ. ①我… Ⅱ. ①李… Ⅲ. ①护理-保险制度-研究
-中国 Ⅳ. ①F842.625

中国国家版本馆 CIP 数据核字(2024)第 009242 号

我国长期护理保险制度缴费机制研究
WOGUO CHANGQI HULI BAOXIAN ZHIDU JIAOFEI JIZHI YANJIU

### 南开大学出版社出版发行
出版人:刘文华
地址:天津市南开区卫津路 94 号　　邮政编码:300071
营销部电话:(022)23508339　营销部传真:(022)23508542
https://nkup.nankai.edu.cn

河北文曲印刷有限公司印刷　全国各地新华书店经销
2024 年 1 月第 1 版　2024 年 1 月第 1 次印刷
240×170 毫米　16 开本　13.75 印张　2 插页　216 千字
定价:72.00 元

如遇图书印装质量问题,请与本社营销部联系调换,电话:(022)23508339

# 序 言

长期护理保险最早产生于荷兰，后因老龄化趋势愈演愈烈，老年人护理需求增加，而传统家庭护理功能弱化，使得老年护理由家庭问题转变为社会问题，很多国家纷纷将长期护理保险发展为一种社会保障制度，以解决失能老年人长期护理需求，并且取得了较好成效。

2020 年第七次全国人口普查数据显示，我国全国人口[①]60 岁及以上人口为 2.64 亿，占总人口比例为 18.70%，其中 65 岁及以上人口为 1.91 人，占总人口比例为 13.50%。与 2010 年第六次全国人口普查数据相比，上述占比分别上升了 5.44% 和 4.63%，与 2000 年我国刚刚步入人口老龄化社会时相比，分别上升了 8.37% 和 6.54%。老龄化速度不断提升致使老龄化问题，尤其是失能老人问题愈发凸显。我国是世界上老年人口最多的国家，目前约有 4000 万失能、半失能老年人，"一人失能、全家失衡"是这些老年人家庭的真实写照[②]。我国早在 2016 年就启动了长期护理保险试点工作，目前全国共有 29 个城市和 2 个重点省份被纳入试点实践范围。尽管各试点地区政策文件提出要探索建立多元化的筹资缴费机制，但事实上绝大多数试点地区严重依附于医疗保险基金，没有形成独立的筹资渠道，不但容易造成医保基金赤字，也对长期护理保险作为独立险种运行构成较大挑战。

本书从系统发展的角度出发，把长期护理保险基金收支和结余视为一个

---

[①] 根据国务院第七次全国人口普查领导小组办公室于 2021 年 5 月 11 日发布的"第七次全国人口普查公报"指标，全国人口是指我国大陆 31 个省、自治区、直辖市和现役军人的人口，不包括居住在 31 个省、自治区、直辖市的港澳台居民和外籍人员。本书中出现的"我国人口"数据统计口径与此处一致。

[②] 新华社.突破"一人失能、全家失衡"困境，这份重磅文件开出"药方".[2021-12-11]，https://www.gov.cn/zhengce/2021-12/11/content_5660052.htm.

系统，对个人、企业、政府三方责任主体的现实缴费负担能力进行情景模拟分析，将政府、企业和个人三方缴费责任的界定与缴费模式相结合，通过回归分析和系统动力学结构方程模型仿真模拟展开长期护理保险各方主体缴费责任和缴费比例分担机制的研究。全书主要研究内容包括：第一章阐述了选题背景，界定了本书涉及的重要概念；第二章对长期护理保险缴费机制和缴费责任的相关理论和研究展开综述；第三章和第四章分别介绍了国外典型国家、我国部分首批试点城市长期护理保险发展的实践和经验，并对其发展成效进行了述评；第五章在阐述政府、企业和个人三方主体的缴费责任归因的基础上，重点测算了三方可负担的社保缴费能力水平；第六章借助系统动力学方法和结构方程模型测算了政府、企业和个人三方政府财政定额补贴和比例补贴两种情景下共同负担缴费责任时的缴费负担比例及各自的缴费率，并从中找出最优的三方缴费率和缴费负担比例，同时将缴费责任分担与前述国内外的典型缴费模式相结合进一步测算，得出强制缴费、自愿缴费、"强制＋自愿"缴费、福利缴费四种不同模式下政府、企业和个人的缴费负担比例和缴费率，为我国建立全国性长期护理保险制度的缴费筹资提供理论和数据支持；第七章主要为我国长期护理保险缴费机制提供了些许建议。

由于作者自身水平和时间有限，在本书的写作中难免存在错误和疏漏之处，恳请各位专家、学者提出宝贵意见，帮助作者在此领域进行更加深入的研究。

李新平

2023 年 10 月

# 目 录

# 第一章 导 论

## 第一节 选题背景及意义

### 一、选题背景

党的十九大报告想出了"实施健康中国战略",并明确指出"人民健康是民族昌盛和国家富强的重要标志。要完善国民健康政策,为人民群众提供全方位全周期健康服务"[①]。我国是世界上老年人口最多的国家,健康老龄化是实现 "健康中国战略"的重要组成部分。根据全国老龄工作委员会办公室发布的数据,2015 年我国城乡失能老年人数量突破了 4000 万人,比 2010 年增加了 700 万人,其中完全失能生活不能自理老年人多达 1240 万,预计到 2050 年,我国 60 岁以上老年人数量将达到 4.83 亿,占总人口比例超过 34%,失能老年人将有 9750 万人。失能老年人需要不同程度的长期护理服务,与医疗急性护理不同的是,失能老年人需要的护理时间比较长,护理的主要目的是维持老年人的身体机能和健康状况,提高其生存质量。党的二十大报告提出"把保障人民健康放在优先发展的战略位置,完善人民健康促进政策""实施积极应对人口老龄化国家战略,发展养老事业和养老产业……""健全社会保障体系。社会保障体系是人民生活的安全网和社会运行的稳定器。健全覆盖全民、统筹城乡、公平统一、安全规范、可持续的多层次社会保障体系""建立长期护理保险制度,积极发展商业医疗保险"。[②]

尽管我国已于 2016 年在 15 个城市启动首批试点探索建立长期护理保险制度,但是由于目前试点范围小,无法满足所有老年人对长期护理保险的需

---

① 党的十九大报告,2017 年 10 月 18 日。
② 党的二十大报告,2022 年 10 月 16 日。

求。因此，设计合理的缴费机制是建立全国性长期护理保险制度亟待解决的重要问题。本书的选题是基于以下三方面的背景开展研究的。

## （一）人口老龄化加速发展

人口老龄化是 21 世纪我国面临的基本国情之一。老年人口基数大、发展速度快、城乡倒置、高龄化程度深等问题使得我国老龄化形势比预期更严峻。根据 1956 年联合国发布的《人口老龄化及其社会经济后果》确立的划分标准，当一个国家或地区 65 岁及以上老年人口数量占总人口的比例超过 7% 时，则意味着这个国家或地区进入老龄化阶段；65 岁及以上老年人口占比超过 14%，意味着进入深度老龄化阶段；超过 20% 时，就进入了超级老龄化阶段。1982 年维也纳老龄问题世界大会明确了 60 岁及以上老年人口占总人口比例超过 10%，意味着这个国家或地区进入老龄化社会。

根据 65 岁及以上老年人口占比超过 7% 的标准，我国在 1999 年迈入了人口老龄化阶段。截至 2021 年末，我国总人口为 14.13 亿人，其中，60 岁及以上人口为 2.67 亿人，占总人口的 18.9%；65 岁及以上人口为 2.01 亿人，占总人口的 14.2%。如此庞大的老年人口基数和占比，对我国社会养老造成了较大负担力，2000 年我国老年人抚养比是 9.9%，到 2021 年上升为 20.8%（见表 1-1）。

表 1-1　我国 2000—2021 年人口结构及抚养比　　单位：万人，%

| 年份 | 总人口 | 0~14 岁人口总数 | 15~64 岁人口总数 | 65 岁及以上人口总数 | 65 岁及以上人口占比 | 总抚养比 | 少儿抚养比 | 老年抚养比 |
|---|---|---|---|---|---|---|---|---|
| 2000 | 126 743 | 29 012 | 88 910 | 8821 | 7.0 | 42.6 | 32.6 | 9.9 |
| 2001 | 127 627 | 28 716 | 89 849 | 9062 | 7.1 | 42.0 | 32.0 | 10.1 |
| 2002 | 128 453 | 28 774 | 90 302 | 9377 | 7.3 | 42.2 | 31.9 | 10.4 |
| 2003 | 129 227 | 28 559 | 90 976 | 9692 | 7.5 | 42.0 | 31.4 | 10.7 |
| 2004 | 129 988 | 27 947 | 92 184 | 9857 | 7.6 | 41.0 | 30.3 | 10.7 |
| 2005 | 130 756 | 26 504 | 94 197 | 10 055 | 7.7 | 38.8 | 28.1 | 10.7 |
| 2006 | 131 448 | 25 961 | 95 068 | 10 419 | 7.9 | 38.3 | 27.3 | 11.0 |
| 2007 | 132 129 | 25 660 | 95 833 | 10 636 | 8.0 | 37.9 | 26.8 | 11.1 |
| 2008 | 132 802 | 25 166 | 96 680 | 10 956 | 8.2 | 37.4 | 26.0 | 11.3 |
| 2009 | 133 450 | 24 659 | 97 484 | 11 307 | 8.5 | 36.9 | 25.3 | 11.6 |
| 2010 | 134 091 | 22 259 | 99 938 | 11 894 | 8.9 | 34.2 | 22.3 | 11.9 |
| 2011 | 134 735 | 22 164 | 100 283 | 12 288 | 9.1 | 34.4 | 22.1 | 12.3 |
| 2012 | 135 404 | 22 287 | 100 403 | 12 714 | 9.4 | 34.9 | 22.2 | 12.7 |
| 2013 | 136 072 | 22 329 | 100 582 | 13 161 | 9.7 | 35.3 | 22.2 | 13.1 |
| 2014 | 136 782 | 22 558 | 100 469 | 13 755 | 10.1 | 36.2 | 22.5 | 13.7 |

续表

| 年份 | 总人口 | 0～14岁人口总数 | 15～64岁人口总数 | 65岁及以上人口总数 | 65岁及以上人口占比 | 总抚养比 | 少儿抚养比 | 老年抚养比 |
|---|---|---|---|---|---|---|---|---|
| 2015 | 137 462 | 22 715 | 100 361 | 14 386 | 10.5 | 37.0 | 22.6 | 14.3 |
| 2016 | 138 271 | 23 008 | 100 260 | 15 003 | 10.9 | 37.9 | 22.9 | 15.0 |
| 2017 | 139 008 | 23 348 | 99 829 | 15 831 | 11.4 | 39.2 | 23.4 | 15.9 |
| 2018 | 140 541 | 23 751 | 100 065 | 16 724 | 11.9 | 40.4 | 23.7 | 16.8 |
| 2019 | 141 008 | 23 689 | 99 552 | 17 767 | 12.6 | 41.5 | 23.8 | 17.8 |
| 2020 | 141 212 | 25 277 | 96 871 | 19 064 | 13.5 | 45.9 | 26.2 | 19.7 |
| 2021 | 141 260 | 24 678 | 96 526 | 20 056 | 14.2 | 46.3 | 25.6 | 20.8 |

资料来源：《中国统计年鉴2022》。

　　根据联合国预测的人口数来看（见表1-2），2022—2100年我国65岁及以上老年人口占比将从13.72%增长到40.93%，即21世纪末我国总人口中将有超过40%是65岁及以上老年人，并且60岁及以上老年人口数量将在2055年左右达到峰值（约5.17亿人）。联合国预测我国65岁以上老年人口占比将在2023年超过14%，成为"老龄社会"国家。从2000年进入老龄化社会阶段到2023年进入老龄社会阶段，我国仅用了23年，除长于韩国（18年）外，比日本（24年）还短了1年时间，远远短于德国（40年）、英国（45年）、美国（71年）、法国（115年）从老龄化社会迈入老龄社会的时间。到2033年，预测我国65岁及以上老年人口占比将超过20%，进入超老龄社会阶段，仅用了10年，这一速度大大快于日本（11年）、意大利（20年）、德国（36年）、法国（不低于39年）、英国（不低于43年）。

表1-2　我国老年人口测算规模结果　　　　单位：万人，%

| 年份 | 总人口数 | 60岁及以上人口总数 | 60岁及以上人口占比 | 65岁及以上人口总数 | 65岁及以上人口占比 | 65岁以上老年人抚养比 |
|---|---|---|---|---|---|---|
| 2022 | 1 425 887 | 264 707 | 18.56 | 195 665 | 13.72 | 21.38 |
| 2023 | 1 425 671 | 278 069 | 19.50 | 203 395 | 14.27 | 22.39 |
| 2024 | 1 425 179 | 292 592 | 20.53 | 208 501 | 14.63 | 23.16 |
| 2025 | 1 424 382 | 305 849 | 21.47 | 211 989 | 14.88 | 23.72 |
| 2030 | 1 415 606 | 370 721 | 26.19 | 258 046 | 18.23 | 30.01 |
| 2031 | 1 412 946 | 383 954 | 27.17 | 269 486 | 19.07 | 31.64 |
| 2032 | 1 410 013 | 395 909 | 28.08 | 279 831 | 19.85 | 33.12 |
| 2033 | 1 406 810 | 406 894 | 28.92 | 290 919 | 20.68 | 34.73 |
| 2034 | 1 403 315 | 416 583 | 29.69 | 303 132 | 21.60 | 36.54 |
| 2035 | 1 399 548 | 424 229 | 30.31 | 315 199 | 22.52 | 38.37 |
| 2040 | 1 377 557 | 447 060 | 32.45 | 360 257 | 26.15 | 46.20 |

| 年份 | 总人口数 | 60 岁及以上人口总数 | 60 岁及以上人口占比 | 65 岁及以上人口总数 | 65 岁及以上人口占比 | 65 岁以上老年人抚养比 |
|---|---|---|---|---|---|---|
| 2045 | 1 349 757 | 473 141 | 35.05 | 375 762 | 27.84 | 51.83 |
| 2050 | 1 312 636 | 509 409 | 38.81 | 394 976 | 30.09 | 60.49 |
| 2055 | 1 263 513 | 517 311 | 40.94 | 424 879 | 33.63 | 70.21 |
| 2060 | 1 205 021 | 505 054 | 41.91 | 428 234 | 35.54 | 74.53 |
| 2065 | 1 144 051 | 488 750 | 42.72 | 414 809 | 36.26 | 76.24 |
| 2070 | 1 085 288 | 480 181 | 44.24 | 400 351 | 36.89 | 79.87 |
| 2075 | 1 029 036 | 478 716 | 46.52 | 393 839 | 38.27 | 87.88 |
| 2080 | 972 907 | 469 510 | 48.26 | 393 464 | 40.44 | 97.69 |
| 2085 | 916 809 | 436 995 | 47.66 | 386 687 | 42.18 | 100.80 |
| 2090 | 863 320 | 407 207 | 47.17 | 359 728 | 41.67 | 97.88 |
| 2095 | 813 719 | 382 266 | 46.98 | 335 662 | 41.25 | 95.66 |
| 2100 | 766 673 | 361 612 | 47.17 | 313 821 | 40.93 | 95.02 |

资料来源：根据联合国经济与社会事务部人口司《世界人口展望 2022》发布的预测数据整理计算得到。

## （二）传统家庭养老功能弱化

传统的家庭养老功能是基于亲子关系基础之上子女对老人的赡养。自古以来，尊老养老在我国就具有深厚的文化基础。秦汉时期《孝经》曾言："夫孝，天之经也，地之义也，人之行也。"认为孝是立德之本，民间更有"百善孝为先"的文化道德传统。当代我国更加注重弘扬尊老、敬老、助老的传统美德，大力提倡爱老养老，发挥传统孝道的积极意义。

养老主要涉及"谁来养"和"怎么养"两大重点问题。前者是责任主体问题，后者是养老内容问题。我国《宪法》第 49 条明确规定"成年子女有赡养扶助父母的义务"。2018 年修正的《中华人民共和国老年人权益保障法》规定老年人的子女及其他依法负有赡养义务的人应当履行对老年人经济上供养、生活上照料和精神上慰藉的义务，照顾老年人的特殊需要。可见，我国法律对子女赡养老人的规定非常明确、详细，很多省份陆续出台了探亲假等政策，但实际中法律执行很难落地。家庭是老年人养老的重要场所和依托，有无子女、子女多寡、与子女同住与否决定了老年人是否可能获得赡养及被赡养程度。

### 1. 家庭养老面临人手不够难题

1978 年以来，我国经济快速增长，人民生活水平不断提升，社会医疗水平逐步改善，国民健康水平得到了稳步提升，人均预期寿命从 1990 年的 68.55

岁上升到 2022 年的 77.93 岁①。与此同时，我国于 1976 年实施计划生育政策，规定一对夫妻只能生一个孩子，但随着近年来我国老年人口数量和比例日益增长，家庭户均人口数大幅下降，再加上人口出生率大幅下降，传统主要依靠家庭养老的模式面临诸多挑战。2011 年我国开始实施"双独二胎"政策，2016 年实施全面放开二胎政策，2016 年人口出生率高达 13.57‰，较上年增长了 1.58‰，之后我国人口出生率连年下降，2021 年只有 7.52‰，比 2020 年下降了 1‰②。目前来看，人口出生率低的问题仍未得到明显改善。家庭养老面临人手不足问题，2021 年全国家庭户均人口数为 2.77 人③，就业劳动力和人口流动增加客观上造成了老年"空巢"家庭率上升，即独居型老年家庭已达半数，大中城市达到 70%，子女赡养老人难以实现④。目前，老年人的主要照料护理者依次是配偶（占 43.5%）、儿子（占 28.6%）、女儿（占 10.5%）和儿媳（占 10%），可见绝大多数老年人主要是由配偶来照顾养老的（见表 1-3）。但由于现实中老年人的配偶绝大多数也是老年人，自身健康状况堪忧，难以提供适当的日常照料护理，因此传统依赖子女提供赡养的家庭养老功能日益弱化。

表 1-3 按性别划分的老年人照料护理者占比情况　　　　单位：%

| 照料护理人来源 | 女 | 男 | 总计 |
| --- | --- | --- | --- |
| 配偶 | 32.9 | 57.9 | 43.5 |
| 儿子 | 33.6 | 21.8 | 28.6 |
| 儿媳 | 13.8 | 5.0 | 10.0 |
| 女儿 | 13.4 | 6.6 | 10.5 |
| 女婿 | 0.3 | 0.2 | 0.3 |
| 孙子女 | 1.4 | 0.8 | 1.1 |
| 其他亲属 | 0.8 | 2.7 | 1.6 |
| 朋友 / 邻居 | 0.2 | 0.2 | 0.2 |
| 志愿人员 | 0 | 0.1 | 0 |
| 家政服务者 | 2.8 | 2.9 | 2.8 |
| 医疗护理机构人员 | 0.1 | 0.1 | 0.1 |

① 国家卫生健康委员会 2022 年 7 月 5 日新闻发布会数据，https://www.gov.cn/xinwen/2022-07/05/content_5699370.htm 。

② 《中国统计年鉴 2022》及根据其数据计算所得。

③ 《中国统计年鉴 2022》。

④ 老龄委：大中城市老年空巢家庭率已达 70%.[2015-11-09]. 央广网，http://finance.cnr.cn/gundong/20151109/t20151109_520438564.shtml.

| 照料护理人来源 | 女 | 男 | 总计 |
|---|---|---|---|
| 养老机构人员 | 0.6 | 1.5 | 1.0 |
| 社区工作人员 | 0 | 0 | 0 |
| 其他人 | 0.1 | 0.1 | 0.1 |
| 总计 | 100 | 99.9 | 99.8 |

资料来源：全国老龄工作委员会办公室. 第四次中国城乡老年人生活状况抽样调查总数据集 [M]. 北京：华龄出版社，2018.

### 2. 老年人获得的家庭经济供养不足

首先，从全国范围来看，劳动收入、离退休金和家庭供养是老年人的三大主要生活来源，2005 年、2010 年、2015 年和 2020 年我国老年人家庭供养比例分别是 46.95%、40.72%、36.68% 和 32.66%（见表 1-4）。与其他收入来源相比，家庭供养虽然是现阶段我国重要的养老方式，但其比例呈下滑趋势，越来越多的老年人将难以从家庭内部获得经济供养，转而更加依赖离退休金来维持老年生活。

其次，从性别差异来看，女性较男性更依赖于家庭其他成员供养，2005 年、2010 年、2015 年和 2020 年分别有 61.60%、52.59%、45.89% 和 41.39% 的女性选择由家庭其他成员供养。与女性相比，2020 年男性首选离退休金养老金作为主要生活来源，在此之前则首选劳动收入作为主要生活来源（见表 1-4）。女性平均寿命高于男性，因此年迈的老年女性面临更大的失能压力。

最后，从不同生活来源变化趋势看，无论从性别还是全国范围来看，依赖离退休金养老金、其他收入作为主要生活收入来源的老年人整体比例都显著提高了，2020 年全国数据分别比 2005 年提高了 13.01% 和 6.78%。2015 年依赖离退休金养老金作为主要生活来源的老年人比例超过了依赖劳动收入的老年人比例，离退休金养老金成为我国老年人第二大主要生活来源，依赖离退休金养老金的老年人比例与依赖家庭供养的老年人比例差异缩小至 6.47%（见表 1-4）。2020 年第七次全国人口普查数据显示，退休金养老金已经超过家庭其他成员供养成为我国最重要的养老生活来源。可见，随着人口生育率走低、家庭"小型化"和老年人口比例扩大，未来老年人对家庭经济供养的依赖程度仍然会降低，这就需要提高社会保障覆盖面，减轻家庭养老负担。

表1-4　近年来我国分性别60岁及以上老年人主要生活来源构成　单位：%

| 类别 | 2020年 | 2015年 | 2010年 | 2005年 |
|---|---|---|---|---|
| 劳动收入全国占比 | 21.97 | 23.47 | 29.07 | 27.47 |
| 男性占比 | 28.78 | 30.11 | 36.59 | 36.08 |
| 女性占比 | 15.62 | 17.19 | 21.92 | 19.23 |
| 离退休金养老金全国占比 | 34.67 | 30.21 | 24.12 | 21.66 |
| 男性占比 | 36.71 | 32.91 | 28.89 | 28.21 |
| 女性占比 | 32.77 | 27.65 | 19.58 | 15.39 |
| 家庭其他成员供养全国占比 | 32.66 | 36.68 | 40.72 | 46.95 |
| 男性占比 | 23.29 | 26.94 | 28.24 | 31.64 |
| 女性占比 | 41.39 | 45.89 | 52.59 | 61.60 |
| 其他收入来源全国占比 | 10.70 | 9.65 | 6.09 | 3.92 |
| 男性占比 | 11.22 | 10.04 | 6.28 | 4.07 |
| 女性占比 | 10.22 | 9.27 | 5.92 | 3.78 |

资料来源：根据《中国人口普查年鉴2020》第六次人口普查资料2015年全国1%人口抽样调查数据和2005年全国1%人口抽样调查数据计算而得。

### 3. 缺乏精神慰藉，老年人孤独寂寞感加深

1943年，马斯洛在其专著《人类动机理论》中提出了需求层次论（见图1-1），他认为人的需求按重要性和层次性排序，从低到高依次是生理需求、安全需求、社会需求、尊重需求和自我实现需求，人们只有满足了较低层次的需求后才会追求更高层次的需求。精神慰藉的本质是中级需求，随着我国经济社会发展，人们在满足了基本的吃、喝、住、用、行等物质生活需求之后，更加注重情感等精神层次的满足。

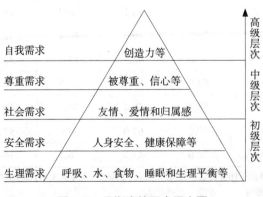

图1-1　马斯洛的需求层次图

国内对老年人精神慰藉的研究开始较晚。穆光宗（2004）对老年人的精神赡养问题进行研究，他指出精神赡养从广义上看包括对老年人的情感支持和心理慰藉，是孝心的具体表达形式，可见精神慰藉是老年人精神赡养的主要内容之一。老年人的情感慰藉需求是对家庭亲情和天伦之乐的心理需求，他们希望儿女能够通过聊天和陪伴等具体的言语形式和行为形式来表现对长辈的关怀和照护。

衣食无忧、吃饱穿暖是老年人最基本的生理需求。物质生活需求的满足不能代替精神生活需求，在人们整体生活水平提高的前提下，越来越多的老年人更加注重精神慰藉和精神生活满足。在现代化经济社会发展过程中，城市化进程逐步推进，人口流动频繁，人人平等观念深化，导致亲子关系中的"情感纽带"日益凸显并发挥作用，精神慰藉将更依赖于情感的力量而不是因为威严的父权或法律强制执行。当前我国老年人的精神慰藉正朝着积极向上的方向发展，但仍然存在着失独、失能、空巢，以及被子女冷落、虐待等因素导致的难以获得精神慰藉的问题。以孤单感衡量老年人获得的精神慰藉情况显示，2015 年全国超过 1/3 的老年人感到孤单，农村的这一比例高于城市。另外，老年人年龄越大，感到孤单的人口比例就越高，超过一半 85 岁以上的高龄老人感到孤单，而 60～64 岁的老年人的这一比例不到 1/3（见表 1-5）。

表1-5　2015 年分区域的老年人孤单感的情况　　　　单位：%

| 年龄（岁） | 城市 | | 农村 | | 全国 | |
| --- | --- | --- | --- | --- | --- | --- |
| | 孤单 | 不孤单 | 孤单 | 不孤单 | 孤单 | 不孤单 |
| 60～64 | 23.5 | 77.5 | 34.1 | 66.0 | 28.2 | 71.8 |
| 65～69 | 26.2 | 73.8 | 39.6 | 60.4 | 32.8 | 67.2 |
| 70～74 | 30.4 | 69.6 | 46.3 | 53.7 | 38.1 | 61.8 |
| 75～79 | 36.0 | 64.0 | 53.2 | 46.7 | 44.1 | 55.9 |
| 80～84 | 41.3 | 58.7 | 60.4 | 39.6 | 49.6 | 50.4 |
| 85 以上 | 49.4 | 50.6 | 67.0 | 33.0 | 57.4 | 42.7 |
| 总计 | 30.0 | 70.0 | 43.9 | 56.1 | 36.6 | 63.4 |

资料来源：全国老龄工作委员会办公室. 第四次中国城乡老年人生活状况抽样调查总数据集 [M]. 北京：华龄出版社，2018.

## （三）长期护理资金筹资压力较大

2016 年全国老龄办等发布的"第四次中国城乡老年人生活状况抽样调查成果"显示，2015 年末全国高龄老年人口达到 2500 万人，失能老年人大约有 4063 万人，占老年人口的 18.3%，约 3000 多万失能人口、残疾人生活不能自理，无法正常劳动，难以获得相应的劳动收入，日常生活经济能力严重欠缺。同时，他们需要长期护理服务，以维持身体机能和保持健康状态，提高生存质量。但由于现阶段我国家庭结构小型化、传统家庭养老功能弱化等因素导致失能老年人需要向社会购买长期护理服务，目前除了部分城市实施长期护理保险制度试点和部分城市针对特定老年人给予护理补贴之外，绝大多数老年人需要自付长期护理费用。

2014 年我国城乡老年人平均年收入是 3.67 万元，平均年支出是 2.82 万元，收支余额不足 1 万元（见表 1-6），能够负担 1000 元以上机构养老费用的老年人超过 50%，农村的这一比例高达 86.5%，城市是 41.1%，城乡老年人能够负担 1000 元以上、2000 元以下机构养老费用的比例是 30.1%，只有不到 16% 的老年人能够承担 2000 元及以上的机构养老费用。[①] 可见，老年人收入有限，难以支付日益增长的长期护理费用，给自身及家庭其他成员造成较大的经济压力。现有城乡基本医疗保险制度仅支付急慢性病医疗费用，而不包括失能护理费用，面对如此巨大的失能护理需求及由此产生的护理费用负担问题，我国急需构建长期护理保险制度为其提供资金保障。

表 1-6　城乡老年人 2014 年家庭总支出、总收入情况　　单位：万元

| 类别 | 年龄（岁） | 60～64 | 65～69 | 70～74 | 75～79 | 80～84 | 85 以上 | 合计 |
|------|-----------|--------|--------|--------|--------|--------|--------|------|
| 城镇 | 总支出 | 4.04 | 3.70 | 3.45 | 3.35 | 3.43 | 3.41 | 3.67 |
| | 总收入 | 5.25 | 4.91 | 4.71 | 4.68 | 4.9 | 4.96 | 4.95 |
| 农村 | 总支出 | 2.14 | 1.91 | 1.75 | 1.67 | 1.67 | 1.79 | 1.90 |
| | 总收入 | 2.58 | 2.28 | 2.01 | 2.02 | 2.04 | 2.29 | 2.28 |
| 城乡合计 | 总支出 | 3.11 | 2.82 | 2.62 | 2.57 | 2.66 | 2.69 | 2.82 |
| | 总收入 | 3.94 | 3.62 | 3.40 | 3.44 | 3.66 | 3.76 | 3.67 |

资料来源：全国老龄工作委员会办公室. 第四次中国城乡老年人生活状况抽样调查总数据集 [M]. 北京：华龄出版社，2018.

---

① 全国老龄工作委员会办公室. 第四次中国城乡老年人生活状况抽样调查总数据集 [M]. 北京：华龄出版社，2018.

为了保障失能人员基本生活权益，提升他们的生活质量，2016 年 7 月人力资源和社会保障部（以下简称"人社部"）发布了《关于开展长期护理保险制度试点的指导意见》，在承德市、长春市等 15 个城市和吉林省、山东省两个重点省份启动了长期护理保险制度试点，开始探索建立以社会互助共济方式筹集资金，为长期失能人员的基本生活照料和与基本生活密切相关的医疗护理提供资金或服务保障的社会保险制度。经过近三年的实践运行，大部分试点地区的资金来源于医疗保险基金，包括医疗保险基金的结余、医疗保险的统筹基金和个人账户基金等。如果未来要扩大试点范围，则会产生较大的筹资压力，一旦医保基金面临收支压力将直接影响长期护理保险试点制度的可持续性。因此，设计合理的缴费机制是未来建立全国性长期护理保险制度亟待解决的重要问题。

## 二、研究思路

可持续的缴费筹资机制是长期护理保险制度建立和运行的关键，其核心问题主要包括两方面：一是缴费责任确定和资金来源，二是缴费率测算研究。本书将围绕这两大问题展开，首先分析长期护理保险缴费机制和缴费责任的相关理论，然后基于国别分析法和比较分析法深入研究国内外长期护理保险缴费的实践做法，并归纳总结出当今国际长期护理保险缴费责任分担演进的一般规律，尤其是关于不同主体责任分担的机制。在此基础上测算我国长期护理保险缴费水平，利用系统分析模型来测算政府、企业和个人的缴费分担比例及其缴费责任分担机制实施效果并进行比较，寻找较为科学合理的长期护理保险缴费责任界定方法和缴费责任分担机制，并对我国未来构建长期护理保险制度的缴费机制提出政策建议。

## 三、研究意义

## （一）理论价值

为应对日益严重的老年失能护理问题，很多国家将长期护理保险发展成了一项重要的社会保障制度。根据福利多元主义理论，社会福利的提供者包括政府、企业和居民家庭等，不同主体应承担不同缴费责任，单独依靠政府、企业和居民家庭任何一方都存在不足，多元化主体承担缴费责任是社会福利发展的方向。在人口快速老龄化和"未富先老"相叠加的基本国情下，资金短缺是制约我国建立长期护理保险制度的重要因素。本书拟尝试采用福里斯特（Forrester）教授创立的系统动力学（System Dynamic，SD）模型解决此难题，对构成政府、企业和居民三方缴费责任分担机制的要素进行因果分析，仿真模拟长期护理保险缴费系统测算这三方最优的缴费责任分担比例，为推行和构建全国性长期护理保险制度提供理论和方法参考。

### （二）应用价值

现阶段，由于家庭结构小型化、妇女劳动参与率提高，传统家庭护理功能被弱化，失能老年人向社会购买长期护理服务时，需要支付全部长期护理费用，然而老年人收入有限，失能之后失去了主要收入来源，而且现有城乡基本医疗保险制度仅支付急慢性病医疗费用，而不囊括失能护理费用，失能老年人家庭只能依靠家庭成员转移支付度日，日益增长的护理费用支出不仅对其自身，也给其家庭造成了沉重经济负担。因此，我国急需在现行试点长期护理保险制度的基础上建立全国性长期护理保险制度，以解决日益攀升的长期护理费用问题。基于此，本书将长期护理保险制度的缴费机制作为研究对象，从政府、企业和居民的缴费责任着眼，研究三方责任主体的合理缴费比例和缴费责任分担机制，希望构建可持续的长期护理保险缴费机制，为推动全国性长期护理保险制度的建立提供参考。

## 第二节 长期护理保险的相关内容

### 一、长期护理保险的概念界定

"长期护理"可追溯到 12 ～ 15 世纪的英国，当时是为低收入和残疾人建立庇护所并提供长期护理服务。第二次世界大战后，大量伤残退伍军人和鳏寡者涌现，刺激了长期护理服务需求大幅增长，长期护理保险应运而生。长期护理保险是为参保人因机体老化、慢性疾病和意外伤残导致失能所需康复和护理支付费用而给付补偿的一种健康保险。

## （一）长期护理保险与照护保险

长期护理保险（Long-term Care Insurance，LTC），目前国内主要有护理保险、照护保险两种表述方式。

一是长期护理保险在政府相关文件中出现的频次相对较高。2016 年人社部发布了《关于开展长期护理保险制度试点的指导意见》（简称《意见》）。2019 年 3 月 5 日十三届全国人大二次会议上的《政府工作报告》提出"2019 年政府工作任务……（四）促进形成强大国内市场，持续释放内需潜力。充分发挥消费的基础作用、投资的关键作用，稳定国内有效需求，为经济平稳运行提供有力支撑"，明确提出要"扩大长期护理保险制度试点，让老年人拥有幸福的晚年，后来人就有可期的未来"。部分试点城市，如青岛市、上海市、山东省等地区也已出台了本地区的长期护理保险试点办法或意见。①

二是世界卫生组织及我国部分地方政府文件中使用了"照护保险"的提法。例如，长春市于 2017 年印发了《长春市失能人员医疗照护保险实施办法（试行）》。2017 年南通市印发了《南通市基本照护保险实施细则》等一系列政府文件，在我国开创了建立基本照护保险制度的先河。

## （二）医疗护理、长期护理与长期照护

医疗护理是指有计划、有条理地执行基础的或常规的护理活动，需要协助医师治疗，熟知并观察患者的病情，对患者的生命体征、营养情况、体重等进行定期观察监测，并从生理、心理等方面照顾患者的日常生活起居和基本安全等。医疗护理通常是急症的临床护理或短期护理。

长期护理区别于医疗护理，其护理对象通常是难以恢复自理能力并需要长期护理（超过 6 个月）的失能人员。美国医疗保险协会（Health Insurance Association of America，HIAA）认为长期护理是指在较长时间内，持续地为患有慢性疾病（如阿尔茨海默病等认知障碍）或处于伤残状态（即功能性损伤）的人提供的护理，具体包括医疗服务、社会服务、居家服务、运送服务或其他支持性服务。

此外，传统意义上的护理是医学名词，常见于医院患者的疾病治疗护理、

---

① 2016 年，人力资源和社会保障部印发的《关于开展长期护理保险制度试点的指导意见》（人社厅发〔2016〕80 号）规定，青岛市、长春市、承德市、齐齐哈尔市、上海市、苏州市、南通市、宁波市、安庆市、上饶市、荆门市、广州市、重庆市、成都市、石河子市为首批长期护理保险试点城市，吉林省和山东省作为国家试点的重点联系省份。

诊查和用药护理等方面，而失能并不意味疾病的发生，失能人员需要的是日常生活照料，而不是传统的疾病护理。

世界卫生组织在 2015 年发布的《关于老龄化与健康的全球报告》中使用了"长期照护"一词，并将其定义为"由他人采取的活动，其目的是确保存在严重且持续的内在能力丧失或有相应风险者维持一定水平的功能发挥，以使其获得基本权利、根本的自由和人格尊严"。2019 年 4 月，国务院办公厅发布的《关于推进养老服务发展的意见》（国办发〔2019〕5 号）也使用了"建立健全高龄、失能老年人长期照护服务体系……"这一说法。

我国目前尚未有明确的关于"长期护理"与"长期照护"的概念界定，从现有政府文件和试点地区实施情况来看，这两种表述方式均主要是指针对由于慢性疾病或丧失日常生活能力的失能老年人进行恢复和修补，维持其日常生活能力。因此，本书将其统一表述为"长期护理"，对应的保险统一表述为"长期护理保险"。

## 二、失能评估工具

2016 年 6 月 27 日人力资源和社会保障部办公厅发布了《关于开展长期护理保险制度试点的指导意见》（人社厅发〔2016〕80 号），明确指出我国"长期护理保险制度以长期处于失能状态的参保人群为保障对象，重点解决重度失能人员基本生活照料和与基本生活密切相关的医疗护理等所需费用。试点地区可根据基金承受能力，确定重点保障人群和具体保障内容，并随经济发展逐步调整保障范围和保障水平"。因此，参保人获得长期护理保险待遇的基础是进行失能程度评定，我国医保局等部门于 2021 年出台了《长期护理失能等级评估标准（试行）》（医保办发〔2021〕37 号），要求新增 14 个试点城市必须实施执行，2016 年首批 15 个试点城市在 2023 年之前可以继续实施各地以往发布的地方性失能评估标准。目前，针对失能评估的标准主要从躯体功能、精神状态及两者综合角度进行评估。

### （一）躯体功能评估工具

躯体功能评估重点评估老年人每天独立生活必须进行的最基本的身体工作能力，可分为日常生活活动项目（Activities of Daily Living，ADL）和工具性日常生活活动项目（Instrumental Activities of Daily Living，IADL）两大类型，前者如吃饭、洗澡、穿衣、控制排便等，后者包括购物、做饭、使用交通工具等活动。目前针对基础性日常生活活动项目的评估工具使用比较普遍的是 Barthel 指数评定量表。

1965 年美国学者马奥尼（Mahoney）和巴特利（Barthel）正式发布了 Barthel 指数评定量表[①]，主要用于对慢性病患者的 ADL 能力进行评估。2014 年 5 月 1 日，我国实施的中华人民共和国卫生行业标准 WS/T 431-2013《护理分级》规定要依据病情等级和（或）自理能力等级确定患者护理分级，其中自理能力等级就是依据患者的 Barthel 指数总分来确定的。Barthel 指数包括 10 项评估内容，根据是否需要帮助及其帮助程度分别赋予 0、5、10、15 分，总分为 100 分，得分越高，表示自理能力越强；反之，则意味着依赖程度越高，护理等级越高。Barthel 指数评定结果共包括无需依赖、轻度依赖、中度依赖和重度依赖 4 个等级（见表 1-7）。

表 1-7　Barthel 指数评定量表

| 评估内容 | 评估计分标准 | | | | 评估日期和结果 | |
| --- | --- | --- | --- | --- | --- | --- |
| | 0 分 | 5 分 | 10 分 | 15 分 | | |
| 1.进食 | 需极大帮助 | 部分独立或需部分帮助 | 独立 | / | | |
| 2.洗澡 | 部分独立或需部分帮助 | 独立 | / | / | | |
| 3.修饰 | 部分独立或需部分帮助 | 独立 | / | / | | |
| 4.穿衣 | 需极大帮助 | 部分独立或需部分帮助 | 独立 | / | | |
| 5.控制大便 | 失控 | 每周<1 次失控 | 独立 | / | | |
| 6.控制小便 | 失控 | 每 24 小时<1 次失控 | 独立 | / | | |
| 7.如厕 | 需极大帮助 | 部分独立或需部分帮助 | 独立 | / | | |
| 8.床椅移动 | 完全依赖他人 | 需极大帮助 | 部分独立或需部分帮助 | 独立 | | |
| 9.平地行走 | 完全依赖他人 | 需极大帮助 | 部分独立或需部分帮助 | 独立 | | |
| 10.上下楼梯 | 需极大帮助 | 部分独立或需部分帮助 | 独立 | / | | |

① Mahoney F I, Barthel D. Functional Evaluation: The Barthel Index[J]. Maryland State Medical Journal, 1965, 14: 56-61.

续表

| 总分 | | |
|---|---|---|
| 评定标准 | 评<br>估<br>者<br>签<br>名 | |
| 重度依赖：总分≤40分，完全不能自理，全部需要护理 | | |
| 中度依赖：总分41～60分，部分不能自理，大部分需护理 | | |
| 轻度依赖：总分61～99分，极少部分不能自理，部分需护理 | | |
| 无需依赖：总分100分，完全能自理，无需他人护理 | | |

与 ADL 能力评估类似，对于 IADL 能力，借助工具性日常生活活动能力量表对老年人的环境适应能力和独立能力进行评价，评估内容包括购物、做饭等共 8 项能力，总评分越低代表失能程度越高（见表 1-8）。

表1-8 工具性日常生活活动能力量表

1. 上街购物□不适用（勾选"不适用"者，此项分数视为满分）
□ 3 分 独立完成所有购物需求　　　　　□ 2 分 独立购买日常生活用品
□ 1 分 每次上街购物都需要有人陪同　　□ 0 分 完全不会上街购物

2. 外出活动□不适用（勾选"不适用"者，此项分数视为满分）
□ 4 分 能够自己开车、骑车　　　　　　□ 3 分 能够自己搭乘大众运输工具
□ 2 分 能够自己搭乘出租车但不会搭乘大众运输工具
□ 1 分 当有人陪同时可搭乘出租车或大众运输工具　□ 0 分 完全不能出门

3. 食物烹饪□不适用（勾选"不适用"者，此项分数视为满分）
□ 3 分 能独立计划、烹饪一顿适当的饭菜
□ 2 分 如果准备好一切佐料，会做一顿适当的饭菜
□ 1 分 会将已做好的饭菜加热
□ 0 分 需要别人把饭菜煮好、摆好

4. 家务维持□不适用（勾选"不适用"者，此项分数视为满分）
□ 4 分 能做较繁重的家务或偶尔需要家事帮助（如搬沙发、擦玻璃）
□ 3 分 能做较简单的家务，如洗碗、铺床、叠被
□ 2 分 能做家务，但不能达到认可的整洁程度
□ 1 分 所有家务都需要别人协助
□ 0 分 完全不会做家务

5. 洗衣服□不适用（勾选"不适用"者，此项分数视为满分）
□ 2 分 自己清洗所有衣物　　□ 1 分 只清洗小件衣物　　□ 0 分 完全依赖他人

6. 使用电话□不适用（勾选"不适用"者，此项分数视为满分）
□ 3 分 独立使用电话，包含查电话簿、拨号等　□ 2 分 仅可拨熟悉的电话号码
□ 1 分 仅会接电话，不会拨电话　　　　　　　□ 0 分 完全不会使用电话

7. 服用药物□不适用（勾选"不适用"者，此项分数视为满分）
□ 3 分 能自己负责在正确的时间用正确的药物
□ 2 分 需要提醒或少许协助
□ 1 分 准备好服用的药物分量，可自行服用
□ 0 分 不能自己服用药物

| 8.处理财务□不适用（勾选"不适用"者，此项分数视为满分） |
| --- |
| □2分 可以独立处理财务 |
| □1分 可以处理日常购买，但需他人帮助 |
| □0分 不能处理钱财 |

注：第1、2、4、6、7项如果勾选1分或0分的，列为失能项目，第3、5、8项如果勾选0分的，列为失能项目。

## （二）精神状态评估工具

老年人随着年龄增长，不仅身体失能概率提高，失智的风险也较其他年龄阶段人群相对要高。尽管轻度失智对日常生活能力影响较小，但中重度失智者需要不同程度的长期护理服务。目前精神状态评估主要涉及心智功能评估方面，常用的评估量表包括简易精神状态检查量表（Mini-Mental State Examination，MMSE）、长谷川量表（Hasegawa Dementia Scale，HDS）等。

我国现有试点城市（如青岛市）采用MMSE进行失智评估，因此这里以MMSE为例说明精神状况评估工具的使用方法。MMSE是1975年珀尔斯坦（Polstein）等人设计的用于筛查医院内阿尔茨海默病和精神障碍患者的一种工具，由于其操作简单、方便，至今仍被视为诊断阿尔茨海默病和精神疾病的临床检测手段（见表1-9）。

表1-9　简易精神状态检查量表（MMSE）

| 项目 | | 积分 | | | | |
| --- | --- | --- | --- | --- | --- | --- |
| 定向力<br>（10分） | 1.今年是哪一年 | | | | 1 | 0 |
| | 现在是什么季节 | | | | 1 | 0 |
| | 现在是几月份 | | | | 1 | 0 |
| | 今天是几号 | | | | 1 | 0 |
| | 今天是星期几 | | | | 1 | 0 |
| | 2.你住在哪个省 | | | | 1 | 0 |
| | 你住在哪个县（区） | | | | 1 | 0 |
| | 你住在哪个乡（街道） | | | | 1 | 0 |
| | 咱们现在在哪个医院 | | | | 1 | 0 |
| | 咱们现在在第几层楼 | | | | 1 | 0 |
| 记忆力<br>（3分） | 3.告诉你三种东西，我说完后请你重复一遍并记住，待会儿还会问你（各计1分，共3分） | | 3 | 2 | 1 | 0 |

续表

| 项目 | | 积分 | | | | | |
|---|---|---|---|---|---|---|---|
| 注意力和计算力（5分） | 4.100-7=？连续减 5 次（93，86，79，72，65，各计 1 分，共 5 分） | 5 | 4 | 3 | 2 | 1 | 0 |
| 回忆力（3分） | 5. 现在请你说出我刚才告诉你的那三种东西 | | | 3 | 2 | 1 | 0 |
| 语言能力（9分） | 6. 出示手表，问这是什么东西 | | | | | 1 | 0 |
| | 出示钢笔，问这是什么东西 | | | | | 1 | 0 |
| | 7. 我现在说一句话，请清楚地重复一遍（四十四只石狮子） | | | | | 1 | 0 |
| | 8. 请你念这句话，并按上面意思去做 | | | | | 1 | 0 |
| | 9. 给你一张纸，请按我说的去做，"用右手拿着这张纸，用两只手将它对折起来，放在你的左腿上" | | | 3 | 2 | 1 | 0 |
| | 10 请你写一个完整的句子 | | | | | 1 | 0 |
| | 11. 出示图案，请你照样子画下来 | | | | | 1 | 0 |

## （三）失能综合评估工具

除了针对日常生活活动能力的 Barthel 指数评定量表和用于失智评估的 MMSE 之外，目前国际上也有同时对 ADL 功能和认知功能等进行综合评估的标准，如韩国采用决策树统计方法评估长期护理保险申请者的护理等级。2021 年国家医保局办公室和民政部办公厅联合发布了《长期护理失能等级评估标准（试行）》（医保办发〔2021〕37 号），专门用于指导长期护理保险制度试点地区医疗保障部门开展的长期护理保险失能等级评估、民政部门老年人护理补贴发放对象资格认定等实施执行，要求对评估对象日常生活活动、认知、感知觉与沟通等方面的能力丧失程度进行分级评估，该标准共包括 3 个一级指标和 17 个二级指标（见表 1-10）。

表 1-10　民政部老年人能力评估指标

| 一级指标（3个） | 二级指标（17个） |
|---|---|
| 日常生活活动能力 | 进食、穿衣、面部与口腔清洁、大便控制、小便控制、用厕、平地行走、床椅转移、上下楼、洗澡 |
| 认知能力 | 时间定向、人物定向、空间定向、记忆力 |
| 感知觉与沟通能力 | 视力、听力、沟通能力 |

资料来源：《长期护理失能等级评估标准（试行）》（医保办发〔2021〕37 号）。

### 三、长期护理保险给付

长期护理保险旨在为失能、失智等失去或缺乏日常生活自理能力的人提供护理服务，尽可能维持和增强被保险人的生理功能，保证其生活质量。在实践中，长期护理保险待遇的给付要经过申请、失能评估和护理等级核定等程序，方可获得保险给付。与传统的保险金给付不同，长期护理保险的给付形式主要是护理服务，只有在特殊情况下方可给予现金给付。目前根据护理地点不同，可以将长期护理服务形式划分为居家护理、社区护理和机构护理三种形式。

一是居家护理，是指根据部分参保人的家庭实际情况和家属意愿，由子女、配偶、亲戚、邻居或者具备相应资质的护理机构医护人员上门为家中的失能老人提供日常生活护理、医疗康复护理和精神安慰的护理方式。早在19世纪中期以前，由于卫生服务资源匮乏、医疗水平的局限及护理专业的空白，多数患病及失能人员都只能居家休养，由家庭主妇看护、照顾，绝大多数家庭主妇没有受过专门的护理训练，她们只能给予患者一些基本的生活照顾。然而正是这种简单、基础的家庭护理为早期医疗护理和社区护理的诞生奠定了基础。

居家护理是我国传统的养老方式，其特点体现在如下两方面：其一，护理服务主要来自家庭成员内部提供的衣食住行用等物质需求和心情愉悦等精神慰藉；其二，必要情形下，居家就能享受到专业医护人员的上门服务，同时不脱离家庭环境，比较容易接受和认可。

二是社区护理，是指社区医护人员以社区为范围，以健康促进、疾病防治为目标，为失能老年人提供医疗护理和公共卫生护理服务的方式。这种护理形式与居家护理形式的差异主要在于社区会提供护理地点和床位，强调使失能老年人离开家庭环境来获得护理服务。进入20世纪70年代后，社区护理兴起，由于世界范围内老龄化人口的不断增长，且家庭结构小型化，独居老年人家庭不断增多，随着家庭内部资源不足、家庭养老的成本上涨，传统的家庭护理方式已不能适应社会的发展，人们开始寻求家庭之外的帮助来解决养老问题。1978年，世界卫生组织肯定了社区护理方式，并要求社区护理要成为社区居民"可接近的、可接受的、可负担得起的"卫生服务。从此，社区护理以不同的形式在世界各国迅速地发展起来，社区护士的队伍也在世界各国从质量和数量上逐步壮大起来。

三是机构护理。机构护理是指以各类养老机构为载体，由专业医护人员为失能老年人在生活照料、医疗护理和精神慰藉等方面提供服务，其与居家护理、社区护理的主要差异在于机构护理要求必须有专门的养老机构作为失能老年人的主要生活场所。国际上养老机构主要包括医养结合型养老机构、老年公寓、老年照护中心、老年颐养中心、老年专科医院、临终关怀机构或医院临终关怀单位等。目前我国的养老机构主要包括乡镇养老院 / 敬老院、专业护理机构、老年公寓、医院结合型养护医院四大类型。

无论是居家护理、社区护理还是机构护理，它们三者的服务项目重点都是聚焦失能老年人的基本生活照料和医疗护理服务项目，其中基本生活照料主要包括与护理对象身体护理密切相关的项目；常用医疗护理服务主要包括根据医嘱由执业护士完成的项目，如吸氧、静脉血标本采集、造口护理等。

## 四、长期护理保险模式

长期护理保险按照缴费模式可以分为三种：第一种是日本、德国和以色列等国家选择的社会保险模式，第二种是以美国为典型代表的商业保险模式，第三种是瑞典、英国等以国家财政为主要缴费来源的福利保险模式。

19 世纪 70 年代，德国俾斯麦时期创立的社会保险模式，是由雇员、雇主和政府共同缴费形成社会保障基金，旨在为丧失劳动能力、暂时失去劳动岗位或因健康原因造成损失的人口提供收入或补偿的一种社会保障制度。经过数百年的发展，社会保险模式已经被很多国家采纳，并被用于构建社会保障制度，目前已经成为政府主导，通过法律规定强制企业及其职工在职时将收入的部分比例作为社会保险费缴纳，在符合申领条件时为其提供基本生活保障，其实质是一种收入再分配制度，最终目标是保证社会经济再生产的可持续性和社会稳定。目前我国社会保险主要包括养老保险、医疗保险、失业保险、工伤保险和生育保险，南通市试点的长期护理保险制度就采用了社会保险模式。

1942 年，英国学者贝弗里奇发表了《社会保险及相关服务》（*Social Insurance and Allied Services*），即《贝弗里奇报告》，该报告分析了英国当时社会保障制度的弊端，提出了建立第二次世界大战后新型社会保障和福利制度的整套构想和设计。英国按照其设想成为世界上第一个"福利国家"，之后西欧的瑞典、丹麦等国不同程度地借鉴或参照了《贝弗里奇报告》的思想和模式，这些国家建立的福利保险制度强调待遇普遍性和福利性，多以政府为主要缴费主体，以收缴的税收来承担缴费责任，全体公民不论有无收入和是否就业都享有所谓"从摇篮到坟墓"的全部保障。福利保险模式发展到今天，由于庞大的财政支出对政府税收造成了一定压力，要维持其正常运转必然导致高税收政策。此外，其还造成了"空闲成本高"，导致这些国家的人们工作积极性较差，进而影响了整个国家的经济活力。

20 世纪 70 年代，美国在为老年人和低收入群体提供各类养老、残疾人医疗保险等保障的同时，鼓励企业和个人购买市场上各类商业保险产品来分散风险，由此形成了以商业保险模式为主的社会保障制度。商业保险是指投保人和保险公司基于自愿原则，通过签订保险契约约定投保人缴纳保费，当契约规定的事故发生时，保险公司承担给付或赔偿保险金的责任。

无论是社会保险模式、福利保险模式还是商业保险模式，都各有利弊，各国都是基于经济社会发展的实际运行情况选择其中一种或几种混合形式来构建本国的社会保障制度的。

综上所述，国际范围内有关长期护理的定义、老年人失能的评估指标和工具、长期护理的保险模式选择都不尽相同。但值得注意的是，随着世界范围内的老龄化趋势日益严重，老年人护理需求增加而传统家庭护理功能弱化，使得老年护理由家庭问题转变为社会问题，很多国家，如荷兰、日本、德国、以色列等纷纷将长期护理保险发展成为一种社会保障制度，作为解决失能老年人长期护理费用的重要措施，并且取得了较好成效。多年实践表明，国外已有长期护理保险制度在失能老年人长期护理费用支付方面发挥着积极作用，极大地缓解了失能老年人及其家庭的经济压力。但随着老龄人口预期寿命延长、劳动力成本增加、护理范围扩大等因素影响，现有长期护理保险制度的筹资难以满足日益高企的费用增长，荷兰、德国、日本近年来已经悄然对筹资渠道和缴费主体责任分担机制进行改革。那么，对于尚未建立全国性长期护理保险制度的我国而言，借鉴和吸取国内外已有实践经验和教训，设计相对合理完善的缴费责任分担机制和筹资来源就成了扩大试点并最终建立全国性长期护理保险制度的核心问题。

# 第二章 长期护理保险缴费责任的理论基础和文献综述

## 第一节 长期护理保险缴费责任分担的理论基础

### 一、长期护理保险的效用论

克里斯托夫和戴维( Christophe and David )借鉴了芬克尔斯坦( Finkelstein, 2009 )等人关于健康效用模型的思想和方法，认为个人失能风险会对其自身、子女及亲戚生活质量产生影响，将代际关系、失能风险引入效用理论模型，其逻辑主要是认为财富将影响人们对护理保险和护理服务的需求和购买行为，护理服务会影响人们的健康水平，健康水平高低会影响人们的效用水平，其研究结论表明，随着财富增加，个人会增加护理服务和护理保险的需求。上述理论具体阐述如下：

假设个人在其一生中随着年龄增长面临着失能风险，其失能程度决定了对护理服务的需求量 [N（D）]。假设通过子女或亲戚提供长期护理（HC）和入住护理院获得护理（FC），其中，入住护理院的护理服务单位费用是 $c$，这两种护理方式对被护理人的生活影响是相同的，且它们互为补充。于是有

$$HC（FC）+ FC = N（D）$$

个人可以通过自身财富、自身生活质量和子女或亲戚生活质量获得效用满足。同一般效用函数的性质一样，该效用函数也是关于财富、自身生活质量、子女或亲戚生活质量的单调递增凹函数，即个人效用函数表示为 $U（w, h, h_c）$。

$$u_w > 0,\ u_{ww} < 0;\ u_h > 0,\ u_{hh} < 0;\ u_{hc} > 0;\ u_{hchc} < 0$$

其中 $w$ 表示个人的总财富，$h$ 表示个人的初始生活质量，$h_c$ 表示被护理人的

子女或亲戚的初始生活质量。

假设每个人一生中失能被赡养的概率为 $p$，失能造成个人生活质量下降了 $D$，而且根据人类的生存规律，即使接受长期护理服务，随着年龄增长，每个人都会走向死亡，即护理服务对个人生活质量的函数是单调递增凹函数，用 $A(h)$ 来表示护理对个人生活质量的影响，其具有 $A'(h) > 0$，$A''(h) < 0$ 的特点。由此可知，个人初始的生活质量要高于失能后接受护理服务的生活质量，即 $h > h - D + A(h)$。随着被护理人年龄的增长和失能状况的恶化，子女或亲戚提供的护理服务会越来越多，这必然会占据他们更多的时间、精力和财力，严重影响他们的生活质量，用 $C(HC)$ 来表示其生活质量下降的水平，具有 $C(HC) > 0$，$C''(HC) < 0$ 的特性。另外，根据实际情况，子女或亲戚提供的护理会占用其时间、精力及财力，对他们的生活产生影响，进而对被护理人的生活质量也有一定的影响。被护理人也可以通过购买长期护理保险 $I$ 来支付自身护理服务费用，假设长期护理保险费是纯保费，即长期护理保险费用是 $pI$。由此，根据上述假设条件，我们可以得到个人的最大化期望效用函数，表示如下：

$$\max_{I,\ FC} EU = (1-p) \cdot U(w - pI, h, h_c) + p \cdot U(w + (1-p)I - cFC, \\ h - D + A(N(D)), h_c - C(HC(FC))) \tag{2-1}$$

设 $X = U(w - pI, h, h_c)$

$Y = U(w + (1 - pI - cFC, h - D + A(N(D)), h_c - C(HC(FC)))$

假设财富与生活质量之间的关系是互补的，即 $u_{12} > 0$，子女或亲戚提供的护理数量与被护理人的财富之间是无关的，即 $u_{13} = u_{23} = 0$。

对式（2-1）求一阶导数和二阶导数，得到：

$$FOC_I = \frac{\partial EU}{\partial I} = -p(1-p)U_1(X) + p(1-p)U_1(Y) = 0 \tag{2-2}$$

$$FOC_{FC} = \frac{\partial EU}{\partial FC} = -cp \cdot U_1(Y) + pC'U_3(Y) = 0 \tag{2-3}$$

$$SOC_I = \frac{\partial^2 EU}{\partial I^2} = p^2(1-p)U_{11}(X) + p(1-p)^2 U_{11}(Y) < 0 \tag{2-4}$$

$$SOC_{FC} = \frac{\partial^2 EU}{\partial FC^2} = pc^2 U_{11}(Y) - pC''U_3(Y) + p(C')^2 U_{33}(Y) < 0 \tag{2-5}$$

$$\frac{\partial^2 EU}{\partial I \partial FC} = -p(1-p)cU_{11}(Y) < 0 \tag{2-6}$$

$$\begin{aligned}
\frac{\partial^2 EU}{\partial I^2}\frac{\partial^2 EU}{\partial^2 FC^2} &- \left(\frac{\partial^2 EU}{\partial I \partial FC}\right)^2 = p^3(1-p)c^2U_{11}(X)U_{11}(Y) \\
&- p^3(1-p)C''U_{11}(X)U_3(Y) - p^2(1-p)C''U_{11}(X)U_3(Y) \\
&+ p^3(1-p)(C')^2U_{11}(X)U_{33}(Y) \\
&+ p^2(1-p)^2(C')^2U_{11}(Y)U_{33}(Y) > 0
\end{aligned} \tag{2-7}$$

由于 $u_{12} > 0$，长期护理保险覆盖不了全部人口，因此可以得到，当 $U_{111} < 0$ 时，$\frac{\partial I}{\partial W} > 0$，$\frac{\partial FC}{\partial W} > 0$。这意味着当个人是下行风险偏好者时，随着财富增加，个人更愿意购买长期护理保险和增加长期护理服务来减少失能风险造成的生活质量下降风险。对于面临重度失能风险的老年人而言，其需要的是医疗、生活上的全方位护理和照料。因此，从满足个人及其家属的多元化护理需求角度来看，长期护理保险制度构建过程中应强调个人责任，这才比较符合"谁缴费，谁受益；多缴费，多收益"的保险原则。

## 二、福利多元主义理论

福利多元主义是指福利的规则、筹资和提供由不同部门共同负责、共同完成，而不局限于单一的政府部门，民间社会也应参与，而且来源越多越好。

第二次世界大战之后，西欧很多国家在经济繁荣时期建立了现代社会福利体制，提高了整个社会的福利水平。但由于20世纪70年代石油危机、人口老龄化和严重的失业问题导致经济滞胀的同时社会福利却仍在提高，针对"福利国家"的批判和反思随之兴起。"新福利国家""公私合作""福利多元主义"等新概念被不断提出，虽然名称不同，但是它们也有共同特点，即反对政府作为唯一主体提供社会福利，主张引入非政府力量弥补政府能力的缺失，加强其他社会力量的福利提供功能，主要发展多元的、混合的社会福利制度，这种模式被称为"福利多元主义"，其得到了学术界、政府和社会的重视，并迅速发展，直接影响到"福利国家"社会福利制度的改革和转型。

福利多元主义最早是1978年由英国的沃尔芬德在《沃尔芬德的志愿组织的未来报告》中首次提出，其主要观点是在充分自由竞争的市场中，当产品产量增加时，价格必然下降，这样能够增加消费者利益。同理，在社会福利供给方面，如果增加供给渠道和缴费主体，服务价格也将维持在合理水平，因此能够为福利使用者提供更多选择，即除了政府和市场等传统的社会福利供给者，还要尽力扩大其来源，引入家庭、个人、社会团体等来弥补政府和市场的不足，解决政府失灵和市场失灵问题，最终形成多元化的社会福利供给主体。

福利多元主义的兴起，是源于对"福利国家"危机的反思，它反映出人们在认识到市场失灵和国家失灵之后，对社会所寄予的希望。从多元化的层面看，社会总福利应有多个来源，要解决"福利国家"的危机，应重视政府以外的其他社会部门在福利供给中的作用。因此，它主张应改变以前由政府大包大揽的做法，通过调动社会多方资源提供福利，既可以避免过分强调政府责任，忽视个人自身的责任而导致"福利依赖"，也可以借助其他组织增加福利供给，从而缓解政府负担过重的危机。基于此观点，关于福利多元主义理论的分析框架，主要有社会福利提供的"三分法"和"四分法"。

学者罗斯 1986 年在其论文《相同的目标、不同的角色——国家对福利多元组合的贡献》[①] 中对"福利多元主义"概念进行了详细分析，其观点主要包括两点：一是认为政府需要承担供给社会福利的责任，但并非垄断社会福利的供给；二是认为社会福利是全社会的责任，个人、家庭、市场和政府都要承担责任，不能只强调政府责任而放弃家庭和市场的责任。罗斯将社会总福利表述为"TWS=H+M+S"，其中 TWS 代表社会总福利，H 代表由家庭提供的福利，M 代表由市场提供的福利，S 代表由政府提供的福利。罗斯认为，政府、市场和家庭应该联合起来，互相补充，发挥各自优势，在肯定政府供给社会福利的重要作用时，也强调家庭和市场供给对社会福利的贡献。同样支持福利"三分法"的还有欧尔森（1993）等代表性学者，与罗斯不同的是，欧尔森认为社会福利应该由政府、市场和民间社会（包括家庭、邻里、朋友）提供。

之后随着对福利多元主义的深入研究和探讨，约翰逊等学者提出了福利

---

① Rose R. Common Goals but Different Roles: The States's Contribution to the Welfare Mix.[M]. Oxford:Oxford University Press,1986.

供给的"四分法"，主张社会福利的供给应该由政府、市场、民间社会和志愿部门共同提供，其中志愿部门包括非营利组织和互助组织。

无论是"三分法"还是"四分法"，都主张政府不应该是社会福利的唯一供给者，家庭和市场都同样承担着供给者的责任。此外，还要寻找更多的组织和机构来参与提供社会福利。我国学者刘继同（2005）等对改革开放后我国新型社会福利制度与多元主义福利实践进行了研究，认为福利多元主义是指国家、市场、社区（包括非营利性组织）、家庭、个人共同承担社会福利责任。[①]

## 三、公共产品理论

最早在1919年，瑞典经济学家林达尔正式提出了公共产品（Public Goods）一词。"公共产品"是指为了满足社会公众需求，国家为了保障每个人最基本的福祉而从事的职责活动所产生的结果和形成的物质形态。

萨缪尔森在《公共支出的纯理论》一书中给公共产品下了定义，公共产品是指当其被当作产品消费时，这种消费性不会影响到他人对这件产品的消费。与私人产品或服务相比，公共产品具有三大特征：一是消费的非竞争性，指消费者在享受公共产品带来效用的时候，其他的消费者在使用时并不会降低其本身的效用，或者是由于公共产品或服务的消费排他成本昂贵，难以避免他人消费；二是受益的非排他性，指消费者的增加不引起生产成本的增加，即边际成本为零；三是效用的不可分割性，指公共产品具有共同消费与收益的特点，其效用为公众所共同享用，不能将其分割成若干部分，否则其效用丧失。

事实上，社会中大量存在的是介于公共物品和私人物品之间的"准公共物品"。准公共物品一般具有"拥挤性"的特点，拥挤性是公共物品的空间不可分割性带来的，当消费者的人数增加到一定的规模后，就会出现边际成本为正的情况，而不像纯公共物品，增加一个人的消费，边际成本为零。

20世纪六七十年代以来，随着福利国家危机的出现，政府已经不可能作为公共产品和准公共物品的唯一供给者。戈尔丁（Goldin，1977）认为公共

---

① 刘继同，冯喜良. 转型期多元福利实践与整体性福利理论框架 [J]. 北京大学学报（哲学社会科学版），2005（3）.

产品的供给有多种可能形式，可以根据交易成本的大小来选择不同的供给方式。德姆塞茨（Demsets，1970）认为在能够排除不付费者的情况下，私人企业能够有效地提供公共产品。施密茨（Schmidtz，1987）也认为，在公共产品的供给上，消费者之间可以通过订立契约，根据一致性同意原则来供给公共产品，从而解决"免费搭车"问题。目前很多国家的公共产品可以通过一定的价格机制由政府、市场、个人和各类志愿组织提供。

长期护理保险具有公共产品属性。尽管失能老年人的护理需求日益增加，但现有养老机构出于成本和护理风险等因素接收的失能老年人较少，造成了社会养老资源的结构性错位。很多失能老年人难以获得居家和养老机构的护理服务，只能依赖医疗机构的护理，造成了严重的"社会性住院"问题，既增加了医疗保险基金的负担，又占用了很多医疗资源，这种难题单靠市场和个人难以解决。随着个人财富的增加、生物技术的进步，居民的平均寿命不断提高，使得老龄人口机体老化、丧失日常生活活动能力成为大多数社会成员可能面临的问题，这种风险随着老龄化趋势的日益严重而演变成了社会风险，需要国家积极参与供给，确保社会公众借由长期护理保险支付长期护理服务费用，以弥补其在面对失能风险时遭受的健康和财力损失。

### 四、新公共服务理论

现代化的新公共服务理论是由于20世纪80年代传统的科层式公共行政难以跟得上快速变化的信息社会发展，为解决政府公共服务中的突出问题而兴起的新理论。与传统的公共服务强调政府对经济调节、市场监管和社会管理等一系列行政管理行为和监管行为不同，新公共服务理论更加强调政府的职能服务性和责任，突出公民的权利，着眼于公共服务于公民而非顾客。

公共服务是指由政府或公共组织或经过公共授权的组织提供的具有共同消费性质的服务。从内容和形式上看，其包括基础公共服务、经济公共服务、公共安全服务和社会公共服务四大类。基础公共服务是由国家公共资源投入的，为社会公众提供从事生产和生活等方面需要的基础性服务，如水、电、暖、气象、交通与通信基础设施和服务；经济公共服务是由国家介入或投入，为企业进行生产经营提供的科技推广、咨询服务、政策性信贷等服务；公共安全服务是指国家为社会公众提供的消防等安全服务；社会公共服务是由国家投入的，能够满足人们直接需要所提供的服务，如教育、医疗卫生等。

长期护理服务能够造福于人类，有助于维持和提高个人的健康水平。对于个人来说，健康具有重要的本体性价值，是衡量人的素质的主要指标。从社会角度讲，健康构成一个社会人口素质的基础，投资于健康就是投资于未来经济发展，社会拥有了健康就是拥有了"财富"。在人口老龄化加剧和家庭护理功能弱化的背景下，老年人的护理需求被界定为一种新型社会风险，很多国家纷纷通过建立新的长期护理保险制度或扩展原有医疗保险制度的保障范围预防和保障这种社会风险。

# 第二节　现有文献研究综述

## 一、长期护理保险制度构建的必要性和可行性研究

现有城镇职工医疗保险和城乡基本医疗保险制度仅支付急慢性病医疗费用，而不承担失能护理费用，面对如此巨大的失能护理需求及由此产生的巨额护理费用负担问题，很多学者主张构建长期护理保险制度，以为失能人员提供资金支持和保障。学者韩振燕等人（2012）从失能老人和医疗费用上涨等角度讨论了均衡配置个人消费、释放家庭和社会生产力对建立老年人长期护理保险的必要性和效应问题。

总体上，目前我国已经在构建长期护理保险制度必要性问题上达成了一致，并从2016年启动了部分城市的先行试点工作，当时确立的试点目标是利用1～2年试点时间，积累经验，力争在"十三五"期间，基本形成适应我国社会主义市场经济体制的长期护理保险制度政策框架。郑秉文（2019）在"长期护理保险制度试点三周年：实践探索与经验总结"研讨会上表示，基于我国人口老龄化现状和趋势，以及我国现有养老保险和医疗保险制度尚未覆盖护理费用报销，加之多层次的保障产品没有建立起来，个人难以承担长期护理费用。他进一步提出长期护理保险作为社会保险，具有建立的必要性。于新亮和黄俊铭（2021）等人基于四期中国健康与养老追踪调查

（CHARLS）数据多时点差分模型实证分析发现，开展长期护理保险农村地区的女性较未开展地区的女性，就业概率更高、潜在工作时间更长，长期护理保险有效减轻了农村地区劳动力就业性别歧视，提高了老年照护质量，实现了"帕累托改进"。

2019 年 3 月政府工作报告中明确提出"扩大长期护理保险制度试点，让老年人拥有幸福的晚年，后来人就有可期的未来"。《国务院关于落实＜政府工作报告＞重点工作分工的意见》（国发〔2019〕8 号）中明确由国家医保局牵头，扩大长期护理保险制度试点，这意味着长期护理保险试点周期延长，建立国家层面的长期护理保险制度尚需时日。很多学者从护理服务需求和供给等视角进行了大量研究。

首先是有关长期护理服务需求和供给的研究。根据全国老龄办发布的《第四次中国城乡老年人生活状况抽样调查》显示，我国老年人失能率为18.3%，按照 2018 年底 60 岁及以上老年人数（2.49 亿）计算可以得出，我国老年失能人口数约有 4557 万人。此外，2018 年超过 1.8 亿老年人患有慢性疾病，我国人均预期寿命是 77 岁，但健康预期寿命只有 68.7 岁，这意味着老年人患病周期长、生活质量低，这些老年人及其家庭对长期护理服务需求较为迫切。2019 年中国老龄协会发布《需求侧视角下老年人消费及需求意愿研究报告》显示，我国老年人的家庭社区养老需求率高达 84.18%，且农村老年人的需求率高于城市，西部地区的老年人需求率高于东部地区，我国城乡老年人中需要康复治疗的比例是 36.5%，需要上门护理服务的比例是 36.9%，农村老年人需要上门护理和康复治疗的比例相对更高，分别是 47.7% 和 45.9%。此外，完全失能、半失能、生活困难和高龄老年人对生活服务需求较高。朱铭来等人（2009）参照美国、德国和日本的护理服务标准，测算得出我国2010—2050 年失能老年人长期护理服务需求人数将从 1287 万人增长到 3331万人，并将职工平均工资的 50%、40%、30% 分别作为高估计、中估计和低估计的老年长期护理费用年均支出样本预测发现，到 2050 年，我国老年长期护理总费用依次需 12 933 亿元至 21 556 亿元、7022 亿元至 11 703 亿元、9089 亿元至 15 149 亿元。面对如此庞大的费用支出，建议国家积极借助保险方式来筹集护理资金。蒋承、顾大男等人（2009）基于 2002 年和 2005 年中国老年人健康长寿影响纵向调查数据，借助多状态生命表方法研究发现，在我国，一名 65 岁的男性、女性、城镇老年人、农村老年人在其余生中日常照料的直接费用分别约为 5300 元、6400 元、9200 元、4200 元，未来费用的走势与失能状态有关，其中初始状态是伤残老年人比同年龄自理老人的期望日常照料费用要高出 2 倍以上。我国老年人口基数庞大，未来这笔巨大的老年人护理费用由谁来支付需要未雨绸缪。海龙（2014）基于马尔科夫多状态转移模型得出 2010—2050 年我国高龄失能老年人中对长期护理服务的需求人数将从 860.47 万人增加到 4764.52 万人，长期护理费用也将从 1020.47 亿元增加到 5650.49 亿元。

在护理服务供给方面，尽管老年人倾向于选择家庭护理，但由于劳动力流动性大、家庭结构小型化、空巢化、失独等导致传统家庭养老功能不断衰弱，以"养儿防老"为核心的家庭老年护理模式正面临严峻挑战。2010 年全国老龄办关于民办养老服务机构基本状况调查报告显示，入住养老机构的老年人中有 44% 是由于"子女无力照料"、39% 是由于"在养老院比家好"、16% 是为了"不给子女添麻烦"。2015 年中国老龄科学研究中心发布的《中国养老机构发展研究报告》显示，"十二五"时期，全国养老机构空置率平均达到 48%，其中很多来自农村的敬老院，接收对象局限于"五保、低保"家庭，大多仅提供单一的餐食服务，缺乏护理性服务；城市公办养老机构服务对象错位，很多除了接收"三无"老人、"五保"老人等政策托底保障群体之外，还收住部分社会老年人，由于对收住社会老年人没有明确的身体状况、经济状况的界定，导致一些低龄、健康、经济条件较好的社会老年人入住公办养老机构，而部分具有刚性需求的失能老年人、经济困难老年人却被排除在外。房立冰（2014）、闫一辰（2015）等学者从养老机构数量和结构供需失衡、养老机构基础设施不足、护理水平不足、资金和护理人员不足等方面分析了我国护理机构供给面临的挑战和难题，建议未来通过增设护理机构、引入市场化机制运行等措施来加强和发挥养老机构的福利能力和水平，满足失能老人的护理需求。

关于长期护理保险需求及其影响因素的研究。拉克达瓦拉和菲利普森（Lakdawalla and Philipson，2002）研究发现，家庭成员提供的非正式长期护理会使失能老人减少对机构之类正式长期护理的需求，进而降低对长期护理保险的需求。芬克尔斯坦和麦克盖瑞（Finkelstein and Mcgarry，2006）分析了不对称信息对长期护理保险市场购买行为的影响。布朗和芬克尔斯坦（Brown and Finkelstein，2007）认为产品保障程度不足、定价不合理和性别差异等因素导致长期护理保险市场发展较慢。我国学者荆涛等（2011）选取城镇居民人均收入、一年期法定存款利率、通货膨胀和社会保险支出等宏观经济变量建立对数模型实证分析发现，社会医疗保险和养老保险支出增加能够使商业长期护理保险需求增加，但其余变量对长期护理保险需求的影响并不显著。孙正成（2013）运用调查统计分析了收入、性别对长期照护保险需求的影响。曹信邦和陈强（2014）发现，西部地区人口、年轻人和低龄老人、收入较高且对长期护理服务认可的居民投保长期护理保险的意愿相对较强。吕国营和韩丽（2014）、景跃军和李元（2014）研究认为，老年人是为了解决失能、失智不确定性（包括长期护理时间的不确定性和长期护理费用的不确定性等）造成的财务风险而产生了对长期护理保险的需求。丁志宏和魏海伟（2016）基于2010年城乡老年人口状况追踪调查个人问卷（城市部分）实证分析发现，城市老年购买长期护理保险的意愿整体不高，且存在较高的逆向选择现象，收入状况、健康和替代选择等是影响城市老年人购买长期护理保险的重要因素。李红（2019）利用2010—2016年我国31个省、市、区的面板数据分位数回归分析发现，老年抚养比和城镇化水平提高、家庭结构小型化能明显促使老年人增加对长期护理保险的需求，但收入和社会保障支出对该需求没有显著影响。刘方涛和费清（2023）基于第七次全国人口普查数据，通过队列要素法测算发现，预计2030年长期护理保险需求规模将达到2241.34亿元，2050年将达到6181.20亿元，如此庞大的需求规模需要加快国家层面社会长期护理保险制度建设，同时积极鼓励发展商业长期护理保险。

## 二、长期护理保险保障对象和保障范围的研究

从国际实践来看，很多国家实施长期护理保险制度旨在解决失能老年人的长期照料和护理费用问题。王健康等人（2018）指出，不同国家的保障范围和保障对象差异较大，如同样实施社会保险运行模式的德国和日本，德国长期护理保险覆盖至全民，参保人根据收入水平可以选择加入社会护理保险项目和强制性私人护理保险项目，但受益保障对象必须符合严格的失能程

度和护理等级评估要求，方可获得保险待遇。日本与德国不同，其长期护理保险保障对象是 40 岁以上的国民，且为强制性参保，对 40～64 岁参保人的护理需求保障范围覆盖 16 种特定疾病，而对 65 岁以上失能老年人的保障范围更广一些。

从我国试点地区的实践来看，各试点地区长期护理保险的覆盖范围基本囊括了城镇职工基本医疗保险参保人，部分试点地区将城乡居民也纳入其中，制度"碎片化"特点显著。在受益对象方面，基本都出台了各自的失能护理等级评估要求。由此可以看出，尽管中外长期护理保险的保障对象差异较大，但是受益人几乎都是以失能老年人为主，因此老年人失能率和失能数量就成了长期护理保险制度构建、保险待遇给付多寡，乃至基金平衡运行的关键因素。

纳吉（Nagi，1965）首次对失能进行定义，即日常生活能力的丧失。尽管不同评估标准得出的失能率差异明显，但是国外相关调查和研究几乎都表明，人的失能概率会随年龄增加而增长，老年人年龄越大，失能概率就越大。来自世界卫生组织关于全球 194 个国家和地区的失能报告（2011）显示，0～14 岁人群的失能率是 0.7%，15～59 岁人群的失能率是 2.7%，60 岁及以上老年人的失能率是 10.2%。来自中国、印度和俄罗斯等国家的老龄化与成人健康调研（SAGE）数据表明，65～74 岁老年人的失能率远小于 75 岁以上老年人。

国内学者的研究也得出了类似结论。钱军程等（2012）基于 1993—2008年四次国家卫生服务调查的失能数据分析发现，老年人口的失能率随时间推移不断增加，各失能组别老年人口数庞大，随着年龄递增，失能率成倍增长，预测到 2050 年，我国将有 1.4 亿 60 岁以上老年人在做家务方面存在重度以上困难，需要帮助。潘金洪等人（2012）基于第六次全国人口普查数据，分别计算了全国、各省区、分年龄、分性别、分城乡的老年人口失能率及失能人口规模，分析得出我国老年人口总失能率是 2.95%，其中男性是 2.52%，女性是 3.35%，老年人口失能率随着年龄上升而快速提高，60 岁组、70 岁组、80 岁组、90 岁组和百岁及以上组的失能率分别为 0.68%、2.15%、6.49%、18.56% 和 29.19%，城市、乡镇、农村老年人的失能率差异明显，分别是 2.35%、2.60%、3.33%。杨付英、郝晓宁等（2016）基于中国健康与养老追踪调查（CHARLS）2015 年的数据，以 60 岁以上老年人为研究对象，通过 ADL

量表评定其是否失能，研究发现，相关老年人的失能率是 8.18%，多因素分析结果显示，年龄、患慢性病种类、抑郁程度、自评健康是影响其失能的主要因素。景跃军等人（2017）利用《世界人口展望——2010 年修订版》中 2015—2050 年的预测数据和北京大学于 2011 年发布的中国老年健康影响因素跟踪调查中的失能数据综合分析测算得出，2015 年我国 60 岁及以上失能人口约为 1563 万人，其中生活完全不能自理老人约 330 万人，2054 年我国失能老人总量将达到峰值约 4300 万人，其中生活完全不能自理老人约 1600 万；失能老人占总人口的比重将上升到 2054 年的 3.1%，2054 年之后将维持在这一水平上。丁华和严洁（2018）基于 CHARLS 2011 年、2013 年、2015 年的面板数据，从 ADL 和 IADL 两个维度计算我国老年人的失能率，发现老年人 ADL 截面失能率为 10.26%～11.08%，IADL 对老年人身体功能要求更高，三次调查测算的失能率为 20.73%～21.61%，跨年追踪的同一队列老年人的中度和重度失能率在追踪的四年间呈翻倍趋势变化。韩润霖、韩晓静等（2023）基于中国老年健康影响因素跟踪调查数据和第七次全国人口普查数据对我国农村老年人口失能率进行分析发现，总体上农村老年人口 ADL 失能率将从 2020 年的 5.76% 下降到 2035 年的 4.92%，但呈现出失能重度化和高龄化的趋势。

随着老龄化趋势的加深，近年来，很多学者都在关注人口失能问题，尽管他们的研究涉及不同国家和地区，但研究结果均显示年龄、性别、婚姻状况和居住地点等都是影响失能率和失能程度的因素，其中年龄是影响失能的重要因素，随着年龄增长，人口的失能率也将提高，女性失能率普遍比同年龄的男性更高。但由于不同学者所选择的基础数据和计算方法不尽相同，因此研究得出的失能率和失能人口数量之间存在明显差异。

## 三、长期护理保险待遇给付形式的研究

目前国内外已经实施长期护理保险制度的国家的待遇形式主要包括实物给付、现金给付和混合给付三种。其中实物给付的内容主要是居家护理服务、社区护理服务和机构护理服务。现金给付在大多数国家和地区都被严格限制，如韩国规定现金给付只适用于护理机构明显不足的偏远地区、岛屿等，荷兰规定现金给付仅能用于购买来自亲属或邻居的护理服务，这是由于长期护理

保险建立的目的是解决失能人员因负担高昂的护理费用可能存在着较大的财务经济风险，以使其获得适当的护理服务来维持其身体正常机能、保证其生活质量。裴晓梅（2004）认为，长期照护的内容包括从饮食起居照料到急诊或康复治疗等一系列正规和长期服务，其特点包括：一是正规性和专业性，失能人员通常在医院、护理院和家庭等具有专门机构性设施的场所获得照护服务，即使是在家庭获得服务，也需要有组织和经过培训的居家照护服务提供者，而传统家庭的非专业照料难以维持失能老年人的正常生活状态；二是照护的连续性和长期性，失能老人需要从家庭到医院，中间还包括社区医疗站、日间照料、护理院、康复中心和姑息治疗机构等一系列满足各类需求的服务机构，通常持续很长时间甚至无限期；三是失能老年人需要集医疗护理和生活照料为一体的综合服务。裴晓梅同时指出，现有长期照护机构只是长期照护服务连续统一体的组成部分，近年来大规模发展中出现了现有设施，无论是专门机构服务还是家庭服务，仅能满足有限的需要，全国养老院入住率不足70%、现有机构服务人员专业性不足等问题都亟待解决。

　　考虑到失能老年人的意愿和居家护理、社区护理、机构护理三种给付方式的利弊，近年来很多国家制定的老年人长期护理政策纷纷引导老年人优先选择居家和社区护理服务。范灵璐和郑梓桢（2008）基于广东省老年人问卷抽样调查数据，利用社会科学统计软件（SPSS）采用频次分布统计等方法针对不能自理老年人照顾方式调查发现，由于入住费用高、机构护理服务不能满足需求、机构拒收失能程度太高的老年人等多方面原因使得现有高龄老年人更依赖于子女、配偶等居家非正式照顾方式。丁坚江和张春芳（2019）针对绍兴市不能自理老人照顾方式的调查问卷分析也表明，随年龄增长，无法生活自理者选择养老院机构照顾服务占比不断降低，其中农村无法生活自理者降低幅度显著；选择居家养老、子女等非正式照顾方式比例增加。完全无法自理者对子女等非正式照顾及居家养老的依赖程度明显。来自贫穷家庭和低收入家庭的无法自理老年人也很少选择养老院等机构养老方式。

　　施巍巍（2013）等学者研究国外老年人长期护理服务方式的结果也表明，老年人，尤其是失能老年人和高龄老年人更倾向于选择居家护理养老方式，可以由专业居家护理团队或子女、配偶、亲属等非正式护理方式为其提供服务，这种方式能够延长老年人在家庭和熟悉的社区环境居住的时间，其成本低廉、灵活简单、老人归属感强等特点符合大多数老年人的意愿和偏好。很多国家 65 岁以上老年人特定时期需要机构护理的概率是 49%，居家护理的概率是 72%。荷兰为了发展居家护理，拆除了部分养老机构，使费用降低了 25%；丹麦 1982—1994 年机构护理转向社区护理之后，长期护理支出占国内生产总值（GDP）的比例从 2.6% 下降到 2.3%。

孟佳娃和胡静波（2022）的研究指出，目前我国试点地区的长期护理保险待遇给付中，对机构护理的需求量相对较大，但社区上门服务和居家护理两方面的功能没有充分发挥，与政府规划的以居家为基础、社区为依托、机构为补充，居家护理、社区上门服务及机构护理分别占比 90%、7% 和 3% 的目标存在较大差距。张家玉、蓝丹红（2023）等人的研究认为，目前国内很多试点城市采取单一的服务给付模式，与国际主流的混合给付模式不相符，其以广州为研究对象发现，在路径依赖机制的影响下，"医保逻辑"和"生产主义逻辑"分别塑造了地方政府对服务给付和现金给付的偏好，广州市引入"替代型现金给付"的灵活混合给付模式，有效地促进了长期护理保险政策目标的实现。

## 四、长期护理保险缴费机制研究

目前，从居民、企业和政府缴费责任角度研究长期护理保险缴费机制的文献资料鲜见。但随着我国长期护理保险试点工作的深入开展，与之相关的研究成果会日渐丰富。国内外学者们目前主要在以下三个领域进行了研究。

### （一）长期护理保险缴费责任研究

长期护理保险的缴费责任是基于护理责任的归属来承担的，国家、企业和个人及其家庭作为社会三大构成主体，护理责任自然在它们三者之间进行分摊归属，相应的，长期护理保险的缴费责任归属也理应由政府、企业和个人及其家庭来承担。

关于长期护理保险缴费责任归属和分担问题，目前专门针对长期护理保险制度中企业和个人缴费责任的研究鲜见。国内外学者多集中于研究政府的财政责任，莫里金斯顿（Morginstin，1987）、纳达什等（Nadash et al.,

2018）、高春兰（2012）、陈国彬（2016）等人主张将长期护理保险制度作为社会保障制度之一，认为长期护理保险具有准公共物品属性，政府应承担长期护理保险制度的制度构建成本、制度运行的兜底责任、监管责任等。也有部分学者，如戴卫东（2012）主张应由"个人＋企业＋政府"三方共担缴费责任。以下分别梳理有关长期护理保险政府、企业和个人及其家庭责任的相关文献资料。

1. 强调政府责任的文献资料

张盈华（2012、2013）通过阐述经济合作与发展组织（OECD）国家长期护理保险制度的不同模式，结合我国长期护理制度尚未成形、家庭护理供给不足、机构护理供给错位等难题提出，在长期护理制度构建过程中，我国政府的责任重点是化解需求较高但支付能力最弱的老年群体的个人风险，在长期照护保险为公众所接受、保险精算结论可接受的情况下，再逐步扩展为全覆盖的强制性长期照护保险计划。

李林、任晓雅（2019）主张政府应该在长期护理保险制度运行中承担政策责任、财政责任、监管责任和供给责任，从完善法律政策建设、提供财政支持条件、健全监督管理机制、加强政府供给投入四个方面加强责任担当，以期实现我国长期护理保险制度的可持续发展。持类似观点的还有学者杨天红（2017），其提出国家在长期照护制度中应发挥制度供给者、调控监管者和最终责任者功能，在立法顶层设计时妥善安排中央与地方政府的职责，中央政府负责基础性、全局性政策的设计，地方政府自主设计细节性、区域性问题并落实中央相关政策精神。

谢冰清（2019）主张通过顶层设计、服务供给和调控方式三方面，建立以长期护理社会保险为核心的法律体系，积极扶持以家庭为核心的非正式护理体系，将单一化调控模式向国家引导、社会自治与契约课责相结合的多层次、分散化调控模式转变，使长期护理制度中的国家责任从国家兜底责任向国家担保责任转变。

文太林和孔金平（2020）认为，政府化解长期照护供需矛盾问题急需创新政府财政责任。从供给侧来看，应以大财政的视角，综合运用税收、金融等政策工具，完善财政支持机构养老、居家养老、家庭养老的方式；从需求侧来看，应发挥财政在长期护理补贴中的托底责任、在长期护理保险中的财

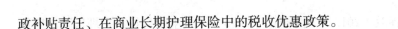

政补贴责任、在商业长期护理保险中的税收优惠政策。

2. 关于个人及其家庭责任的文献资料

雷咸胜（2019）明确主张个人是自身生命健康的第一负责人，个人的生活饮食及锻炼习惯、康复训练等能够在一定程度上延缓失能并实现失能康复；家庭是其第二责任人，家庭在老年人照护中发挥基础性作用，既能提供场所，又能够提供照护服务，同时有助于节约政府财政成本，因此政府或社会应积极维护和支持家庭照护功能。

韩振燕和梁誉（2012）主张个人应当按照薪资比例缴纳长期护理保险费。肖云和王冰燕（2013）认为政府应主导建立多层次长期护理保险筹资机制，共同承担对失能老年人的照护责任，受照护者个人也应缴纳一定金额以承担缴费责任。

上海财经大学社会保障研究中心课题组（2013）指出，基于《中华人民共和国宪法》和《中华人民共和国老年人权益保障法》的相关规定，照护老年人的首要责任人是子女，其既有法律依据，又具有经济学基础。为了落实家庭子女赡养责任和义务，可以将子女照护责任货币化，即子女通过每月或每年定期缴纳一定数额的资金来落实家庭子女赡养责任和义务。李红（2019）基于CLHLS 2014年实证分析发现，家庭护理能够替代专业护理，家庭护理成本较低且能够减轻社会养老负担，因此应加大对家庭护理的政策倾斜力度，给予子女、配偶等非正式护理者一定的现金补贴、适当的休假等，以激励他们全身心地、可持续地提供家庭护理服务。

3. 关于企业责任的文献资料

目前世界范围内，德国长期护理保险制度明确规定企业必须承担长期护理保险缴费责任，雇员和雇主平均分担缴纳长期护理保险费（郝君富和李心愉，2014）。关于企业在我国长期护理保险缴费责任中的分担和归属问题，学者们的研究观点主要分为两种：第一种认为我国现有企业社会保险缴费负担已然较大，认为企业可以暂不缴费，如郑雄飞（2012）、韩振燕和梁誉（2012）、肖云和王冰燕（2013）等学者；第二种认为我国企业应该承担缴费责任，如孙建娥和王慧（2013）主张对于我国中部地区和收入中等水平人群，企业应与个人、政府共同分担长期护理保险缴费责任，建立长期护理保险基金专户，实行专款专用。另外，学者江崇光（2016）对我国部分试点地区忽略企业缴费责任的长期护理保险发展模式提出了质疑，主张长期护理保险在资金供给方面，要从国家/企业独立承担向国家（政府）、企业和个人三方共担转变，责任中心要逐渐从"国家/企业"转移到"企业/个人"。

## （二）长期护理保险缴费率研究

### 1. 关于长期护理保险缴费率的计算方法

目前测算长期护理保险缴费率的方法主要有曼联模型、减量表模型和马尔科夫模型。曼联模型的原理类似于寿险生命表，基于总人口健康状况编制长期照护率表进行缴费率精算，迈纳和特拉帕内尔（Meiner and Trapnell，1984）曾利用曼联模型测算了不同年龄低风险、高风险和团险失能老年人在不同保险责任期、不同免责期和不同给付水平下的标准费率。减量表模型的原理是利用大量调查数据考察健康状态变化，推算健康状态转移概率，如陈岱婉（2008）曾运用减量表模型构建了我国长期护理保险均衡保费精算模型。罗杰利和博加泰（Rogelj and Bogataj，2018）也采用减量表模型计算了斯洛文尼亚65～100岁老年人在一、二、三个不同护理等级下的长期护理保险费用。马尔科夫模型则假定一定数量人口的健康状态具有可转移性且其转移概率确定，然后计算长期护理保险费率。莱维克森和米兹拉希（Levikson and Mizrahi，1994）基于健康状态可转移性假设，运用马尔科夫模型计算了长期护理保险的均衡纯保费。皮塔科（Pitacco，1995）利用马尔科夫模型构建了一系列连续性长期护理保险缴费率精算模型。普里查德（Pritchard，2006）构建了马尔科夫模型，利用美国国家长期护理研究中心（National Long-Term Care Study，NLTCS）发布的1982年和1984年统计数据，建立了两年期的转移概率矩阵模型，测算了65岁及以上失能老年人在1～6个护理等级下的长期护理保险缴费率。我国学者荆涛等（2016）利用马尔科夫模型研究了北京市政策性长期护理保险的保费定价问题。

国内学者卓志（2006）、何林广（2007）曾专门介绍了上述三种长期护理保险缴费率计算模型，何林广还运用实例阐述了这三种模型的实际应用和对比。这三种模型各有利弊，曼联模型没有考虑失能状态的可转移性、不同年龄组人口与总人口健康状况的差异性而无法进行分类费率，后来学者们构建了减量表模型和马尔科夫模型来克服上述缺点。在实际运用中，减量表模型要求有大量数据，并需持续追踪各减量表之间的相互转移，计算较复杂，使用受限。马尔科夫模型虽不受样本量限制且兼顾了不同健康状态这一现实，但由于基础数据不完善，尤其是部分关键数据缺失等原因，马尔科夫模型计算结果具有一定的误差。

2. 关于我国长期护理保险缴费率的测算研究

目前长期护理保险制度在我国尚处于试点阶段，未来要全面推广这一制度并维持其持续发展需要首先解决的核心问题是筹资缴费多少资金才能满足失能老年人的长期护理服务需求？对此，学者们基于不同数据运用各种方法进行了探索性研究。

一方面是基于地方数据测算长期护理保险费率的研究。王维（2011）基于上海市基础数据构建上海市长期护理保险保费精算模型，分别测算了个人完全累计制下的缴费率是 4.6%；政府财政负担 50% 的情况下，个人和企业的缴费率约为 1.15%。李新平、朱铭来（2019）基于天津市基础数据构建了马尔科夫模型，测算了天津市在政府补贴的情形下，2016—2050 年的长期护理保险缴费水平呈不断增长趋势，缴费范围是 2.51% ～ 21.82%。

另一方面是基于全国数据测算长期护理保险费率的研究。学者们共得出三种不同的研究结论：第一是整体缴费率不高，个人能够负担。陈垦（2010）基于纵向基金平衡模型，通过对缴费工资基数增长率、护理费用增长率、基金投资收益率的八种不同假设值，得到了分年龄、分性别的长期护理保险缴费率测算值，其中男性总体缴费率在 2% 以下，女性总体缴费率范围是 3% ～ 4%，如果政府投入财政资金，缴费水平还有下降空间。刘金涛和陈树文（2011）在假设长期护理保险覆盖城镇企业职工范围、离退休人员不缴费、40 岁以上在岗职工强制缴费的情形下，利用《中国统计年鉴 2008》的数据建立国际劳工组织（International Labor Organization，ILO）模型，计算出 2007 年我国城镇职工护理保险缴费率是 3.3%。类似的研究还有林姗姗（2013）利用粗估法结合 ILO 模型，基于《中国统计年鉴 2011》和 2010 年《全国城乡失能老年人状况研究》的相关数据测算得出我国 2015—2030 年长期护理保险费率范围是 0.45% ～ 1.36%；林宝（2016）基于长期护理保险收支平衡、采用社会保险模式建立长期护理保险制度的假设，预测我国 2013—2050 年长期护理保险缴费率为 0.15% ～ 1.61%，其研究结果指出，尽管我国长期护理保险缴费率会不断上升，但整体缴费率并不高。第二是缴费率较高，需要政府和个人共同分担。魏华林和何玉东（2012）运用人口预测和产品精算模型计算长期护理保险的个人缴费最小边界和最大边界发现，2010—2020年政府公共长期护理支出能够保障人们的长期护理保险需求，个人不需要缴费，但从 2020 年起，政府公共的长期护理支出不足以满足全体国民的长期护理保险需求，此时需要个人分担长期护理保险缴费责任。他们测算的结果显示，以 2010 年城镇非私营单位在岗职工年平均工资收入作为参考，忽视个人工资增长和长期护理费用增长，35 ～ 60 周岁的"城镇标准"参保人每年需缴纳保费 1147 元，个人完全有能力负担。曹信邦和陈强（2014）基于现收现支制度下基金平衡法测算了我国长期护理保险的总体缴费费率水平，其研究结果显示，2015 年总体缴费率是 2.01%，2030 年是 3.59%，预计到2050 年，缴费率将达到 8.61%，可见缴费负担越来越重，需要政府财政补贴长期护理保险制度方可正常运转。第三是缴费水平较高，需要政府、企业和个人三方共同分担。比较典型的是姜甜、于保荣等人（2019）使用霍尔特两参数指数平滑法估测了我国 2020—2050 年的长期护理保险缴费情况，按照不同费率分摊方案及不同缴费年龄假设，参保人缴费占自身收入的平均比例最高是 3.89%，企业缴费占员工工资总额的平均比例最高是 3.51%，建议从2025 年开始由个人、企业和政府共同承担长期护理保险费用。张盈华（2020）基于第六次全国人口普查等基础数据研究发现，长期护理保险的基金支出对待遇水平的敏感度显著高于受益面，缴费率对缴费年龄的敏感度高于待遇水平和受益面。在宽、中、窄受益面下，不同待遇水平的基金支出规模差异较大，2015 年最小和最大支出规模分别为 GDP 的 0.08% 和 1.90%，随着人口老龄化和高龄化推高失能发生率，到 2055 年，这一比例将分别升至 0.28%和 5.90%；相应的，维持基金收支平衡的缴费率最低由 0.13% 升至 0.55%，最高由 0.74% 升至 3.32%。

## （三）长期护理保险缴费模式研究

长期护理保险的缴费模式可分为个人自愿性缴费（商业保险模式）、强制性缴费（社会保险模式，以个人和企业缴费为主、政府补贴为辅）和福利式缴费（政府出资为失能者购买护理服务）三种主要形式，不同的缴费模式取决于制度模式的选择。目前从全球范围内来看，美国以自愿性缴费为主，德国和日本以强制性缴费为主，瑞典则以福利式缴费为主。

莱斯（Rice，1989）分析发现，失能老年人受健康损害和功能障碍等原因影响，必然增加对长期护理服务的需求，购买商业保险不适合每个人，无论是主张要通过扩大现有医疗保险还是新开设长期护理保险覆盖失能老年人的护理服务都需要广泛的资金来源。施耐普（Schnepper，2001）通过分析长期护理保险的功能指出，当长期护理服务需求增加时，长期护理保险具有分散参保人员财务风险的优势。巴伦（Barr N，2010）提出保险能够解决长期照护需求及费用筹资问题，但现有商业保险模式不能有效解决保险人和被保险人之间存在的信息不对称等技术问题，他主张采用社会保险模式发展长期护理保险。

与国外学者类似，我国学者也主张采用保险机制来筹措长期护理资金，针对我国长期护理保险制度的缴费模式，比较典型的研究是吕国营和韩丽（2014）通过总结国内学术界观点得出我国应采用保险模式而不是福利模式。关于长期护理保险缴费模式的选择，主要有四种不同观点：第一种观点是主张采用纯商业保险模式，如陈晓安（2010）主张我国长期护理保险应遵循政府推动、政策支持、强制投保、商业化经营、社会化运作的原则，引入保险公司的商业化经营；王新军和郑超（2014）利用面板（Logit）模型，根据CLHLS基础数据实证分析了我国老年人健康与护理需求的影响因素及其性别和城乡差异，主张在我国目前尚未建立长期护理保险制度的情况下，从长远考虑，政府需要积极促进商业长期护理保险的购买，以应对老年人的长期护理风险。第二种观点是以孙正成（2013）为代表的学者主张采用社会保险模式，其在浙江省长期护理保险需求调查分析的基础上结合德国和日本等国际实践主张采用社保模式，独立设置长期护理保险险种，通过长期护理保险体系的构建来解决日益严峻的老年长期护理服务需求问题。第三种观点是戴卫东（2015）主张采用"社会保险为主＋商业保险为补充＋特定群体的政府补贴"的模式。第四种观点是以蒋虹（2007）为代表的学者主张采用"商业保险为主＋社会保险为辅"的模式，提出基于我国人口老龄化和地区经济发展差异的实际情况，主张在东部经济发达地区和经济收入较高的行业实行商业护理保险，护理费用由个人独自承担，在中西部经济欠发达地区实行政府、企业和个人共同缴费的社会保险模式，全国范围内建立以商业性为主、社会性为辅的长期护理保险模式。

此外，还有学者主张我国长期护理保险分阶段采用不同模式。荆涛和谢远涛（2014）基于调查问卷搜集的微观数据，通过多元 Logistic 模型筛选变量，建立分类回归树模型分析影响消费者选择长期护理保险制度模式的因素，研究认为我国建立适合国情的长期护理保险制度模式应分三步走：第一步，现阶段采用商业长期护理保险的模式；第二步，采用社会基本长期护理保险和商业长期护理保险相结合、商业长期护理保险为补充的模式；第三步，实行政府强制的全民长期护理保险模式。

近年来，还有部分学者主张建立动态费率调整机制，合理划分各方缴费责任。如杜天天和王宗凡（2022）通过对两批 29 个试点城市的政策分析和实践经验进行比较研究发现，应统一实行按比例筹资，建立以待遇为基础的筹资标准，建立短期稳定、中长期动态的费率调整机制。

## 五、现有文献研究的总结归纳

可持续的缴费机制是长期护理保险制度建立和运行的关键，已有文献从不同学科和视角对长期护理保险缴费问题进行了探索性研究，但还存在诸多亟待澄清、深化之处。当前定性研究过多而实证分析较少，其中与本研究主题密切相关的主要包括：①缴费责任分担研究方面，已有研究过分强调政府责任而忽略了企业和个人作为责任主体应当履行的缴费责任；②关于长期护理保险缴费率的测算，现有研究采用的数据大多是基于全国部分地区的调查数据，代表性难以保证，无论强制性缴费、自愿性缴费还是福利式缴费，对政府、企业和个人三方责任主体都将产生较大影响，未来制度模式的选择需要进行反复论证和评估。

# 第三章 国际长期护理保险制度实践

长期护理保险缴费机制是在长期护理保险基金形成过程中确定缴费主体、缴费责任分担、缴费水平等核心环节，从而保证基金持续稳定运行而建立的管理制度和规范。

目前国内外实践表明，各国长期护理保险缴费机制各不相同，但也不是毫无规律可循。例如，国际经验表明，长期护理保险的缴费责任主体主要包括政府、用人单位和参保个人三方；其缴费责任分担是指这三大责任主体在长期护理保险基金中应承担的缴费比例或数额，他们缴费的水平受到长期护理费用、参保个人支付能力、参保人数、整体经济水平和政府财政实力、自付比例等多种因素的综合影响。本章和下一章将分别介绍长期护理保险缴费机制的国际发展和国内试点实践情况。

## 第一节 瑞典长期护理保障制度

根据联合国发展规划署发布的各国社会发展指数报告，瑞典以社会收入差距小、社会经济发展长期稳定著称。瑞典从 1932 年开始建设福利国家，其主旨是要将国家建设成一个大家庭，国家必须提供公共服务，以满足各类群体的多样化需求，每个瑞典公民都有获得这些公共服务的权利。

瑞典在 20 世纪 60 年代就开始构建长期护理体系，到 20 世纪七八十年代就发展了机构护理、居家护理和医疗护理等多样化的护理服务体系。目前瑞典为老年人和 65 岁以下残疾人提供的长期护理制度是一种普惠制度，所有老年人都有权利获得政府公共服务体系所提供的长期护理服务，只要老年人符合长期护理的条件，政府就有义务向所有有长期护理需求的老年人提供长期护理服务，其长期护理制度也被视为"福利式"模式，其资金主要来源于各级政府财政税收。

随着瑞典人口老龄化进展，需要护理的老年人日益增加，尤其是 2011 年瑞典 65 岁及以上老年人口占总人口的比例达 19%，使之成为当时世界上老龄化水平最高的国家，经济合作与发展组织（OECD）预估 2050 年这一比例将达到 24%，护理服务费用因此不断上涨。为此，瑞典积极改革，将市场机制引入了长期护理体系，推动护理服务供给的市场化和私有化，在普惠制供给的同时，也鼓励个人购买商业护理保险作为普惠制的补充。

## 一、法律制度沿革

1875 年瑞典颁布了《公共健康法》，开始重视工人的健康状况。1884 年，瑞典国会通过立法，确立了《社会保险法案》，将养老保险和工伤保险制度作为优先发展的制度，之后历经几十年发展和改革，到 1913 年通过了《全国养老金法案》，该法案主要是为老年人和丧失工作能力者提供养老保障，规定 18 ～ 66 岁的瑞典公民都可以通过缴费参加养老金制度，政府通过收入调查结果可以为无力缴费者提供免费救济。1912 年瑞典颁布了《劳工福利法》，规定企业必须针对员工健康和安全提供相应的保障设施和管理条例，必须为工作岗位有害于健康的员工提供定期医疗检查。1913 年瑞典议会颁布《国民普遍年金保险法》，该法案针对失能老年人建立普遍老年津贴，规定居住在瑞典或在瑞典工作 1 年以上的 65 周岁以上公民都有权利申请。1916 年瑞典开始实行强制性工伤事故保险制度。

1931 年瑞典政府发布健康保险制度，规定所有健康保险互助团体都必须接受国家资助，并允许 15 ～ 40 岁的瑞典公民选择。1946 年瑞典通过了新的《健康保险法》并于 1951 年正式生效实施，其规定瑞典所有 16 岁以上的公民都必须参加，开启了强制性健康保险制度的新阶段。1955 年将强制性工伤保险制度与该健康保险制度合并，扩大了健康保险津贴的种类和数额。1962 年瑞典颁布了《国民保险法》，将健康保险制度与各种其他社会保险制度合并，基本实现了全民覆盖，并实施强制性缴费方式，个人缴费、雇主缴费和国家财政补贴共同构成了健康保险基金的资金来源，为参保人提供现金补贴、卫生服务补贴、住院治疗补贴等。除了保险制度之外，1982 年瑞典通过了《社会服务法案》（*Social Services Act*，SSA），代替了原有的《社会福利和社会救济法》，规定政府要为老年人提供居家养老服务、日托型养老服务、老人服务院服务和老年人日常服务等多种类型的公共服务。此外，该法案还规定地方政府有义务帮助残疾人，市政府必须为残疾人提供专门的服务设施且必须制订身体残疾和精神障碍人群的各类护理服务计划。《社会服务法案》规范了以家庭为基础的护理服务和包括养老院在内的机构护理，确保老年人和残疾人的需求得到保障，确保人们"如果不能以任何其他方式满足生活需求"，就有权申请获得支持，以保证每个人都能"有合理的生活水平"。《社会服务法案》没有明确界定"需求"，但如果个人对于某项决定不满意，有权向法院提起上诉。除此之外，1982 年瑞典颁布了《医疗卫生服务法案》，规定地方政府委员会要为康复患者、借助辅助器械的功能性残疾者提供基本的医疗服务和护理服务，此外，还有为听力障碍者提供翻译服务等生活服务等内容。

1980 年底，瑞典批准了雇主联合会提议的为有效降低社会保障支出，提高社保服务的效率，应适当引入竞争机制，鼓励老年护理机构实行商业化经营的议案。到 1992 年，瑞典私营老年护理机构占比就已经达到 1/3，为满足收入较高老年人的个性化服务需求、有效控制公共老年护理服务机构费用发挥了积极作用。

1993 年瑞典颁布了《护理补贴法案》，规定功能性残疾人群及每周需要他人照顾基本起居时间超过 20 小时的残疾人可以申请获得护理补贴。1994 年颁布的《残疾人支持和服务法案》规定地方政府必须为残疾人指定护理人员或给予资金支持，以使其具有购买护理服务的能力。

## 二、长期护理资金来源渠道

2017 年瑞典 65 岁及以上的老年人接受长期护理服务的比例达到 16.2%，略低于瑞士和以色列，在 OECD 国家中位居第三，高于 OECD 国家 10.8% 的平均水平。随着年龄增长，人们对长期护理服务的需求升高，接受长期护理服务的人口比例也更高，长期护理服务使用者按年龄结构划分如下：80 岁及以上高龄老年人占比是 47%，65 ～ 79 岁老年人占比是 24%，0 ～ 64

岁的人群占比是 29%。2017 年瑞典长期护理服务费用支出占国内生产总值的比例为 3.2%，其中健康护理领域占比是 2.7%，社会护理领域占比为 0.5%。[1]目前瑞典长期护理资金主要由各级政府税收、地区及其所属企业和使用者适度缴费共同承担（见表 3-1），瑞典中央政府通过财政补助方式对市级财政进行补贴，其主要依据不同市人口数量、人口年龄结构、人口密度、气候等因素来调整它们之间的资源配置。

表 3-1 瑞典的长期护理资金来源　　　　　　单位：%

| 来源渠道 | 2011 年 | 2012 年 | 2013 年 | 2014 年 | 2015 年 | 2016 年 | 2017 年 | 2018 年 |
|---|---|---|---|---|---|---|---|---|
| 中央政府 | 91.20 | 91.06 | 90.99 | 91.22 | 91.65 | 91.95 | 92.13 | 92.03 |
| 地区及其所属企业 | 3.09 | 3.12 | 3.17 | 3.01 | 2.83 | 2.61 | 2.51 | 2.63 |
| 个人自付 | 5.71 | 5.82 | 5.84 | 5.77 | 5.52 | 5.44 | 5.36 | 5.34 |

资料来源：瑞典统计局。

首先是个人自付费。1956 年瑞典废止了成年子女对父母的法定赡养义务，由此，家庭没有法律责任为其成年成员提供照顾以满足其护理需求。长期护理服务使用者需要自行承担 5% 左右的费用，具体缴费金额与其收入、使用的护理服务有关。此外，政府对残疾等特殊群体实行费用减免政策。2010年，65 岁以上老年人使用机构护理服务和居家护理服务的比例分别是 5% 和11%，无论是居家护理还是市机构护理，老年人都可以获得正式的护理服务，每百名 65 岁及以上老年人拥有 130 名正式护工。[2]

其次是中央政府税收。1957 年瑞典实施了《社会福利和社会救助法》，规定地方政府负责辖区内公民的居家护理和机构护理，废除了传统的《济贫法》关于家庭对成年成员的护理责任，该法案要求地方政府向有需要的家庭和个人提供救助，救助支出由中央政府承担，突出强调了国家对社会成员应承担的社会救助责任和义务。1982 年瑞典颁布《社会服务法》，取代了原有的《社会福利和社会救助法》，规定市政当局等地方政府负责老年人长期护理服务，中央政府负责政策的制定和监督。自此，中央政府通过财政税收补助的形式给予长期护理服务资金支持，主要包括三部分：一是给予市政等地

①　OECD Health Statistics 2019.

②　OECD Health Data 2012.

方政府普遍补助；二是给予护理使用者年龄补助；三是给予市政的对不利人口结构实施更加具体的风险调整体系的补助，考虑不同市政地区内的人口年龄、气候天气、性别等因素，通过风险调整体系补偿市政当局。2007年瑞典中央政府财政税收补助约占长期护理费用的10%。

最后是地区和地方政府税收。目前瑞典老年人长期护理费用中的85%和残疾人护理公共预算费用中的70%来自市政当局等地方政府的税收。瑞典市政当局负责公共预算中的医疗服务和社会服务责任，包括评估居家护理和机构护理申请人的失能情况、老年人护理服务中家庭护理和机构护理之间的分配等具体工作，同时也负责分配针对不同社会群体的护理服务，如老年人护理、幼儿照护和残疾人护理服务等。近年来，由于瑞典高龄老年人口比例较高，与此相关的护理需求获得了很多关注，瑞典长期护理制度保障的覆盖范围逐渐偏向失能程度更高的老年群体。

## 三、长期护理待遇给付和服务供给

在瑞典，无论公立机构、私营机构还是志愿者组织，只要符合条件都可以向符合资格条件的申请人提供护理服务并收取服务券（瑞典以"服务券"形式向长期护理服务使用者提供实物待遇）。目前它们提供的长期护理服务形式主要包括三种：第一种是居家护理服务，由专业护理人员上门提供理发、清洁、做饭等服务内容；第二种是日托型护理服务，主要是为患有身体或精神残疾、阿尔茨海默病的老年人提供日间专业治疗和看护服务；第三种是机构护理服务，包括公共福利机构、公共护理机构、私营机构等多种类型，主要提供入住式日常生活护理、照料和医疗护理服务等。瑞典要求要根据老年人的特殊需要兴建养老机构，强调尽可能让老年人独立生活在自己的寓所，竭力做到使在机构中的老年人像生活在自己的家里一样。在服务内容方面，还包括个人安全报警、宜居住房改造等设施服务。

1994年瑞典在失能人员立法方面颁布了两部有关个人护理的法律：一部是《支持和服务特定功能性损伤人员法案》（*the Act Concerning Support and Service for Persons with Certain Functional Impairments*，LSS），这部法案适用于每周需要少于20个小时护理服务的失能人员；另一部是《个人护理法案》

（*the Personal Assistance Act*，LASS），这部法案适用于每周需要超过 20 个小时护理服务的失能人员。按照 LSS 的规定，只要是瑞典的永久居民且为认知失能、孤独症或类孤独症人员，以及因外力或身体疾病导致严重和永久性脑损伤的成年人、永久性或认知损伤导致丧失了日常生活能力需要外力支持的人员都可以向市政等地方政府申请长期护理服务，市政职员、雇佣的"护理管理人"和社会保险机构评估人员通过开放式访谈、参考申请者提交的资料，如根据个人清洁卫生、吃饭、穿脱衣物、与人交流沟通、其他帮助〔帮助内容需要根据个人失能（损伤）的具体情况而定〕等五个方面综合评估申请者的护理需求，决定其受益资格及其可享受的长期护理服务类型和服务数量。通过评估后，长期护理服务的使用者可以根据瑞典个人服务预算（Personal Assistance Budget，PAB）分配发放和支付的服务时长获得每月护理服务小时数，其中每周小于 20 小时的使用者在市政部门注册登记，其费用开销由市政府及个人自付费承担；每周大于 20 小时的使用者在社会保险机构登记注册，超过 20 小时的部分由社会保险来承担费用。瑞典中央政府对不同收入状况的护理服务使用者制定了付费上限，以保障每一个有需求的老年人都可以获得所需的护理服务。护理服务使用者得到的实物待遇仅与其护理需求有关，与个人和家庭收入无关，对于永久性入住机构的人员，瑞典中央政府根据其收入情况确定每月长期护理服务的最高费用，以保证不同收入水平的人员都能住得起专业护理机构。

目前瑞典 12% 左右的 65 岁及以上老年人可以获得居家护理服务，约 5% 可以获得专业机构护理服务（不包括医院的医疗护理服务）（见表 3-2）。近年来瑞典鼓励失能老年人就地养老，压缩机构护理以节省公共财政支出。为了鼓励失能人员家庭成员提供基本生活照料项目，瑞典于 1989 年专门颁布了《服务休假法案》，为家庭非正式护理者提供保留工资和照护休假时间、喘息服务等政策，并且《社会服务法》规定地方政府有责任为护理慢性病或失能人员的亲属等提供休假、喘息服务等支持。2008 年瑞典成立了"支持非正式护理者国家中心"，为家庭非正式护理者提供各种支持。

表3-2　瑞典65岁及以上老年人接受居家护理和机构护理服务的人数　单位：万人，%

| 年份 | 居家护理服务接受者 | 占65岁及以上人口比例 | 机构护理服务接受者 | 占65岁及以上人口比例 |
|------|------|------|------|------|
| 2011 | 20.78 | 12 | 8.98 | 5.2 |
| 2012 | 20.79 | 11.7 | 8.68 | 4.9 |
| 2013 | 20.75 | 11.4 | 8.90 | 4.9 |
| 2014 | 22.13 | 11.8 | 8.51 | 4.5 |
| 2015 | 23.83 | 12.5 | 8.57 | 4.5 |
| 2016 | 21.14 | 10.9 | 8.70 | 4.5 |
| 2017 | 23.57 | 11.9 | 8.57 | 4.3 |

资料来源：OECD数据统计库。

## 四、长期护理经办管理机构

瑞典长期护理体系由三个级别的政府机构负责，分别是国家级、地区级和地方级，其中国家级的联邦政府负责制定卫生和医疗保健的法律、政策，或者通过与代表地区级和地方级政府的瑞典地方当局与地区协会（Swedish Association of Local Authorities and Regions，SALAR）订立协议来发挥职能；地区级的20个省议会负责协调地方级自治市无法处理、需在更大区域间协调解决的卫生和医疗保健任务；地方级的290个自治市承担了居家和特殊护理机构的老人护理责任。尽管瑞典居民都有资格获得长期护理服务，且可以申请享有较高的政府补贴，但由于地区级和地方级的政府都有权在本地区或本地方征收所得税和各种费用支付其开支，它们之间没有行政隶属关系，因此每个地区和地方自治市提供的长期护理服务和资金都有所不同，享有很大自主权（见图3-1）。因此，瑞典长期护理体系是以地区级和地方级政府为主要责任机构，尤其是地方级市政当局承担了长期护理服务需求调查、护理费用补贴给付、确定待遇资格标准和水平等责任，但是长期护理服务选择的决定权是老年人自身，他们能够自主选择采取公共或私人供给服务等方式。

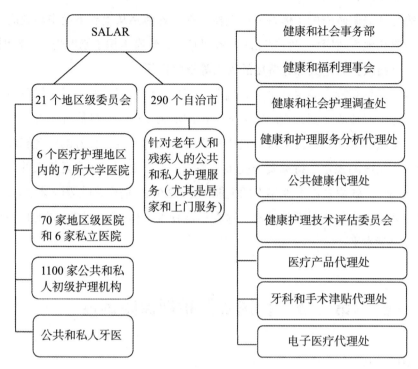

图 3-1 瑞典长期护理体系的有关管理机构

资料来源：A Anell，A H Glenngard and S Merkur. Sweden:Health System Review[J]. Health System in Transition，2012，15（14）：19.

## 五、瑞典长期护理保障制度的特色

瑞典作为北欧福利国家的典型代表，采用一系列社会服务计划来满足失能老年人的长期护理需求，由市政等地方政府负责，建立了全民覆盖的长期护理保障体系，通过社会保险机构和市政地方机构实施经办管理，为符合条件的老年人提供长期护理服务。瑞典长期护理保障制度的特色表现在以下三方面：

第一是公平性和福利性。只要是瑞典永久性公民都有权利享受长期护理服务，经过护理需求评估后公民都能够自主选择长期护理服务，一旦对护理服务不满可以向法院提起诉讼，其护理需求能够得到比较充分的满足。瑞典各级政府通过税收来筹措长期护理费用，长期护理服务的分配基于需求按照平等原则配置而不是根据收入、职业、地位等因素，个人累进税制使得财富从富人转向穷人，从而达到社会公平的目标。

第二是强调政府的主体责任。瑞典长期护理体系从上到下有中央政府、地区政府和地方政府，它们按照法律各司其职，政府承担了制度构建、管理、经办、供给服务、绝大部分费用的支出等重要责任。

第三是具有较高的保障水平。瑞典长期护理体系不但实现了全民覆盖，而且服务内容覆盖全面，在居家环境、护理辅助设施、社区服务中心、交通服务、家庭非正式服务提供者、机构护理等方面都提供了良好的资金和政策支持，为制度的稳定、持续实施提供了基础。瑞典 65～74 岁老年人的失能率是 20.6%、75 岁及以上老年人的失能率是 32.6%，瑞典是欧盟国家中 65 岁及以上老年人失能率最低的国家，这在一定程度上得益于该国较高的长期护理服务保障水平。

# 第二节　德国长期护理保险制度

德国被称为现代社会保险制度的发源地，其标志是 1983 年颁布了世界上第一部《疾病保险法》，1884 年和 1889 年先后颁布了《工伤事故保险法》和《老年、残疾和遗嘱保险法》，以立法形式将社会保险由以往济贫制度的临时性、不确定性转变成了强制性的经常性制度，拉开了现代社会保险制度发展的序幕。从此，诸如法国、丹麦等国家纷纷效仿德国，相继颁布医疗保险、事故保险和养老保险等有关社会保险领域的正式法律。

## 一、法律政策沿革

德国在魏玛共和国时期就秉承个人是自身健康的首要责任人，其次才是家庭、慈善机构和政府，它们只提供辅助性帮助，在必要情况下给予服务资助或津贴的原则。之后在俾斯麦时期，德国依照补充性原则建立社会福利体系，其主旨是男性外出工作承担家庭经济责任，女性居家照顾家庭成员，当个人日常生活失能需要护理时，应由家庭承担照护责任，家庭是最好的服务供给者。只有当家庭和慈善组织缺乏照顾条件和护理服务能力时，地方政府才介入提供辅助性的护理服务。

1961 年联邦德国颁布了《联邦社会救助法案》，该法案规定建立以征税为基础的社会福利救助体系，地方政府负责支付护理费用，对居家护理和机构护理给予社会救助，护理救助的申请人必须通过家庭调查并放弃个人资产所有权及求助亲属的权利，方可向政府领取护理救助金。

由于申领社会救助的条件苛刻、社会救助提供的护理服务质量整体不高，难以满足日益严峻的老龄人口护理需求，1977 年联邦德国联邦卫生部发布了《老年护理需求报告》，建议建立惠及全体国民的护理体系，确保所有人在退休、患病时都能得到护理服务。1980 年联邦德国联邦劳动部发布了《建立社区护理服务站的筹资报告》，呼吁建立覆盖全民的护理保险。1988 年联邦德国颁布了《健康改革法案》，规定健康保险覆盖重度失能人员的居家护理服务给付。

1994 年德国联邦议会通过《长期护理保险法案》，并将其纳入德国《社会法典》第 11 篇，由此长期护理保险正式成为德国社会保险的重要组成部分，该法案明确将长期护理风险界定为社会风险，将提供长期护理服务视为社会责任，旨在建立覆盖所有国民的强制性长期护理保险制度。这一法案的主要内容包括：一是规定了长期护理保险跟随医疗保险原则建立，医疗保险的参保人必须参保长期护理保险；二是规定长期护理保险的保险人是护理基金会，现由德国医疗保险基金会代为行使职责；三是规定长期护理基金收入来自被保险人缴纳的保险费和各级政府的财政补贴，其中保险费由在职人员及其雇主各自承担 50%，随同医疗保险费一并缴纳；四是规定医疗保险医疗事务服务部作为长期护理等级评定审核部门，负责长期护理保险申请、入户评定、社区调查、确定被保险人的护理等级等具体事务。

随着长期护理保险制度实施运行过程暴露出的护理需求、服务质量、保险缴费等方面难题和问题，德国近年来进行了多次改革和调整。2008 年德国联邦议会通过《长期护理保险结构改革法》，该法案改革的主要内容包括：一是调整护理时间，根据法案，提供居家护理服务的家庭成员可以向雇主申请专门的护理假期，实施鼓励非正式护理者计划，鼓励家庭成员，特别是女性提供家庭护理服务；二是加强护理保险质量监督，通过质量保障和消费者保护法案规定长期护理服务机构要组织内部质量管理、引入专家指南和建立质量仲裁委员会等强化护理保险管理监督和消费者权益保护等工作；三是调整长期护理服务的给付标准，分别在 2008 年 7 月、2010 年 1 月和 2012 年 5

月实施，其中对居家护理给付水平调整最大（见表 3-3）。法案还规定政府从 2015 年开始每 3 年检查 1 次，并且依据通货膨胀率和收入增长率等因素确定是否需要做进一步的调整。

表 3-3　2008—2012 年德国社会长期护理保险给付水平调整情况　单位：欧元/月

| 调整时间 | 失能等级 | | |
|---|---|---|---|
| 现金给付： | 一级护理 | 二级护理 | 三级护理 |
| 　　2008 年 7 月 | 215 | 420 | 675 |
| 　　2010 年 1 月 | 225 | 430 | 685 |
| 　　2012 年 1 月 | 235 | 440 | 700 |
| 居家护理服务给付： | 一级护理 | 二级护理 | 三级护理 |
| 　　2008 年 7 月 | 420 | 980 | 1470 |
| 　　2010 年 1 月 | 440 | 1040 | 1510 |
| 　　2012 年 1 月 | 450 | 1100 | 1550（1918） |
| 机构护理服务给付： | 一级护理 | 二级护理 | 三级护理 |
| 　　2008 年 7 月 | 1023 | 1279 | 1470（1750） |
| 　　2010 年 1 月 | 不变 | 不变 | 1510（1825） |
| 　　2012 年 1 月 | 不变 | 不变 | 1550（1918） |
| 临时护理服务（非正式护理）给付（每年最多 4 周）： | 一级护理 | 二级护理 | 三级护理 |
| 　　2008 年 7 月 | 215 | 420 | 675 |
| 　　2010 年 1 月 | 225 | 430 | 685 |
| 　　2012 年 1 月 | 235 | 440 | 700 |
| 机构短期护理或临时护理服务给付（每年至多 4 周）： | 一级护理 | 二级护理 | 三级护理 |
| 　　2008 年 7 月 | 1470 | 1470 | 1470 |
| 　　2010 年 1 月 | 1510 | 1510 | 1510 |
| 　　2012 年 1 月 | 1550 | 1550 | 1550 |
| 补充护理法案——关于高度监管，如阿尔茨海默病患者护理服务给付： | 一级护理 | 二级护理 | 三级护理 |
| 　　2008 年 7 月：基本标准 | 100 | 100 | 100 |
| 　　2008 年 7 月：非常标准 | 200 | 200 | 200 |

资料来源：Social Code Book XI, Medizinischen Dienstes Bayern（2008）.

2015 年与 2016 年德国先后实行《护理加强法案Ⅰ》和《护理加强法案Ⅱ》，改革的主要内容包括：一是重新定义长期护理需求，新法案从移动能力、认知与沟通能力、行为与心理能力、自理能力、应对与独立处理由于疾病或治疗产生的需求和压力、安排日常生活与社会交往 6 个方面加权，评估并划分护理等级。二是将护理等级由以往的 3 个等级细分为 5 个等级。三是提高长期护理保险缴费率，建立长期护理储备金。自 2015 年开始，缴费率提高 0.3%，其中 0.2% 用于提高长期护理保险待遇，0.1% 用于建立长期护理储备金。国民中有子女者的保险缴费率提高到 2.35%，年满 23 周岁且无子女者提高到 2.6%。四是从 2015 年起将所有护理等级的现金给付和服务给付额提高 4%，日常护理消耗品的补贴从 31 欧元 / 月增加到 40 欧元 / 月，家庭住宅无障碍环境改造补贴从 2557 欧元增加到 4000 欧元，对于三个以上护理对象合住组成的居家护理小组，每项最高补贴为 16 000 欧元。对于机构提供全部护理服务的，自付费比例不再随着护理等级提高而增加。五是支持居家护理，鼓励非正式护理。改革后，居家护理 5 级的家庭成员得到的养老保险缴费率增加 25%，长期脱离正式工作照护亲属的家庭成员可以获得失业保险，并有权领取失业救济金等。

## 二、长期护理保险缴费

德国长期护理保险制度采用社会保险模式，在资金筹集上采用雇主和被保险人共同缴费的模式。基于护理保险依随于医疗保险的原则，即所有参加医疗保险的人都要参加护理保险，其中国家官员、法官、职业军人、警察及消防员等群体由国家负责，当其患病和需要护理时由专门人员负责并承担有关费用；其他公民，如果是基本医疗保险被保险人，则必须加入基本长期护理保险，商业医疗保险的被保险人则必须参保商业长期护理保险。

德国护理保险缴费责任主要由个人、企业共同分担；政府负责对长期护理保险进行宏观调控，最后承担兜底责任。目前，长期护理保险总费用的 1/3 来自政府投入，2/3 来自护理保险费。

### （一）基本长期护理保险缴费规定

德国长期护理保险是法定强制性基本保险，除了在职人员可以依据收入情况自行选择购买基本长期护理保险或者商业长期护理保险外，其他人群必须参加基本长期护理保险。2014 年 1 月 1 日，年工资收入在 53 550 欧元及以上的人群可以自由选择参与长期护理保险的类型，低于这一门槛的在职人员必须参加基本长期护理保险，2017 年在职人员基本长期护理保险制度覆盖 86.7% 的人口。

1995 年长期护理保险制度实施之初，缴费率是 1%，1996 年调整至 1.7%，2015 年缴费率上升至 2.35%，为了刺激生育，23 周岁及以上无子女人员的缴费率调整至 2.6%。最新的规定是 2017 年起 18 周岁以上全体国民按照收入比例缴纳保险费，其中在职人员长期护理保险费率提高到 2.55%，由雇主和雇员各承担 50%；退休人员需要完全自付缴费 2.55%（2004 年 4 月 1 日之前退休人员仅自付 50%，另一半由养老保险基金支付）；失业者、领取救助金的难民则由政府部门代为缴纳全部保费；学生群体无需缴纳保费；23 周岁以上且无子女者需要附加 0.25%，即缴纳 2.8% 的保费。

德国长期护理保险参保人缴纳的保险费与其收入挂钩，收入越高的人员缴纳的保费越高。缴费形式采用现收现付制度，雇员缴纳的保险费由雇主或企业直接从雇员的月工资中代扣，连同雇主缴纳的保险费统一纳入所属的公共疾病基金，其配偶和未成年子女自动覆盖，无需额外缴费。从 2005 年 1 月 1 日起，对 23 周岁以上未育子女的成年人（1940 年 1 月 1 日前出生的人除外）追缴 0.25% 的保费，而雇主分摊的保费率不变，这是为了鼓励生育，考虑到现收现付制度下长期护理保险给付实际上来自未来子女的缴费，如让未育子女者按相同比例缴费、享受相同的护理待遇，对生育子女者而言显失公平。

自 1995 年德国建立基本长期护理保险制度以来，参保人数逐年增加，保费收入和保费支出都在持续增长，且保费支出增长速度快于收入增长，造成长期护理保险收不抵支问题较严重。截至 2018 年末，基本长期护理保险保费收入 377.2 亿欧元，保费支出 412.7 亿欧元，差额部分通过长期护理转移资金等渠道化解（见表 3-4）。

表 3-4　近年来德国基本长期护理保险参保及缴费情况　单位：千人，十亿欧元

| 年份 | 参保人 | 被保险人 | 保费收入 | 保费支出 |
|------|--------|----------|----------|----------|
| 1995 | 50 915 | 71 901 | 8.41 | 4.97 |
| 2000 | 50 948 | 71319 | 16.54 | 16.67 |
| 2010 | 51 253 | 69 785 | 21.78 | 21.45 |
| 2012 | 51 950 | 69 726 | 23.04 | 22.94 |
| 2014 | 53 558 | 70 340 | 25.91 | 25.45 |
| 2016 | 55 160 | 71 450 | 32.03 | 31.00 |
| 2018 | 56 513 | 72 808 | 37.72 | 41.27 |

资料来源：德国历年保险统计年鉴。

德国商业长期护理保险的被保险人相对较为稳定，但从 2014 年起，被保险人数量呈现下降趋势，保费收入并没有随之发生大幅下降，只有 2018

年保费收入 25.42 亿欧元，比 2017 年略有下降。理赔方面，商业长期护理保险给付逐年增加，发挥了较好的保障作用（见表 3-5）。与基本长期护理保险基金收支相比，商业长期护理保险结余数额始终较高，具有良好的发展持续性。

表 3-5　近年来德国商业长期护理保险参保及缴费情况　单位：千人，百万欧元

| 年份 | 被保险人 | 保费收入 | 保费支出 |
|------|----------|----------|----------|
| 2005 | 9164.3 | 1867.5 | 549.8 |
| 2010 | 9593.0 | 2096.0 | 698.8 |
| 2012 | 9619.6 | 2010.7 | 779.3 |
| 2014 | 9472.7 | 2013.6 | 880.1 |
| 2016 | 9375.1 | 2165.1 | 1049.6 |
| 2017 | 9326.7 | 2594.5 | 1286.1 |
| 2018 | 9285.8 | 2542.0 | 1420.0 |

资料来源：2014 年、2019 年《德国保险统计年鉴》。

## 三、长期护理保险受益给付

德国长期护理保险受益给付的要求规定，失能时间达到 6 个月及以上且最近 10 年至少缴纳了 5 年长期护理保险费的申请人，经过护理评定机构进行护理需求评估之后，方可获得基本长期护理保险给付，商业长期护理保险则根据合同规定进行给付。

德国长期护理需求评估由第三方的健康保险医事服务处负责，这一机构一般由地区保险人、企业保险人、手工业同业公会保险人等联邦协会、农民保险人、补充保险人共同组成。2013 年《长期护理调整法案》授权保险人可委托独立营业且符合评估资格的医师或长期护理专业人员担任评估人员。1995 年制度实施之初，德国失能等级评估主要面向生理方面存在障碍的人员，其护理等级分为 1 级、2 级和 3 级，经过若干年运行发现，通过对护理 1 级的人员进行干预能够预防失能恶化、降低护理需求，于是 2008 年调整了护理等级，在护理 1 级之前设置了护理 0 级，主要为有失能可能性的人员提供护理咨询和预防服务。2017 年推行最新失能等级评定标准，将生理、心理、精神及认知方面存在障碍的人员都纳入保障范围，评估重点包括移动能力（权重为 10%）、认知和沟通能力（权重为 15%）、行为与心理问题（权重为 15%）、自理能力（权重为 40%）、应对与独立处理由疾病或治疗而产生的

需求和压力（权重为 20%）、安排日常生活与社会交往（权重为 20%）6 项内容，根据评分 0 ～ 100 分将护理需求划分为 5 个护理等级（见表 3-6）。

德国长期护理保险给付的形式包括现金给付和实物给付两种方式。居家护理的给付方式包括现金给付、实物给付、混合给付三种形式。其中现金给付是政策给予亲属们的奖励津贴，是用于鼓励其提供居家服务的重要措施。实物给付是提供相应的护理服务，居家护理服务内容主要是依靠家属、亲戚和邻居等非正式护理人员提供日间护理、夜间护理、家庭服务等。机构护理只有单一实物给付方式，其相应的护理服务内容是由专业的护理机构和护理员工提供老年综合服务、老年公寓等。目前，德国护理给付的特点是护理等级越高，给付标准越高，同一护理等级时，机构护理服务给付标准高于居家护理服务（见表 3-6）。

表 3-6　2017 年起德国护理等级及给付标准　　　　单位：欧元 / 月

| 护理等级 | 1 级 | 2 级 | 3 级 | 4 级 | 5 级 |
| --- | --- | --- | --- | --- |
| 评估得分标准 | 12.5 ～ 26.5 | 27 ～ 47 | 47.5 ～ 69.5 | 70 ～ 89.5 | 90 ～ 100 |
| 保险给付 | | | | | |
| 　其中：现金给付 | 125 | 316 | 545 | 728 | 901 |
| 　居家护理服务 | — | 689 | 1298 | 1612 | 1995 |
| 　机构护理服务 | 125 | 770 | 1262 | 1775 | 2005 |

资料来源：Reporm of the long-term care insurance in Germany, ESPN Flash Report 2016.

德国长期护理保险制度惠及人口数量众多，1995 年仅有居家护理，次年增加了机构护理服务给付，以基本长期护理保险为例，其受益人数从 1995 年的 106.1 万人增加到了 2017 年的 330.2 万人，其中至少超过 65% 的受益人获得了居家护理，近年来这一比例高达 76%（见表 3-7）。政府为鼓励居家护理，出台了"护理假"，允许给予雇员 10 天不付薪假期，使其可以为了护理家人而进行护理安排或者喘息调整，假期最长可达 6 个月。德国近年来大力提倡居家护理，重视养老社区化、就地老龄化，凡被鉴定为需要护理的参保人，若由其子女或家人提供护理照顾，长期护理保险基金同样支付一定的护理费用给其家属，必要时还可以获得义工的上门帮助服务。

表 3-7　近年来德国长期护理保险受益人数　　　　单位：千人

| 类型 | 1995 年 | 2000 年 | 2010 年 | 2012 年 | 2014 年 | 2016 年 | 2017 年 |
|---|---|---|---|---|---|---|---|
| **基本长期护理保险受益人数** | 1061 | 1882 | 2288 | 2397 | 2569 | 2749 | 3302 |
| 其中：居家护理 | 1061 | 1261 | 1578 | 1667 | 1818 | 1974 | 2522 |
| 机构护理 | — | 561 | 710 | 730 | 751 | 775 | 780 |
| **商业长期护理保险受益人数** | — | 115.9 | 142.7 | 151.1 | 169.3 | 188.6 | 211.6 |
| 其中：居家护理 | — | 75.1 | 99.4 | 105.8 | 120.6 | 136.7 | 158.4 |
| 护理等级 0 | — | — | 1.1 | 4.6 | 5.3 | 10.8 | — |
| 护理等级 1 | — | 38.6 | 57.5 | 59.9 | 65.1 | 71.7 | 5.3 |
| 护理等级 2 | — | 26.6 | 31.3 | 34.7 | 38.6 | 42.1 | 69.8 |
| 护理等级 3 | — | 10.0 | 10.5 | 11.1 | 11.7 | 12.2 | 51.1 |
| 护理等级 4 | — | — | — | — | — | — | 23.2 |
| 护理等级 5 | — | — | — | — | — | — | 9.0 |
| 机构护理 | — | 40.8 | 43.3 | 45.4 | 48.7 | 51.8 | 53.2 |
| 护理等级 0 | — | — | — | 0.1 | 0.2 | 1.0 | — |
| 护理等级 1 | — | 11.1 | 15.2 | 15.8 | 16.7 | 17.7 | 0.3 |
| 护理等级 2 | — | 18.5 | 18.1 | 19.1 | 20.4 | 21.7 | 9.1 |
| 护理等级 3 | — | 11.2 | 10.0 | 10.4 | 11.3 | 11.9 | 16.2 |
| 护理等级 4 | — | — | — | — | — | — | 17.3 |
| 护理等级 5 | — | — | — | — | — | — | 10.4 |

资料来源：德国历年保险年鉴。

注：2017 年开始德国护理等级由以往的 3 个等级变成了 5 个等级。

## 四、长期护理保险管理监督

德国社会法典第 6 卷第 46 条、第 47 条规定了护理保险的运营者是护理保险机构。目前德国联邦卫生部负责制定长期护理保险制度，依附现有的健康保险管理体制，在全国的公共疾病基金和私营健康保险公司等法定医疗保险机构中设立对应的长期护理保险机构，专项负责长期护理保险费的参保登记、征缴、待遇给付等事务性工作，它们不直接提供长期护理服务，而是负责以集体协商谈判方式购买长期护理服务、组织机构准入和服务质量审核等具体工作。健康审查委员会（Medical Review Board）负责受益人失能评定标准、护理等级和待遇给付资格等标准的制定工作，作为地域性管理机构，其能够保证长期护理保险受益资格审核和评定标准的统一性。健康保险医事服务处负责长期护理需求评估及服务质量的审核（见图 3-2）。

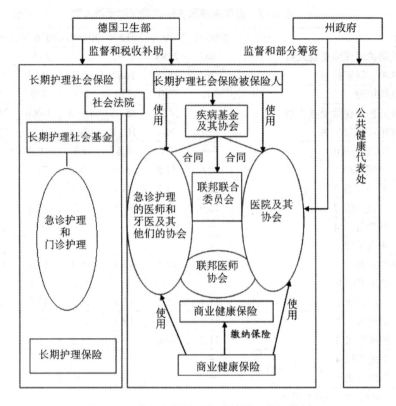

图 3-2　德国长期护理保险的管理监督体制

资料来源：R Brusse and M Blumel. Germany:Health System Review[J]. Health System in Transition, 2014, 2（16）：20.

## 五、德国长期护理保险的特色

作为世界上首个以立法形式建立长期护理保险的国家，德国自 1994 年建立长期护理保险制度以来，至今已有 29 年历史，形成了给付多元、保障方式灵活、将所有国民覆盖其中、具有普遍保障功能的长期护理保险体系。其制度的特点主要表现在以下三方面：

第一，德国形成了社会长期护理保险和商业长期护理保险相结合的"双轨制"发展模式，低于规定收入水平的人群必须缴费并参与社会长期护理保险，高于规定收入水平的人群可以选择加入社会长期护理保险或购买强制性商业长期护理保险。商业长期护理保险被保险人与社会长期护理保险提供的服务相同，社会长期护理保险依靠医疗保险机构经办管理，减少了资源浪费和烦冗的行政程序。

第二，德国社会长期护理保险费用由政府、企业和个人三方共同分担，个人是长期护理保险制度的直接受益人，企业是该制度的间接受益者，德国政府需要宏观调控长期护理保险，承担兜底责任。购买商业长期护理保险的是高收入人群，商业长期护理险保费由投保人个人承担。德国自19世纪建立社会保险制度以来历经变革，但其始终如一地强调实行国家、企业、个人三方共担责任的缴费机制，多方共同分担长期护理保险筹资责任能分散筹资压力，更好地推进长期护理保险制度的可持续发展。

第三，实行差异化费率。与瑞士长期护理体系类似，德国长期护理保险采用现收现付模式，其实质是现有长期护理保险受益人享受的待遇是来自未来子女的缴费，对所有人执行相同标准的缴费率，这对于已生育子女的人员并不公平。因此，德国社会长期护理保险针对23周岁及以上无子女参保人缴费率要高出有子女家庭参保人0.25%，商业长期护理保险缴费率根据不同年龄阶段划分，这种方式既能兼顾公平，又计算简单，能够有效应对通货膨胀的影响。

## 第三节　日本长期护理保险制度

随着日本少子化、老龄化问题日益突出，家庭结构小型化、女性外出劳动等因素导致传统家庭照料功能下降，为了更好地解决日益增多的失能老年人生活护理、照料等问题，满足老年人日常生活护理需求，日本从2000年开始正式实施了《长期护理服务保险法》。日本长期护理保险制度历经20多年实践，对解决进入老龄化、少子化社会中日本社会保障费用的持续增长起到了一定的作用。

### 一、法律政策沿革

日本从1946年开始重构社会保障制度，针对老年人的制度主要包括1946年制定的《生活保护法》，其规定家庭应该为低收入老年人的日常生活提供相应救助，帮助他们脱离贫困生活；1947年出台了"安置福利制度"，规定生活不能自理、希望入住养老院等社会福利机构进行护理的老年人，必须向居住地行政机构提出申请，由地方行政主管机关负责安排其入住指定的老年社会福利机构，政府根据入住情况给予拨款和费用补贴；1949年日本制定了《身体残疾者福利法》，主要为难以获得正常收入的残疾人群提供生活收入和贫困补贴等。这一时期，日本各地方政府大力兴建各类公办养老机构。

1960年日本制定了《智力残疾者福利法》，从法律上明确了精神障碍者应享有的福利，包括接受治疗及保护、援助和促进其回归社会，以提高国民的精神健康水平。

1963年日本颁布了《老人福利法》，将以往只针对贫困、生活不能自理老龄人口的福利政策转变成覆盖所有65岁以上的老年人，通过设置"老人周""敬老日"及实施老年居家生活福利政策、设立养老院等机构完善老年人福利体系。1973年日本对该法进行修订，规定对70岁及以上（卧床不起等特殊情况下为65岁及以上）老年人实施免费医疗制度。1983年实施的《老人保健法》废除了老年人免费医疗制度，建立老年人保健预防体系，该法规定市、町、村认定存在身体障碍的75岁以上或65岁以上、74岁以下的老年人要承担部分医疗费用，2002年修订后明确规定"承担部分医疗费用"的限额是10%。

日本由于老龄化、少子化问题导致传统的居家养老难以支撑，很多老人生活不能自理，只能入住医院等机构养老，造成医疗费用大幅增加，政府财政压力巨大。为此，1994年日本老年人保健福利审议会发表《告全国同胞书》，呼吁社会各界关注老年人，建立起以家庭关爱为基础，以全体国民的社会连带责任为机制，支援老人护理的长期护理制度。1995年日本议会通过了《老龄社会对策基本法》，规定国家、地方公共团体组织具有共同应对老龄社会的义务，要积极提高老龄人口的自理、自立能力。同年，日本社会保障制度审议会上提出应该依靠保险金来进行老年人福利保障，依靠行政拨款的社会福利应由国家运营的护理保险来代替。1996年日本老年人保健福利审议会通过了《关于建立老龄者护理保险提案》，提议建立护理保险，并由公费负担一半的社会长期护理保险费用，具体是从1997年4月开始把消费税改为国民福利税，并将税率从3%提高到5%，增加的2%就是护理保险公费负担的来源。

1996年11月与护理保险相关联的《护理保险法》《护理保险实施法》《医

疗法修正法》提交日本国会审议。历时 1 年，日本国会于 1997 年 12 月正式通过了《护理保险法》，并于 2000 年 4 月开始实施，该法规定日本老年护理保险制度由政府强制实施，市、町、村具体运营，40 岁以上的国民无论身体状况好坏必须全部参保长期护理保险，并缴纳相应的保险费。《护理保险法》规定每 5 年对长期护理保险制度进行一次内容修订。

2005 年日本《护理保险法》修订的主要内容包括：第一是针对暂时不符合长期护理标准的对象新设了地区支援事业服务，并将设立之初的 5 个护理等级（分别为护理 1～5 级）重新划分为 7 个等级，新增加了需要支援 1～2 级两个级别。由社会福利师、保健师、主任护理支援专员共同向需要支援者提供护理预防服务。由此建立了由市、町、村负责的"地域综合支援中心"，将预防与护理服务紧密结合起来。第二是新增了地区密集型护理服务体系。与都道府负责的居家护理和机构护理服务不同，地区密集型护理服务是以市、町、村为主建立小规模多功能服务、地区夜间护理服务、地区守护型服务、小规模社区护理服务中心开展护理咨询、护理预防和护理服务，旨在缓解轻度护理需求者数量的上涨，进而减少护理 1 级的需求者数量，控制护理需求整体上涨过快。第三是进行机构护理给付改革，将机构护理中的食宿费改由服务使用者个人承担，从而保证了机构护理与居家护理服务个人承担费用的公平性。

2007 年日本最大的民营介护公司 COMSN，由于在申请护理服务行业的营业执照时实施欺诈行为而被厚生劳动省拒绝了续签现有家庭护理上门服务业务及新业务申请，最终 COMSN 关闭了 2081 个营业服务点中的 1655 个，并退出了家庭护理上门服务业务[①]。为防止介护从业者的违法违规行为，以及由不当竞争导致的利益受损情况的发生，日本国会在 2008 年 5 月通过了《护理保险法》部分修改法案，其主要内容包括：第一是改善护理服务人才短缺情况，适当提高护理员工的工资水平，2009 年护理行业报酬整体上调了 3%。第二是加强对护理服务行业的监督管理，明确政府、县、村有责任对护理机构的违法行为进行整顿并对其总部开展现场检查，一旦发现其存在逃避处罚或检查的情况，直接取消其护理服务行业从业资格。同时要求根据护理服务供给机构的规模制定不同的业务管理体系，明确其法律责任。第三是强化对护

---

① 日本私人医生联合会网站报道：Comsn Scandal Sheds Light on Problems of Nursing Care Insurance System，2007 年 9 月 28 日。

理服务供给者的监督，建立服务供给者评定标准，由都、道、府、县按照标准指定护理保险服务供给者，各类护理服务供给者每6年办理一次更新手续，否则不得从事护理服务行业；规定护理支援专员每5年办理一次更新手续，并完成继续学习，否则不得从事护理支援专员职业。

2010年，日本厚生劳动生产省在总结护理保险制度实施10年经验的基础上，提出了《关于护理保险制度修改意见》，并于2011年经国会通过正式实施，此次改革的重点是扩大护理服务内容，满足老年人多元化需求。意见的主要内容包括：第一，市、町、村新添了24小时定期巡回访问服务。为了满足重度失能及单身老年被护理者的居家护理援助需求，新增了营养餐服务及居家康复、预防护理等随时看护和护理上门服务。第二，允许护工提供吸痰服务，2011年以前只有医师、护士可以进行吸痰等医疗行为。此外，改革明确规定护工或经过培训的护理从业者可以进行吸痰等医疗行为。第三，鼓励新建养老地产项目。为了缓解机构护理供给者的不足，尤其是重度失能老年人难以入住护理机构得到专业服务的难题，日本厚生劳动省和国土部门共同推动各地积极兴建附带护理服务的老年住宅项目，老年人可以通过租赁等方式获得住宅、医疗和护理服务一体化需求。第四是要求护理机构及其从业人员严格遵守劳动法规。针对出现的护工虐待护理服务使用者等突出社会问题，该法明确规定加强护理从业人员雇佣管理，对违法的护理从业者和护理机构都将按照劳动法规处以罚金或撤销其从业资格。

2014年日本《护理保险法》改革的重点是推动机构护理服务向居家护理服务转变，引导护理服务地点回归社区、家庭。其改革的主要内容包括：第一是建立社区综合护理体系，规定都、道、府、县应支持市、町、村的护理机构和社区医疗机构合作共同提供居家护理和医疗一体化服务，以市、町、村为责任主体，加强居家牙科诊所、疗养支援医院与看护、清洁卫生等进行援助的护理机构之间展开合作，让老年人居家即可获得医疗、护理和生活援助等多元化服务。为此，专门组建了社会护理会议，由社区服务中心主持，医师、护工和护理机构等成员参加，充分利用社区资源发现和解决社区护理体系面临的问题，协助市、町、村制订护理服务计划。第二是调整护理保险自付比例。2000年护理保险实施之初，被保险人的个人自付比例是10%，此次法案调整规定从2015年8月开始，个人总收入在160万日元以上者自付比例上调至 20%。第三是调整保险费缴纳比例，第一类被保险人保险费率的标准在修订前根据收入情况划分为 6 个等级，修订后细分成了 9 个等级（第 1 等级是生活受保护者、所在家庭不缴纳市、町、村税且本人年金收入低于 80 万日元，第 2 等级是所在家庭不缴纳市、町、村税且本人年金收入在 80 万至 120 万日元，第 3 等级是所在家庭不缴纳市、町、村税且本人年金收入超过 120 万日元，第 4 等级是本人不缴纳市、町、村税且年金收入低于 80 万日元，第 5 等级是本人不缴纳市、町、村税且年金收入超过 80 万日元，第 6 等级是缴纳市、町、村税且收入所得不超过 120 万日元，第 7 等级是缴纳市、町、村税且收入在 120 万至 190 万日元，第 8 等级是缴纳市、町、村税且收入在 190 万至 290 万日元，第 9 等级是缴纳市、町、村税且收入超过 290 万日元）。另外，此次修订还将前 3 个等级的保险费率分别从 0.45% 调低到 0.3%、0.75% 调低到 0.5%、0.75% 调低到 0.7%。第四是修订后，只有护理等级达到 3 级及以上的高龄老年人、重度依赖护理设施的居家生活困难者才可以入住特别护理院。此外，引入非营利性组织、民营社会团体参与长期护理服务行业，扩大供给主体。

2017 年《护理保险法》修订的主要内容包括：第一类被保险人中养老金等总收入超过 340 万日元的高收入者，个人自付比例从 20% 提高到 30%；第二类被保险人所缴纳的护理保险费从以往的按参保人数均摊，改为按被保险人总工资比例征收；新建护理疗养院，为重度失能老年人提供治疗、护理、康复及日常生活照料的医疗和护理综合服务。

## 二、长期护理保险缴费

日本长期护理保险的保险人是市、町、村，其负责管理辖区内的保险费征缴等事务。日本《护理保险法》规定：年满 40 周岁的国民都必须参加护理保险，并将参保人员分为两类：第一类参保人员是年满 65 周岁及以上的国民，第二类参保人员是年满 40 周岁但不满 65 周岁的国民。日本长期护理保险采取共付制度，由参保者个人自付、长期护理保险、政府税收共同承担，除了护理服务参保者根据总收入不同自付 10% ~ 30% 的护理费用外，长期护理服务过程中的住宿费和餐食费必须由个人自付，其余的护理费用由政府税收和长期护理保险各自承担 50%，其中中央政府和都、道、府、县及市、町、村所占比例为 2 ∶ 1 ∶ 1，第一类被保险人缴纳保险费占比为 22%，第二类被保险人缴纳保险费占比为 28%（见表 3-8）。

表 3-8 日本长期护理保险的资金结构

| 缴费来源 | 占比 | | |
|---|---|---|---|
| 税收 | 中央政府 | 都、道、府、县 | 市、町、村 |
| 居家服务 | 25% | 12.5% | 12.5% |
| 机构服务 | 20% | 17.5% | 12.5% |
| 被保险保费 | 第一类被保险人 | 第二类被保险人 | |
| | 22% | 28% | |
| 参保者自付占比 | 总收入＜280 万日元 | 280 万日元≤总收入＜340 万日元 | ≥340 万日元 |
| | 10% | 20% | 30% |

资料来源：日本厚生劳动省发布的 2017 年《护理保险法》修订规定。

长期护理保险费由第一类和第二类参保人缴纳构成。第一类参保人按照收入、家庭及个人是否缴纳市、町、村税划分为 9 个缴费档位，缴费率分别是 0.3%、0.5%、0.7%、0.9%、1.0%、1.2%、1.3%、1.5% 和 1.7%[1]。2016年日本厚生劳动省发布的"日本长期护理保险体系"报告数据显示，日本长期护理保险保费逐年增加，预计到 2025 年人均长期护理保险费将达到8165 日元／月，较 2000 年的 2911 日元／月上涨了 1.8 倍（见表 3-9）。市、町、村按每三年一个周期制定和实施长期护理保险服务，并进行总结和调整。

表 3-9 日本长期护理保险每阶段的月保费额    单位：日元

| 实施阶段 | 第一阶段 | 第二阶段 | 第三阶段 | 第四阶段 | 第五阶段 | 第六阶段 |
|---|---|---|---|---|---|---|
| 自然年 | 2000—2002 年 | 2003—2005 年 | 2006—2008 年 | 2009—2011 年 | 2012—2014 年 | 2015—2017 年 |
| 月保费额 | 2911 | 3293 | 4090 | 4160 | 4972 | 5514 |

资料来源：《日本长期护理保险报告》，2016 年 11 月。

## 三、长期护理保险待遇给付

日本长期护理保险的给付原则上是实物给付，给付的内容包括居家护理服务、地区紧密型（类似于社区）护理服务、设施护理服务 3 种类型。日本

---

① 2014 年日本《护理保险法》修订规定。

的居家护理服务共提供 13 个项目供需求者选择，分别是探视护理、探访沐浴护理、访问护理、访问康复、住宅护理管理指导、通所护理、通所康复、短期生活护理、短期住院护理——护理老人保健设施、短期住院护理——护理型医疗设施等、福利设备租赁、特定设施居民生活护理、护理预防支持——家庭护理支持；地区紧密型护理服务共提供 9 个服务项目，分别是定期巡逻——随时支持访问护理、夜间护理、社区护理、"痴呆症"护理、小型多功能家庭护理、"痴呆症"联合生活护理、社区特定居民生活护理、社区老年人福利设施护理、综合性护理服务（小型多功能家庭护理）；设备服务包括老人福利设施护理、老人保健设施护理和医疗设施护理共 3 个项目。

截至 2017 年，日本第 1 号和第 2 号被保险人当中有 4517.79 万人、1000.81 万人和 1116.06 万人经过长期护理保险给付资格申请、审查和认定分别获得了居家护理服务、地区紧密型护理服务、设施护理服务（见表 3-10）。2017 年长期护理保险分别支付的居家护理服务费用、地区紧密型护理服务费用、设施护理服务费用分别高达 44 921 亿日元、14 784 亿日元和 29 161 亿日元[①]。长期护理保险的给付对象分为需要支援者和需要护理者两大类型，其中需要支援者是指需要在日常的家务劳动、起居生活方面获得支援的需求者；需要护理者是指有身心障碍并持续 6 个月以上，且因卧床、阿尔茨海默病等需要沐浴、日常排便和康复等护理服务的需求者。

表 3-10　截至 2017 年日本长期护理保险累计给付受益情况表　单位：万人

| 级别 | 居家护理服务 | 地区紧密型护理服务 | 设施护理服务 |
| --- | --- | --- | --- |
| 需要支援 1 级 | 410.03 | 6.37 | 0.0032 |
| 需要支援 2 级 | 569.60 | 9.06 | 0.0049 |
| 需要护理 1 级 | 1162.00 | 282.62 | 60.43 |
| 需要护理 2 级 | 1042.97 | 265.37 | 113.41 |
| 需要护理 3 级 | 624.04 | 204.38 | 258.01 |
| 需要护理 4 级 | 430.72 | 140.20 | 367.52 |
| 需要护理 5 级 | 278.43 | 92.81 | 316.67 |
| 合计 | 4517.79 | 1000.81 | 1116.06 |

资料来源：日本厚生劳动省 2019 年护理事业统计报告。

① 日本厚生劳动省 2019 年护理事业统计报告。

## 四、长期护理保险基金运行状况

日本从 2000 年实施长期护理保险以来，保障范围日益扩大并逐渐得到了全体国民的认可，被保险人数从 2000 年的 2242 万人增加到 2017 年的 3488 万人，申请各类护理服务的被保险人也从 256.2 万人增加到了 641.3 万人（见表 3-11）。其中"需要护理"的被保险人数远远高于"需要支援"的人数，这也从侧面说明日本老年人口失能形势较为严峻。2010 年日本 65 岁及以上老年人口占总人口的比例达到 23%，整个社会进入了"超老龄化社会"阶段，预计到 2055 年日本老龄化人口比例接近 40%，这将刺激整个社会对长期护理需求的增加。日本长期护理保险没有现金给付，失能被保险人由亲属或自聘人员居家护理而得不到基金的支持，这在一定程度上致使家庭护理功能日趋弱化，社会供给护理服务的压力越来越大。

日本长期护理保险基金运行秉承以收定支原则，主要支出包括护理保险给付、保健服务费和运营费等，主要收入来自各级政府转移支付和参保人员缴纳的保费，参保人所在企业目前不承担缴费责任。2000 年至今参保人员增加了 55.58%，与此同时，长期护理保险基金支出增加了 121.83%，这说明长期护理保险基金财务压力，尤其是政府财政负担较高。近年来，日本长期护理保险围绕待遇给付和费用调整进行了多次改革，但始终难以破解基金财务平衡运行的风险。

表 3-11　日本长期护理保险参保、基金收支情况表　　单位：万人，兆日元

| 年份 | 被保险人数 | 申请护理人数 | 保险基金收入 | 被保险者缴纳保费 | 被保险人缴纳保费占比 | 保险基金支出 |
|------|-----------|-------------|-------------|-----------------|--------------------|-------------|
| 2000 | 2242 | 256.2 | — | — | — | — |
| 2005 | 2588 | 432.3 | 4.66 | 0.59 | 12.66 | 4.49 |
| 2010 | 2911 | 506.2 | 7.84 | 1.40 | 17.86 | 7.77 |
| 2015 | 3382 | 620.4 | 9.91 | 2.14 | 21.59 | 9.70 |
| 2016 | 3440 | 632.0 | 10.21 | 2.20 | 21.55 | 9.96 |
| 2017 | 3488 | 641.3 | — | — | — | — |

资料来源：日本厚生劳动省发布的 2019 年护理事业报告，以及 2020 年、2015 年、2010 年和 2005 年日本统计年鉴。

## 五、长期护理保险经办管理和监督

根据日本《护理保险法》规定，护理保险服务由中央政府、都道府县、市町村的行政主管机构，以及下属的保健所、地区综合支援中心共同负责管理。

目前，日本长期护理保险制度的国家主管行政机关是厚生劳动省，主要负责长期护理保险制度的整体框架和护理等级的审定、保险金给付及护理服务机构的标准制定等事项，同时指导都、道、府、县和市、町、村工作，提供政策咨询和建议。厚生劳动省下设的老人保健福利局、保险公社、年金局、残障保健福利部及统计情报部等公立机构负责具体工作。

都、道、府、县是日本的第一级地方行政单位，负责指导市、町、村实施该项制度，承担总体调整职能，负责都、道、府、县长期护理保险事业的规划，保障制度实施的基础条件及政策环境，以及承担设置行政仲裁机构社会护理保险审查会的职能。此外，作为一级地方政府，其还需直接经办管理一般性的长期护理服务供需，包括居家和机构长期护理服务、喘息护理服务、日间护理、民间自费的居家和机构护理服务等。都、道、府、县内部设有保健福利部，直接管理地方的保健机构和福利机构。

日本《护理保险法》第三条规定，长期护理保险的法定保险人是市、町、村和特别区（东京都辖 23 个区，其级别、权限及作用类似于市、町、村）。市町村设立专门机构负责护理保险的经办管理业务，具体包括征收长期护理保险费、办理申请手续、鉴别护理服务等级及监督给付事项等，同时负责辖区内长期护理保险事务的组织实施及评价，这些机构与医疗保险管理机构无隶属关系。日本早在 1963 年就实施了《老人福利法》，低收入失能老年人由政府负责照顾，当时市、町、村就负责该项制度的具体落实，因此市、町、村早在长期护理保险制度实施之前就有专门的机构和服务管理基础。长期护理保险服务的使用者必须经过护理管理者的评估之后才能获得保险给付，《护理保险法》规定护理管理者必须是具有 5 年以上工作经验的专业人士（如医生、护士、物理治疗师和社会工作者等）或具有 10 年以上护理服务经验的非专业人士（如居家护理服务工作者），而且护理管理者必须通过地区一级资格考试并接受从业训练，方能获得护理管理者资格证书，才能对被保险人的护理受益资格进行审查评估。

## 六、日本长期护理保险的特色

日本护理保险制度自实施以来，为确保制度的可持续发展，进行了 5 次重大改革。虽然历次改革的内容都有所不同，但改革的主要动因都是应对人口老龄化日益深化导致的护理需求快速增加及由此产生的护理费用财务压力增大，改革的重点内容是通过调整保险缴费比例和个人自付比例来增加长期护理保险基金收入，通过增加预防性保健服务、居家和社区低费用护理服务降低保险给付压力来实现长期护理保险基金收支平衡，从而维持长期护理保险制度稳定、持续运行。其特点主要包括：

第一，政府承担了较高的缴费责任。日本长期护理保险制度为了实现其使每个人都能"有尊严地生活"的目标，选择了政府和个人共同承担缴费责任的社会保险模式，被保险人所缴纳的长期护理保险费占长期护理保险基金总收入比例始终不高，2005 年是 12.66%，2016 年是 21.55%，除了少量基金结余资金收益外，其余部分将近 80% 的基金来自日本国库、各级地方政府财政税收和转移支付。

第二，实现了"疾病医疗、失能护理、生活照料"分级管理的老年服务体系。日本厚生劳动省作为中央政府行政机构专门负责管理医疗服务和社会福利，长期护理保险制度将老年护理服务从医疗保险制度中剥离出来，降低了医疗费用过快上涨的压力，促使护理服务资源实现优化配置。长期护理保险根据老年人身体状况和服务需求进行统一评估，建立了家庭、社区、机构相互衔接的护理体系，整个制度在全国没有"碎片"分割，实现了护理服务管理的一体化发展。

第三，将预防纳入长期护理保险覆盖范围。2005 年日本长期护理保险通过改革将预防保健纳入了长期护理保险体系，由市、町、村针对尚具备生活自理能力的被保险人通过上门访问、日间服务、定期体检等方式维持和提高其生活自理能力，减缓身体失能的程度，从而使这类被保险人延缓接受护理服务，控制护理服务需求人数的过快增加，减轻政府的财政负担，保持长期护理保险基金财务平衡，维持制度的顺利运行。

# 第四节　美国长期护理保险制度

商业长期护理保险于 1975 年首先在美国上市。目前，美国长期护理保险制度既包括如 Medicare（医疗保险，主要面向老人）和 Medicaid（医疗救助，主要面向穷人）等向特定人群提供有限护理保障的公共长期护理计划，又包括覆盖人群更广泛的商业长期护理保险。总体上，美国的长期护理体系采取的是以社会保障托底、商业长期护理保险制度为主的混合型制度模式。

## 一、法律制度沿革

1940 年美国 65 岁及以上老年人口占总人口的比例是 6.8%，20 世纪 30 至 50 年代，美国老年人口的平均年增长率是 3.1%，到 1950 年，65 岁及以上老年人口比例达到了 8.1%，之后由于人口总和生育率较高和吸引大量青年移民人口。美国老龄化速度相对于经济合作与发展组织（OECD）其他成员而言进展缓慢，截至 2018 年，美国 65 岁及以上老年人口比例达到 15.8%，但由于人口基数较大，目前美国老年人口数量仅次于中国和印度，排名世界第三位。老年人口数量居高不下，导致长期护理成为美国社会必须面对的代际挑战之一，越来越多的老年人需要各种长期护理服务，根据美国卫生署的长期护理网站显示，研究表明，65 岁以上的人群有 70% 的概率需要长期护理服务，女性平均需要的照护时间为 3.7 年，男性平均需要的照护时间为 2.2 年，[①] 但是很多人没有足够的储蓄或购买保险支付长期护理费用，为此，美国出台了一系列社会保障制度。

1935 年美国颁布的《社会保障法》规定了老年人应享受的援助和老年人保险，由联邦政府拨付经费用于老年人社会服务计划。1965 年《社会保障修订法》建立 Medicare 和 Medicaid 制度，Medicare 针对年龄在 65 岁以上的老年人或 65 岁以下残疾和永久性肾衰竭的人群，Medicaid 对申请人的家庭收入进行了严格限制，覆盖家庭收入在联邦贫困线以下的人群。

1965 年颁布了《美国老年人法》，其目的是采用各种措施提供社区养老

---

① https://long term care.acl.gov/.

服务，该法案前后共进行了 8 次修订，目前实施的是 2006 年的修订版本。该法案明确规定联邦政府为各州在老龄社区规划及社区服务、研究和发展项目、人员培养等方面提供经费；建立联邦老龄化管理局（Administration on Aging）负责管理联邦经费支持项目，建立地区性养老服务管理机构；详细规定了经费预算及各级政府养老部门的权责、营养、健康促进和健康教育、长期照护等养老相关方面活动的开展实施办法；授权地方社区机构拨款建立多用途老年人中心；要求每个州建立覆盖各个疗养院的长期护理监督员制度；实施全国家庭照顾者支持计划；为有长期护理计划和入住照护机构风险的老年人提供服务等有关长期护理服务的内容。

1980 年颁布的《集中住宅服务法案》批准可与当地的公共住房机构和非营利企业签署合同，提供集中独立生活服务项目。

1986 年，全美保险监督官协会（NAIC）制定了《长期护理保险示范法》，规定了保险公司在制定长期护理保险条款时所要遵守的最低标准和投保方应享有的权利，之后获得了美国绝大多数州的认可，促使商业长期护理保险逐渐标准化。

1988 年《养老院改革法案》规定，护理设施的居住者护理相关服务时，可直接和即时获得监察人。

1996 年美国出台了《联邦健康保险可转移性与说明责任法案》，规定购买商业长期护理保险的个人和企业满足一定条件后可以享受税收优惠政策。该法案的出台促使商业长期护理保险快速发展。

2006 年美国通过了"终身喘息照顾法案"，规定联邦老龄化管理局负责实施针对失能老年人亲属等非正式护理人员的喘息政策。

2011 年，美国发布了"社区生活援助和支持法案"（CLASS），规定由联邦政府向公众出售商业长期护理保险，年满 18 岁并处于工作状态的人均可购买，扩大了长期护理保险购买人群的范围。但由于该法案放宽了对被保险人身体健康状况的限制，导致实施后期问题频发，2013 年已经被废除。

2013 年美国国会颁布实施了《患者保护与平价医疗法》（*Patient Protection and Affordable Care Act*，PPACA），该法要求所有销售健康保险的公司的保单都必须覆盖残疾人和慢性病患者；通过经济刺激手段鼓励各州将长期护理服务和支持系统向社区倾斜。

## 二、长期护理保险缴费

美国的长期护理保障项目大多涵盖在医疗保险制度当中，其中 Medicaid 等社会保险缴费筹资占主导地位，同时包括个人缴费自付和购买商业长期护理保险等来源。2017 年美国长期护理费用支出共 3649 亿美元，其中 52% 由 Medicaid 承担支出，各类商业保险承担了 11%，长期护理使用者自付比例占 16%，其余 21% 则由公共和私人资金承担（如图 3-3 所示）。

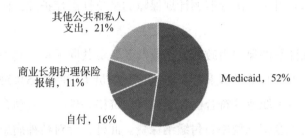

图 3-3　2017 年美国长期护理保险费用支出来源情况

资料来源：Kaiser Family Foundation, Medicaid Home and Community-Based Services Enrollment and Spending（截止到 2019 年 4 月）。

## （一）社会长期护理保险项目

美国的社会长期护理保险主要由老年医疗照顾计划、医疗救助制度、长期护理合作计划及联邦政府的退役军人长期护理计划构成。

### 1. 医疗照顾计划

医疗照顾计划是联邦政府为 65 岁及以上老年人、65 岁以下的伤残人士和晚期肾病患者等提供的专门医疗保障。医疗照顾计划包括四部分：主要部分 Part A（住院医疗保险）和 Part B（补充医疗保险），以及附加部分 Part C 和 Part D。其中 Part A 是住院保险，包括住院费用、专业的护理和康复、家庭医疗护理、临终关怀等服务；Part B 主要是作为补充医疗保险（SMI），包括医生和其他卫生保健者提供的服务、外出门诊、家庭健康护理、耐用医疗设施和一些预防性服务；Part C 是可以根据参保人的就诊习惯设计满足其医疗需要的计划；Part D 属于私人商业保险，主要用于支付处方药，其设有免赔额条款。Part A 和 Part B 是由联邦政府主管的社会保险，交由商业保险公司负责经营，Part C 和 Part D 是由商业保险公司提供的保险计划，不属于社会保险范畴。

医疗照顾计划在给付费用方面的标准是满足近期住院 3 天以上，在前期住院时被确认在医疗保险认证的护理机构中住院 30 天，需要专业护理服务、物理治疗等条件。医疗照顾计划将支付 100 天专业护理服务的部分费用，其中，前 20 天的专业护理服务 100% 支付，第 21 ～ 100 天的护理服务费需要个人支付 140 美元 / 天（2013 年标准），第 100 天之后的护理服务费用则由个人全部承担。由此可见，医疗照顾计划保障的是急性医疗护理，而不是长期护理服务。

医疗照顾计划的保费由政府、企业及其职员共同承担，其中，政府承担约 74%，其余 26% 由企业及其职员分别按照职员工资的 7.65% 缴纳社会保障税构成。对于自由职业等符合医疗照顾计划资格条件的无劳动合同的人群则按照 15.3% 的社会保障税率自付缴纳保费。此外，针对精神病患者等特殊群体由政府代为缴纳保费。

2. 医疗救助计划

医疗照顾计划作为一项针对贫困人群的医疗保障计划，其保障对象包括经过家庭财产审查的低收入家庭、18 周岁以下的未成年人、孕妇、符合条件的移民等。在资金方面，医疗照顾计划由联邦政府和州政府分别承担 55% 和 45% 的资金缴费责任，参保人个人无需自付缴费。在运行管理方面，联邦政府负责整个保险规则和法律制定，州政府负责日常行政管理。在保障内容方面，医疗照顾计划保障因意外或慢性病产生的长期护理服务费用，主要对养老院护理和家庭健康护理中的长期护理服务进行费用补偿，其医疗救助资金不直接补贴个人，而是对提供长期护理服务的供给者进行补贴。

3. 长期护理合作计划

1990 年加利福尼亚、康涅狄格、印第安纳和纽约 4 个州开始实施长期护理合作计划（Long Term Care Planning Project，LTCPP），其主要是为鼓励中低收入者购买由政府和商业保险公司合作的长期护理保险计划，目的是通过延迟或排除部分通过医疗照顾计划获得长期护理服务的参与者，减轻医疗照顾计划资金支出。LTCPP 的参保人使用长期护理服务时，应首先由其购买的商业长期护理保险支付，不足的部分再由医疗照顾计划支付。

LTCPP 保障的服务内容涵盖了养老院护理服务、居家和社区护理服务。在运作管理方面，LTCPP 由政府主办、商业保险公司负责运营，其保单条款必须符合联邦纳税条例和消费者保护条例，如必须包括通货膨胀保护条款，其中 75 岁及以上人口由保险公司提供通货膨胀保护，75 岁及以下人口则自行购买。

**4. 联邦政府的退役军人长期护理计划**

美国退伍军人事务部为残疾、符合条件的退伍军人提供长期护理服务保障，保障内容包括提供护理机构护理、老年退伍军人家庭护理及其他长期护理需要。此外，退伍军人根据收入水平可以申请共同支付长期护理费用，退伍军人事务部为与长期护理服务无关的残疾但无力支付必要护理费用的退伍军人提供保障。目前，该项长期护理计划主要包括两项内容：

（1）入户援助和居家津贴计划（The Housebound Aid and Attendance Allowance Program）。该项长期护理计划为符合条件的残疾退伍军人及其未亡配偶提供现金，用于购买家庭和社区的长期护理服务，如个人护理援助和家政服务。提供现金作为合格退伍军人养老金福利的补充。

（2）退伍军人指导家庭和社区服务计划（A Veteran Directed Home and Community Based Services Program，VD-HCBS）。2008 年该项计划开始实施，主要为任何年龄的合格退伍军人提供灵活的护理服务预算。此外，老年人网络与退伍军人管理局为退伍军人提供相关的咨询和其他服务。

## （二）长期护理商业保险项目

美国在 20 世纪 70 年代就在健康保险框架内建立了商业长期护理保险制度，是最早建立商业长期护理保险制度的国家。截至 2018 年，美国商业长期护理保险保费高达 114.12 亿美元，2014 年美国有 724 万人购买了商业长期护理保险，其中 500 万是 65 岁及以上的老年人。[①] 由于美国社会长期护理保险涵盖的都是特殊群体，保障对象范围较小，绝大多数美国人都需要自行购买商业长期护理保险产品，但长期护理商业保险保费较高，尽管高收入人群倾向于购买，由于保单覆盖率仍旧不高，2014 年家庭财富大于 100 万美元的 65 岁及以上老年人的保单覆盖率是 25%，收入在 10 万至 50 万美元的

---

① Upadhyay, Puja and Weiner, Janet. Long-Term Care Financing in the United States[J]. LDI Issue Briefs, 2019, 23（1）.

老年人的保单覆盖率只有 8%。长期护理商业保险的保费与参保年龄、保单类型和保障范围相关,参保时年龄越大,保费越高(见表 3-12)。

表 3-12　2018 年长期护理保险年保费　　　　单位: 美元

| 参保人情况 | 年保费 |
|---|---|
| 55 岁单身男性 | 1870 |
| 55 岁单身女性 | 2965 |
| 55 岁夫妻联合参保 | 3000 |
| 60 岁单身男性 | 2010 |
| 60 岁单身女性 | 3475 |
| 60 岁夫妻联合参保 | 3490 |
| 65 岁单身男性 | 2460 |
| 65 岁单身女性 | 4270 |
| 65 岁夫妻联合参保 | 4675 |

资料来源: 美国长期护理保险协会网站。

长期护理商业保险根据缴费承担者分为两类: 一是雇主保险。作为员工福利的重要组成部分,美国很多雇主都为其职员购买团体健康保险、医疗保险及专门的长期护理保险,其保障范围覆盖退休员工、在职员工的配偶及父母。2018 年美国长期护理团体保险保费收入是 21.93 亿美元,其中联邦政府是购买团体长期护理保险的最大雇主。二是个人保险。美国绝大多数个人及其家庭需要根据自身需求和收入购买长期护理商业保险,2018 年个人累计保费达 92.19 亿美元。三是协会保险,很多协会通过保险公司或代理人为其会员购买商业长期护理保险产品。

## 三、长期护理保险待遇给付

目前美国长期护理保险给付的内容大多是实物给付,给付的长期护理服务内容包括六种类型: 一是提供私人房间的疗养院;二是提供半私人房间的疗养院;三是有执照的家庭健康助理;四是家政服务;五是辅助生活设施服务;六是成人日间保健中心。护理服务场所主要包括居家 / 社区护理和机构护理两大类型。

长期护理保险的给付需要对申请人的日常生活活动能力(ADL)等级评

估，进行认知功能障碍评估（如阿尔茨海默病），开具必要的医生和住院治疗证明等。目前长期护理商业保险给付的内容包括最高日给付限额（例如，2007 年是 160 美元 / 日）、给付期、居家和设施护理服务、通货膨胀保护条款等内容。近年来，76.4% 的美国长期护理保单购买人年龄在 50 ~ 69 岁，2016 年购买年龄在 50 ~ 54 岁、55 ~ 59 岁、60 ~ 64 岁、65 ~ 69 岁的投保人比例分别是 16.2%、24.7%、23.2% 和 12.3%，10.2% 的客户选择的给付期是 2 年或少于 2 年，42.2% 的客户选择 3 年给付期，24.9% 的客户选择 4 ~ 5 年的给付期。[①] 近年来，商业保险的赔付金额逐年增加，截至 2018 年，美国赔付额达到了 103 亿美元（见表 3-13）。

表 3-13 近年来美国长期护理商业保险赔付金额　单位：万人、亿美元

| 年份 | 索赔申请人 | 赔付金额 |
| --- | --- | --- |
| 2015 | 26 | 81.4 |
| 2016 | 28 | 86.5 |
| 2017 | 29.5 | 92.3 |
| 2018 | 30.3 | 103 |

资料来拳：American Association for Long-Term Care Insurance, January 2019。

作为美国社会保险的重要部分，Medicaid 在保障长期护理服务方面发挥了重要作用，2013 年美国共有 43 个州的约 520 万人获得了 Medicaid 资助的长期护理服务费用，其中 67% 的申请人获得了居家 / 社区护理服务，28% 获得了机构护理服务，其余 5% 的申请人同时使用了居家 / 社区和机构护理服务[②]。1995—2016 年，Medicaid 花费在居家 / 社区和机构护理服务方面的费用逐年上涨，从最初的 570 亿美元涨到了 1670 亿美元，年均增长率约为 5.25%。此外，2010 年之前 Medicaid 主要支付机构护理服务费用，但随着居家 / 社区护理服务需求日益增长，尤其是居家 / 社区护理能够充分利用已有的家庭、社区资源，大大降低成本，同时能够使被护理者不脱离熟悉的居住环境和社会关系，充分满足他们的情感需求，因此居家 / 社区护理日益被人们所认可。从 2010 年开始，Medicaid 支付的居家 / 社区护理和机构护理费用差距日益

---

① American Association for Long-Term Care Insurance, January 2019.

② Medicaid: Long-term Services and Supports Beneficiaries in 2013.

缩小，到 2013 年，居家 / 社区护理费用首次超过机构护理费用，此后两者差距日益拉大，目前居家 / 社区护理费用占据 Medicaid 长期护理服务费用支出的最大比例（见表 3-14）。

表 3-14　Medicaid 有关居家 / 社区和机构护理服务费用支出　单位：亿美元，%

| 年份 | 总金额 | 居家 / 社区护理费用占比 | 机构护理费用占比 |
| --- | --- | --- | --- |
| 1995 | 570 | 18 | 82 |
| 2000 | 760 | 27 | 73 |
| 2005 | 1070 | 37 | 63 |
| 2010 | 1390 | 48 | 52 |
| 2012 | 1420 | 49 | 51 |
| 2013 | 1460 | 51 | 49 |
| 2014 | 1520 | 53 | 47 |
| 2015 | 1590 | 54 | 46 |
| 2016 | 1670 | 57 | 46 |

资料来源：Steve Eiken, Kate Sredl, Brian Burwell and Angie Amos. Medicaid Expenditures for Long-Term Services and Supports in FY 2016（IBM Watson Health, May, 2018）.

## 四、长期护理保险管理监督

美国至今尚未建立全民长期护理保险制度，而是将其作为健康保险的延伸，通过扩大保障范围和扩充支付项目的形式提供相应保障。截至 2018 年，美国不到 92% 的人口拥有各种健康保险保障，还有约 8.5%（275 万）的人口没有健康保障。目前美国长期护理保险制度包括 Medicaid、其他政府保险计划等公共社会保险项目，同时包括个人保险、雇主保险等商业保险项目。

Medicaid 为联邦政府和各州政府提供资金支持，由美国健康人力服务部下属的 Medicare 和 Medicaid 服务中心负责经办管理的公共社会保险项目，这也是目前美国长期护理费用资金的最大来源。长期护理服务供给者（如机构护理服务商等）同时接受联邦政府、非政府专业组织的监督管理。此外，美国的长期护理商业保险不但接受各州保险委员会的监管，同时受到来自联邦政府、长期护理服务监管组织等各方的监管（见图 3-3）。

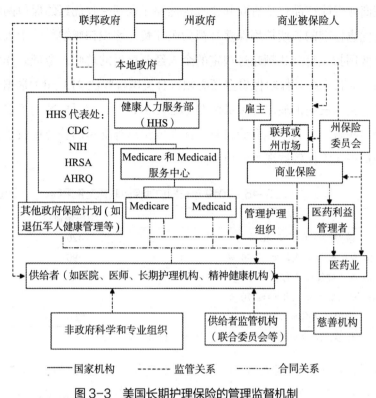

图 3-3　美国长期护理保险的管理监督机制

资料来源：Trice et al.United States of America:Health System Review[J]. Health System in Transiton，2013，15（3）：27.

注：CDC——疾病控制和预防中心；NIH——国立卫生研究院；HRSA——卫生资源和服务部；AHRQ——医疗保健研究与质量局。

## 五、美国长期护理保险的特色

首先，采用"社会保险＋商业保险"混合制度的模式。尽管美国是世界上最早开发销售长期护理商业保险产品的国家，但我们从有关长期护理服务费用的整体支出结构来看，Medicaid 每年支出的长期护理费用占整个长期护理费用的比例远超 50%。此外，还有其他政府保险计划项目为长期护理服务筹措资金，商业保险筹资占比始终在 10% 左右，因此从整个制度的筹资渠道来看，美国长期护理保险不能简单地被认为是商业保险主导模式，应是"社会保险＋商业保险"的混合制度模式。

其次，专门针对长期护理商业保险的税收优惠政策。目前美国在售的长期护理商业保险产品包括有联邦税收优惠和无联邦税收优惠的保单两种。符合税收优惠标准的长期护理保费被视为医疗费。逐项扣减纳税的个人，可将其医疗费用扣减直至数额超过规定的个人经调整后的总收入金额。作为医疗费用扣减的长期护理保险保费金额必须符合美国税收法 213（d）根据被保险人年龄定义的长期护理保险保费标准（见表 3-15），超过标准的不能被当作医疗费用扣减。个人纳税人为自身、配偶或父母等支付的符合税收优惠标准的长期护理保险保费被视为医药费。

表 3-15　2019 年长期护理保险联邦免税限额　　　　单位：美元

| 年龄 | 免税限额 |
|---|---|
| 被保险人年龄≤40 岁 | 420 |
| 40 岁＜被保险人年龄≤50 岁 | 790 |
| 50 岁＜被保险人年龄≤60 岁 | 1580 |
| 60 岁＜被保险人年龄≤70 岁 | 4220 |
| 被保险人年龄＞70 岁 | 5270 |

资料来源：美国长期护理保险协会发布的 2019 年长期护理保险报告。

最后，重视对贫困人口、65 岁及以上老年人、退伍军人、孕妇等特殊群体的政府保障。美国急性护理服务费用的 80% 以上是由 Medicare 支付的，长期护理费用的 52% 由 Medicaid 支付，这两个政府保障项目覆盖了美国约 1.25 亿人口[①]，惠及美国 38% 以上的人口。其余人口则按照市场化机制自主购买各类商业保险产品，灵活选择保费、给付期、服务类型等。

# 第五节　新加坡长期护理保险制度

新加坡的社会保障制度包括社会保险和社会福利两部分。其中，主体部分是社会保险，主要是指政府强制个人进行储蓄的中央公积金制度；社会福利是新加坡政府向低收入家庭发放住房补贴、生活救济和救助金等。1953 年新加坡颁布《中央公积金法案》，规定采用会员制形式，所有受雇的新加坡公民和永久居民自动成为会员，强制企业雇主和员工按照职工薪酬的规定比例缴纳公积金。1955 年新加坡中央公积金局成立，负责管理和运营整个中央

---

① 美国医疗保险和医疗补助服务中心 2019 年财务报告。

公积金。1965 年新加坡根据经济社会发展状况不断拓宽中央公积金的用途和保障功能，逐渐将中央公积金制度发展成为集养老、医疗、住房、教育、资产增长和家庭保障等为一体的多功能的综合性社会保险制度。

## 一、法律政策沿革

20 世纪 80 年代以前，新加坡受英国福利主义影响，医疗保障制度以提供基本的免费医疗服务为主，但是由于 1971—1981 年，新加坡医疗费用上涨了 4 倍，倒逼政府改革以往福利式医疗保障制度。20 世纪 80 年代以来，新加坡中央公积金局制定了多项医疗保障计划，主要包括"保健储蓄计划"（Medisave）、"健保双全计划"（Medishield）和"保健基金计划"（Medifund），以上简称为"3M"计划。

1983 年新加坡卫生部发布了《国家健康计划蓝皮书》，提出随着老龄化问题加剧，未来人们对医疗服务的需求会持续增长，为了保持全民健康、积极和富有劳动能力的状态，政府倡导全民要主动加强疾病预防和保持健康的生活方式，因此提出要将政府福利式补贴医疗费用转变成以个人责任为主、政府分担部分费用为辅的方式，即规定建立强制性保健储蓄计划（以下称Medisave），将医疗保障的资金责任从财政税收和补贴转移到个人及其雇主。1984 年 4 月，新加坡 Medisave 正式实施，Medisave 账户预设了每年的提款限额，为会员强制储蓄了部分收入用于支付其个人或经批准的受抚养人的住院、日间手术、部分门诊费用及老年医疗保健费用。

1990 年 7 月，为了解决透析和癌症化疗等重大疾病产生的大额医疗费用，新加坡推出了具有社会医疗保险性质的健保双全计划（Medishield）。1994 年 7 月，为了满足人们较高的医疗保障需求，推出了增值健保双全计划（Medishield Plus）。2015 年 11 月 1 日，Medishield 被终身健保双全计划（Medishield Life）取代，后者是一项强制性的全民参保、终身保障的医疗保障计划。除了强制性储蓄的医疗保障计划项目，针对社会低收入群体，新加坡于 1993 年 4 月专门设立了保健基金（Medifund），2007 年专门针对 65 岁及以上老年人设立了乐龄保健基金（Medifund Silver），2013 年专门针对 18 周岁以下的青少年建立了少儿保健基金（Medifund Junior）。新加坡在 2000 年进入了老龄化社会阶段，为了积极应对老龄化人口失能的社会风险，新加坡早在 1989 年就开始经过反复调查论证，最终在 2002 年 6 月推出了乐龄健保计划（Eldershield）。

目前 Medisave 账户资金可用于支付个人自己的医疗保险费，或经批准的受抚养人的医疗保险费，包括 Medishield Life 保费、Eldershield 保费、Eldershield 补充保险费等都可以由 Medisave 完全支付。另外，Medisave 账户资金可以用于支付会员的长期护理费用，按照护理场所的差别支付不同的长期护理费用（见表 3-16）。除了表 3-16 中的护理费用之外，Medisave 还有专门的 Medisave Care 支付项目，专门用于满足年龄在 30 岁及以上严重残疾的新加坡居民的长期护理需求。2020 年规定每人每月最高可提取 200 美元，具体提取限额取决于 Medisave 账户余额，其中账户余额 20 000 美元的提取限额是 200 美元 / 月，15 000 ～ 20 000 美元余额的提取限额是 150 美元 / 月，10 000 ～ 15 000 美元余额的提取限额是 100 美元 / 月，5000 ～ 10 000 美元余额的提取限额是 50 美元 / 月，Medisave 账户余额低于 5000 美元的不可以提取。

表 3-16　2020 年新加坡 Medisave 账户可支付的长期护理费用标准

| 护理场所 | 护理费用支付标准 |
| --- | --- |
| 招待所 | 可支付住院费 ≤ 200 新加坡元 / 天 |
| 日间康复中心 | 可支付日间康复费 ≤ 25 美元 / 天，同时 ≤ 1500 美元 / 年 |
| 家庭姑息治疗、日间临终关怀护理 | 每例成人和儿科患者终身 ≤ 2500 美元，晚期癌症或末期器官衰竭患者使用自有 Medisave 账户资金，没有提款限额 |

资料来源：新加坡卫生部网站 . https://www.moh.gov.sg/cost-financing/healthcare-schemes-subsidies/medisave。

2007 年基于对基本乐龄健保计划前 5 年运营实施经验的总结，新加坡新增了乐龄健保额外保障计划（Eldershield Supplement Plans），增加了投保人的每月赔偿额及延长赔偿期，且可使用保健储蓄最高 600 新加坡元购买乐龄健保额外保障计划。此外，还针对由于年龄或先天失能（Pre-existing Disability）无法参保 2002 年乐龄健保计划的人士新添了暂时性乐龄残疾援助计划（Interim Disability Assistance Programme for the Elderly，IDAPE），根据投保人的支付能力，每月赔偿额是 150 ～ 250 新加坡元。

2019 年 9 月 2 日新加坡通过了《终身护保和长期护理法案》（*The Careshield Life and Long-Term Care Bill*），为有关护理保险计划的制订、管理提供了法律框架，宣布建立针对 1980 年以后出生人群的强制性长期护理保险制度。这一法案出台的背景是新加坡卫生部根据 2018 年 5 月 Eldershield 审查委员会的建议，宣布将从三方面加强长期护理融资计划：一是新的终身护保（Careshield Life）计划，将于 2020 年中期实施，初期仅针对 1980 年或以后出生的新加坡人，之后从 2021 年年中逐步扩展到 1979 年或更早出生的新加坡人；二是从 2020 年年中开始扩大 Medisave 储蓄现金的使用范围以支持长期护理需求及费用支付；三是 Elderfund 计划，是新加坡政府建立的一项新的针对低收入人群的酌情援助计划，于 2020 年 1 月开始实施，主要针对不能加入 Eldershield 计划、Medisave 储蓄余额不足或个人储蓄较低的 30 岁及以上、严重残疾、需要额外财政支持长期护理服务的低收入新加坡公民，符合条件的新加坡公民每月可领取高达 250 美元的现金，支付期限无限制。

## 二、长期护理保险缴费

新加坡长期护理保险的资金除了政府补贴外，筹资渠道非常广泛，既包括参保人缴纳的保费，又包括乐龄助行基金、外籍女佣减税计划、女佣雇主补贴、看护者培训津贴、建国一代残疾人士援助计划和 Careshield Life 等计划，综合运用了政府资金、保费收缴、减税、补贴及津贴等多种筹资方式，而且明确规定根据每 5 年实施情况变化进行调整修订，且不时仍会推出其他的筹资计划，这为其制度改革乃至变更预留了较大弹性空间，同时能够提供稳定、持续的资金支持。具体筹资缴费来源如下：

第一，来自 Eldershield 参保人缴纳的保费。根据参保人初次参保年龄和性别不同确定保费，且之后每年只需支付相同保费就可享有终身保障的权利，因为女性预期寿命较长，所以其保费较同年龄男性高一些。例如，"乐龄健保 400 计划"[①] 规定 40 周岁人群需要缴费 26 年，男性保费是 174.96 新加坡元 / 年，女性保费是 217.76 新加坡元 / 年；而参保时 64 岁的人群需要缴费两年就可享受终身保障权利，当然其保费较高，男性保费是 2380.17 新加坡元 / 年，女性保费是 3131.62 新加坡元 / 年。

第二，来自 Careshield Life 参保人的缴费。2020 年年中实施的这项新长

---

① "乐龄健保计划"在 2002 年就开始实施，截至目前实施了"乐龄健保 300 计划"和"乐龄健保 400 计划"两项计划，其中"乐龄健保 300 计划"针对 2002 年 9 月到 2007 年 8 月的投保者，投保人每月可获得 300 新加坡元赔偿额，保障期间是 5 年；"乐龄健保 400 计划"针对 2007 年 9 月后加入的投保者，将赔偿额提高到 400 新加坡元 / 月，保障期间延长至 6 年。

期护理计划，目前允许会员使用 Medisave 账户储蓄资金来支付自身及其直系亲属的保费。Careshield Life 将为 1980 年及以后出生的新加坡人提供全民健康覆盖，以确保后代、先前存在残疾的人得到长期护理需求的基本保障。2020 年年中实施伊始，年龄在 30～40 岁的人成为第一批加入该计划的群体，后代将在其满 30 岁时加入该计划。2020 年 30 岁男性和女性所需缴纳的保费分别是 204 美元 / 年和 252 美元 / 年，Careshield Life 与 Eldershield 不同，其保费与给付每年都是变化调整的。Careshield Life 启动前 5 年政府给予所有参保人过渡性补贴，截至 2021 年前两年加入 Careshield Life 的新加坡公民获得高达 2500 美元的参与奖励，"立国一代"和"建国一代"老年人则有资格获得 1500 美元的额外参与奖励。与 Eldershiled 相比，Careshield Life 的突出特点是能为参保人提供更好的保障，投保人一旦患有严重残疾则将获得终身赔偿。此外，Careshield Life 的首年给付将高于 Eldershield 每月 600美元的标准，并且随着参保时间延长而增加。

第三，乐龄助行基金提供了用于购买长期照护辅助设备、居家保健用品或往返护理机构交通费用的补贴。

第四，外籍女佣减税计划，可为护理年长或残疾家人的家庭减免聘请外籍女佣的相应税费。

第五，女佣雇主补贴，可以为符合条件聘请外籍女佣护理中重度失能人员的家庭提供每月 120 新加坡元的补助。

第六，看护者培训津贴，可为护理人员提供每年200新加坡元的培训津贴，为其更好地学习失能护理技术提供帮助。

第七，"建国一代"残疾人士援助计划，可为符合条件的"建国一代"人士提供 100 新加坡元 / 月的护理津贴。

## 三、长期护理保险给付待遇和服务补贴

新加坡 Eldershield 实施"选择性退出"方案，规定凡是年满 40 周岁的新加坡公民和永久居民都能享受自动参保 Eldershield，除非个人当时选择退保，否则每年自动续保，但是如果退保后其 65 岁之前还想投保则可能会被拒保。此外，为了避免道德风险发生，先天失能和超过 70 岁的新加坡公民及永久居民只能投保暂时性乐龄残疾援助计划。

Eldershield 规定投保人无论因何种原因患有严重残疾（即在 6 种日常起居活动，如洗澡、穿衣、进食、如厕、行动和身体移动中，至少有 3 种活动投保人无法自理），均可以申请索赔，经由投保保险公司指定医生进行评估之后交由保险公司处理，被证实患有严重残疾 90 天后，保险公司将以支票方式支付长期护理保险金。如投保人已获得 72 个月的最长赔偿，保单将会中止。投保人可以通过参保其他补充计划获得终身长期护理保障，如大东方人寿保险公司推出了针对男性的"乐龄健保全保 2ADL（终身）"计划，投保人可在无法自理其中两项日常起居活动时获得每月 1500 新加坡元的护理保险金直至其康复或死亡。[①]

截至 2015 年，新加坡长期护理保险共赔付 9000 万新加坡元，12 500 份保单赔付成功。[②]2007 年新加坡卫生部发布的"乐龄健保发展 2002—2007"显示，截至 2006 年底，基本乐龄健保计划和暂时性乐龄残疾援助计划分别完成 2366 份索赔基本和 7183 份援助（见表 3-17），其中基本乐龄健保计划共收到 2811 份索赔，赔付率约为 84%，暂时性乐龄残疾援助计划共收到 8631 份援助申请，赔付率约为 83%。

表 3-17　2002—2006 年新加坡长期护理保险赔付情况　　单位：份，%

| 类型 | 成功赔付份数 | 赔付占比 |
| --- | --- | --- |
| 基本乐龄健保计划（Eldershield） | 2366 | 100 |
| 40～49 岁 | 303 | 13 |
| 50～59 岁 | 613 | 26 |
| 60～69 岁 | 1079 | 46 |
| 70 岁及以上 | 371 | 16 |
| 暂时性乐龄残疾援助计划（IDAPE） | 7183 | 100 |
| 70 岁以下 | 1273 | 18 |
| 70 岁及以上 | 5910 | 82 |

资料来源：Ministry of Health Singapore《Eldershield Experience 2002-2007》。

新加坡长期护理服务主要包括居家护理服务、日间护理服务和疗养院全

---

① 大东方人寿保险公司的乐龄健保全保产品介绍。

② http://www.channelnewsasia.com/news/singapore/s-90m-paid-out-in-eldershield-claims-since-its-2002-launch-8078248.

天候护理服务三种，政府根据参保人身份、家庭月收入及接受护理服务类型提供不同比例津贴。居家和日间护理最高可获得 80% 的政府津贴，疗养院护理可获得最高 75% 的津贴（见表 3-18），可见政府通过设置不同的津贴比例鼓励乐龄人士接受居家和日间护理服务。

表 3-18　政府对不同类型护理服务提供的津贴比例　单位：新加坡元，%

| 家庭收入结构 | 居家和日间护理 | | （非社区医院）疗养院全天候护理 | |
| --- | --- | --- | --- | --- |
| | 新加坡公民 | 永久居民 | 新加坡公民 | 永久居民 |
| ≤ 700 | 80 | 55 | 75 | 50 |
| 701 ≤月收入≤ 1100 | 75 | 50 | 60 | 40 |
| 1101 ≤月收入≤ 1600 | 60 | 40 | 50 | 30 |
| 1601 ≤月收入≤ 1800 | 50 | 30 | 40 | 20 |
| 1801 ≤月收入≤ 2600 | 30 | 15 | 20 | 10 |
| ≥ 2601 | 0 | 0 | 0 | 0 |

资料来源：Ministry of Health Singapore。

由于 Eldershield 承保人年龄范围局限在 40 ～ 65 岁，而失能概率和失能程度与参保人年龄增长密切相关。为了应对日益庞大的老龄人口，尤其是重度失能人群对长期护理服务的巨大需求，2020 年开始实施的 Careshield Life 允许原先选择自动退出 Eldershield 和已加入 Eldershield 的人群选择从 2021 年切换到 Careshield Life，同时接受 Eldershield 未承保的 40 岁以下人群、因残疾丧失自理能力且被 Eldershield 拒保的人群。目前新加坡政府为了鼓励人们加入 Careshield Life 计划，分别制定了永久性保费补贴方案和 2020—2024 年政府五年补贴保费方案。前者是针对月收入低于 2600 美元的低收入家庭，其中家庭月收入低于 1100 美元的，保费补贴比例为 30%；家庭月收入在 1101 ～ 1800 美元的，保费补贴比例是 25%；家庭月收入在 1801 ～ 2600 美元的，保费补贴比例是 20%；家庭月收入等于或高于 2600 美元的，不能享受永久性保费补贴。后者是针对 Careshield Life 前 5 年所有参保人实施的临时性保费补贴方案，具体内容是 2020 年参保的人群补贴 70 美元，以后逐年降低 10 美元补贴，直到 2024 年降低到 30 美元，此后取消保费补贴，政府恢复收取正常保费额。

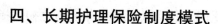

## 四、长期护理保险制度模式

2007 年 Eldershield 采用了公私合营的 PPP 模式。新加坡政府负责制订长期护理保险的各项计划，提供补贴，同时要求 40～65 岁符合条件的人必须做出是否投保的选择，但是其没有负责实施具体的保险计划，而是采用政府招标方式，通过竞争机制引进了具有运营管理资格和能力的专业保险公司负责具体运营。目前由英杰华（AVIVA）、大东方人寿（Great Eastern）和职总英康（NTUC Income）三家保险公司负责制定长期护理保险的责任条款，收取护理保险费，处理赔偿申请、核保、理赔、退保等环节。各家保险公司收取的保险费和保险责任相同，参保人可以自由选择任意一家并进行转换。

2020 年开始实施的 Careshield Life 采用政府主导和管理的社会保险模式，目前 30～40 岁的新加坡永久居民强制必须加入该计划，其他更年轻的居民则在年满 30 岁时必须强制加入该计划。新加坡政府不但要负责建立必需的基础设施，还必须将收取的保费进行投资，以确保其保值增值，从而维持基金的平衡运行。

## 五、长期护理保险经营运行状况

由于 Careshield Life 于 2020 年刚刚实施，经营数据较少。目前新加坡基本乐龄健保计划参保人可以选择英杰华、大东方人寿和职总英康三家保险公司投保。从 2007 年到实施乐龄健保额外保障计划之后，长期护理保险参保人数逐年增加，截至 2016 年，共有 127.9 万人投保基本乐龄健保计划，43.7 万人投保了乐龄健保额外保障计划，比 2007 年参保总人数增加了 90.5 万人，增长了 1.12 倍，即长期护理保险保障人群扩大了 1 倍多（见表 3-19）。可见，乐龄健保计划获得了人们的认可。

表 3-19　2006—2016 年长期护理保险投保人数量　　单位：千人

| 年份 | 基本乐龄健保计划 | 乐龄健保额外保障计划 |
| --- | --- | --- |
| 2007 | 786 | 25 |
| 2008 | 835 | 76 |
| 2010 | 921 | 189 |
| 2012 | 1013 | 265 |
| 2014 | 1167 | 357 |
| 2016 | 1279 | 437 |

资料来源：Ministry of Health Singapore。

目前乐龄健保计划的选择退出比例不断降低，2002年实施之初选择性退出（意味着不愿意乐龄健保计划）比例为38%，2006年选择性退出比例为14%[1]，2011年选择性退出比例下降到8%[2]，说明符合条件的投保人越来越认可乐龄健保计划。但值得注意的是，截至2015年，新加坡长期护理保险共收取了20亿新加坡元保费，共支付了12 500名投保人9000万新加坡元长期护理费用[3]，赔付比例仅为4.5%。

在盈亏方面，新加坡长期护理保险整体盈利可观，乐龄健保计划持续性良好。大东方人寿、英杰华和职总英康的利润率分别为35.3%、23.9%和78.8%（见表3-20），经营乐龄健保计划的保险公司的平均利润率为30%左右。

表3-20　新加坡长期护理保险的盈亏状况　　　　单位：%，新加坡元

| 公司名称 | 保费总额 | 赔付总额 | 利润总额 | 赔付率 | 利润率 |
| --- | --- | --- | --- | --- | --- |
| 大东方 | 744 386 | 25 926 | 262 927 | 3.5 | 35.3 |
| 职总英康 | 456 139 | 45 372 | 108 912 | 9.9 | 23.9 |
| 英杰华 | 315 944 | 18 023 | 249 095 | 5.7 | 78.8 |
| 友邦保险 | 137 326 | 31 551 | 69 908 | 23 | 50.9 |
| 保诚保险 | 128 577 | 14 233 | 55 508 | 11.1 | 43.2 |
| 宏利保险 | 9464 | 2056 | 245 | 21.7 | 2.6 |
| 汇丰人寿 | 3249 | 193 | −2864 | 6.0 | −88.1 |
| 苏黎世国际 | 2842 | 907 | 333 | 31.9 | 11.7 |
| 苏黎世人寿 | 959 | 224 | 125 | 23.4 | 13.0 |

资料来源：http://www.theindependent.sg/poor-payout-for-consumers-who-paid-premiums-into-eldershield/。

## 六、新加坡长期护理保险的特色

随着全球老龄化的到来，长期护理已经成为一种准公共产品，如何平衡巨大需求与有限供给之间的矛盾成为各国政府面临的挑战之一。新加坡长期护理保险制度的突出特点表现在以下方面：

首先，强调家庭和个人是失能护理的第一责任人。无论是Careshield Life还是Eldershield都强调了参保人的缴费义务，这一方面有利于构筑个人和家庭的长期护理主体责任意识，遵循"谁缴费谁受益"的保险原则；另一方面政府也对特殊群体给予了永久性保费补贴，兼顾公平和效率，既避免了

---

[1] Ministry of Health Singapore "Eldershield Experience 2002-2007".

[2] https://www.thinkadvisor.com/2015/07/29/5-top-ltci-rescue-ideas-from-other-countries?.

[3] http://www.theindependent.sg/what-is-the-eldershield-claims-ratio/.

免费"搭便车"和政府社会保障负担过重，又为政府制定和调整政策预留了一定的空间。

其次，Eldershield 选择了公私合营的 PPP 模式。政府、商业保险公司之间通过建立风险共担、利益共享的契约关系发挥各自的优势。政府从传统公共服务提供者角色转变成政策的制定者、监管者、参与者而不是实施者，对长期护理服务的特殊需求群体，如符合条件的"建国一代"残疾人士提供援助，其他的则通过减税、津贴等方式进行必要干预，以保证长期护理服务需求和供给的公平性和有效性。商业保险公司在 PPP 模式下发挥专业的精算技术和产品开发能力，设计满足参保人需求的多样化长期护理保险产品。PPP 模式能够促使双方发挥各自优势，形成互惠互利的长期合作关系。

最后，新加坡社会保障的实质是强制性储蓄型保障模式的典型代表。新加坡中央公积金由雇主和雇员缴纳，其核心是参保人在工作期间按照储蓄方式缴费以积累各项社会保障基金，基金存续跨度较长，具体制度规则由中央公积金局制定，资金投资运营交由其下属政府投资公司负责，自成立以来不仅实现了基金的保值增值，还为国内投资提供了直接资金来源，完全积累制的中央公积金基金结存额较高、稳定性较强、偿债周期长，整体运行管理都具有较好的持续性。

## 第六节　国外长期护理保险制度述评

虽然各国人口老龄化程度不尽相同，但是由于生物科学、医疗技术进步，人口寿命延长，叠加人口整体生育率下降，65 岁及以上老年人口占总人口的比重不断持续增长。随着年龄增长，老年人由于身体机能自然老化及其他疾病、残疾引起的日常生活能力失能概率和失能程度较其他年龄组人口更高，很多国家纷纷将长期护理保险发展成为一种社会保障制度，作为解决失能老年人长期护理费用的重要措施。本章通过对瑞典、德国、日本、美国和新加坡 5 个国家长期护理保险制度，尤其是其缴费筹资机制的深入研究，发现尽管在制度模式上各国采用了福利模式、社会保险、商业保险或者两者的混合，以及公私合营的 PPP 模式，但是各国长期护理保险制度既有相同之处又各有特点。

## 一、立法先行是长期护理保险制度顺利运行的保障

为应对失能老年人长期护理需求，各国在实施长期护理保险制度之前都经历了较多的尝试和探索，最终制定了相关专业法律法规，为长期护理保险制度的建立、实施和运行提供了法律保证。相关的立法情况见表 3-21。

表 3-21 各国长期护理保险主要立法情况

| 国家 | 法律名称 |
|------|----------|
| 瑞典 | 《社会服务法案》《护理补贴法案》 |
| 德国 | 《长期护理保险法案》《社会法典》 |
| 日本 | 《护理保险法》 |
| 美国 | 《联邦健康保险可转移性与说明责任法案》《长期护理保险示范法》 |
| 新加坡 | 《终身护保和长期护理法案》 |

## 二、明确的责任机构是保证各项法律制度落实的关键主体

各国都以国家立法为前提，明确规定了长期护理保险制度的责任机构（见表 3-22），负责长期护理保险的保费征缴、失能评定、保障金给付与结算、监督管理、争议处理等管理运行机制。

表 3-22 各国长期护理保险主要责任机构

| 国家 | 主要责任机构 |
|------|--------------|
| 瑞典 | 地区级和地方级政府 |
| 德国 | 卫生部、公共疾病基金、健康保险公司 |
| 日本 | 厚生劳动省，市、町、村等 |
| 美国 | 保险监督管理协会、保险公司 |
| 新加坡 | 卫生部及英杰华、大东方人寿和职总英康保险公司 |

## 三、缴费筹资模式选择遵循了各国社会保障制度变迁的国情

各国建立长期护理保险制度的动机均与人口老龄化、家庭结构小型化、医疗费用快速上涨等背景相关，而且制度建立的目的是为了满足人们对社会福利的巨大需求和减轻政府财政负担，并强调个人及其家庭的责任。近年来，随着福利国家养老危机问题日益突出，很多国家都引入了福利多元化理论，

对现有社会保障制度进行调整和改革。瑞典、德国、日本、美国和新加坡的长期护理保险制度设计的特点基本都延续并符合各自社会福利制度改革的要求，如瑞典作为西欧高福利国家的典型代表，也强调个人的缴费主体责任，个人必须自付 5% 左右的长期护理费用；德国和日本则延续了社会保险为主体的社会保障制度模式，根据长期护理保险基金运行状况持续不断地上调缴费比例和待遇给付的内容；美国除了对特殊人群实施国家补贴之外，还选择了其一贯采用的商业保险模式发展长期护理保险制度，但个人缴纳保费也不断增长；新加坡长期护理保险在前期选择 PPP 模式的基础上，为了应对日益庞大的长期护理服务需求，2020 年也开始进行改革，未来将有可能从 PPP 模式转化成强制社会保险模式，这也与其一直以来强制储蓄式的社会保障制度如出一辙。

因此，各国长期护理保险模式的选择都遵循了各自社会保障制度的类型和历史，几乎延续了它们原有的体制或依赖于原有的制度路径。

## 四、覆盖对象和待遇水平充分体现了各国社会保障制度的背景和特色

由于传统家庭价值观和国家保障制度的不同，各国长期护理保险的保障对象差异较大。以瑞典为例，其实施普惠式全民覆盖政策，且待遇水平随着使用者需求的提高而不断增加服务内容，其他国家则根据法律严格划分参保人和国家补贴对象，并给予差别化护理服务待遇给付（见表 3-23）。

表 3-23 各国长期护理保险的覆盖对象和待遇水平

| 国家 | 保障对象 | 待遇给付获得难易程度 |
|---|---|---|
| 瑞典 | 全休国民 | 确保每个使用者都可以获得服务 |
| 德国 | 18 周岁以上的全体国民 | 缴费时间、失能期限及评估等符合要求方可获得 |
| 日本 | 40 岁以上国民 | 经过失能评估认定后方可获得 |
| 美国 | 个人参保者 | 符合保险公司合同要求即可获得 |
| 新加坡 | 年满 30 周岁及以上的国民（2020 年起） | 经失能评估认定为严重残疾 90 天后可获得最长 72 个月的待遇给付 |

# 第四章 长期护理保险制度的
# 国内试点实践

自 1999 年我国进入老龄化社会阶段以来，在老年人口数量加速增长的同时，失能老人的数量也在大幅增长。第四次中国城乡老年人生活状况抽样调查结果显示，我国失能、半失能老年人总数约 4063 万人，老年人失能、半失能比例高达 18.3%。与此同时，由于长期护理费用的日益攀升及缺乏专业的护理服务提供者，我国失能老年人群的护理保险需求长时间得不到满足。为了解决失能老人的长期护理问题，保障其安度晚年，我国一直在长期护理保险制度的构建方面进行着有益的尝试，并于 2016 年 6 月 27 日颁布《人力资源社会保障部办公厅关于开展长期护理保险制度试点的指导意见》（人社厅发〔2016〕80 号）（以下简称《指导意见》），提出在全国 15 个城市开展长期护理保险制度的试点工作，并确定山东、吉林两省为重点联系省份。目前"15+2"个首批试点城市和地方政府均发布了各自专门的长期护理保险制度实施方案，统筹协调医保、民政、卫健委、财政、发改委等部门协同推进，积极稳妥推进试点工作，截至 2019 年年中，15 个首批试点城市的长期护理保险参保人数达 8854 万人，其中 42.6 万人享受了待遇，占参保总人数的 0.48%，年人均享受待遇金额为 9200 元①，受到社会广泛赞誉。地方政府积极性很高，除了 15 个试点城市，"自愿"试点的城市已有四五十个，并且还有扩大的趋势②。2020 年国家医疗保障局和财政部发布了《关于扩大长期护理保险制度试点的指导意见》（医保发〔2020〕37 号），新增了天津市、福州市等 14 个试点城市，进一步深入推进试点工作。

本书选取青岛市、南通市、广州市、上饶市、上海市共 5 个首批试点城市，

---

① 央广网. http://china.cnr.cn/xwwgf/20191112/t20191112_524855315.shtml。

② 郑秉文. 从"长期照护服务体系"的视角纪念长期护理保险试点三周年 [J]. 中国医疗保险，2019（8）.

分析我国近年来长期护理保险试点制度的发展情况，重点阐述有关长期护理保险缴费筹资的特点。之所以选择这 5 个城市，原因在于：青岛市作为国内首个实施长期护理保险制度的城市，依托基本医疗保险划转资金及财政支持运转，其制度实践周期最长，山东省作为重点联系省份之一，其他城市也基本复制了该模式；南通市是我国首个将长期护理保险制度以社会保险形式独立实施并实践的试点城市，其提供长期医疗护理服务和生活护理服务待遇，由政府、个人和医保基金三方缴费筹资共同支持该制度运转；广州市按照参保对象年龄不同，分步实施长期护理保险制度，优先保障 85 岁以上高龄失能人员的长期医疗护理服务和生活护理服务待遇，这与制度设计目标高度契合，其做法值得推广与借鉴；上饶市将失能养老与脱贫攻坚相结合，分步逐渐建立了覆盖城镇职工和城乡居民医保参保人的长期护理保险试点制度和建档立卡贫困人口的长期护理保险试点制度，同时作为全国首例，引入了商业保险公司资金作为筹资缴费渠道之一，其实践做法对其他中西部地区具有探索价值；上海市作为我国直辖市代表，其试点经验做法对其他直辖市或类似人口规模、经济发展状况的地区具有一定的参考价值。

# 第一节 青岛市长期护理保险制度

2012 年 7 月，青岛市就开始试点长期护理保险，是国内最早展开长期护理保险试点的城市，其覆盖对象囊括了所有参加基本医疗保险的城镇职工和城乡居民，是国内首个实现长期护理保险城乡全覆盖的城市。至今，青岛市已经在基本医疗保险框架下单独设立了长期护理保险账户，实现了医疗与护理一定程度上的分离，形成了以"医养结合"为典型特征的长期护理保险制度模式。

## 一、长期护理保险的法律政策

1987 年，青岛市就进入了人口老龄化城市的行列，由此导致老年人慢病管理和失能护理需求增加，社会医疗和护理负担大幅增加，2000 年青岛市就建立了家庭病床制度，慢病门诊治疗费用也被纳入统筹支付。但是由于医院承担的家庭病床服务等待期较长，无法满足老年人的医疗需求，经过多方长期调研，青岛市开始酝酿社区发展规划和老年护理发展规划，从 2005 年就通过允许具有医疗资质的养老机构进入医保定点等方式探索长期医疗护理服务。2005—2006 年青岛市先后出台了《关于将部分门诊大病纳入社区卫生服务机构管理的试点意见》（青劳社〔2005〕133 号）、《关于将退休参保人员老年医疗护理纳入社区医疗保险管理的试点意见》（青劳社〔2006〕46 号）等文件，将社区和定点养老机构纳入了医保保障范围。2005 年共有 41 家社区卫生服务中心被纳入试点，高血压、糖尿病等门诊大病患者可以在社区医疗机构定点就诊，并允许具备条件的社区医疗机构办理家庭病床；将老年护理院及具备医疗护理资质的养老机构纳入医保定点范围，将入住的失能参保人发生的医疗费用纳入医保结算范围。为了引导患者选择基层医疗机构，在社区实施较低起付标准和较高支付比例，个人自付比例仅为 8%，定点社区医疗机构起付标准是 300 元，远低于一级至三级医院起付标准。

2011 年，青岛市人力资源和社会保障局下发了《关于对老年参保患者试行医疗专护管理有关问题的通知》（青人社办发〔2011〕15 号），并在青岛市市南区人民医院开展试点，按照通知规定：凡退休参保基本医疗保险的人员和城镇老年参保居民，在病情较重、需长期医疗护理、单次住院时间不少于 60 天，同时具有医保规定的"因病情需长期保留胃管、气管套管、胆道外引流管、造瘘管、深静脉置换管等各种管道的""需要长期依靠呼吸机等医疗设备维持生命体征的""各种急症、重症或术后病情已趋于稳定但仍需长期后续治疗的""因各种原因导致昏迷，短期住院治疗不能好转的""患各种严重慢性病且全身瘫痪、偏瘫、截瘫并且生活不能自理的"等 5 种特殊情况之一者，可申请办理医疗专护，医疗专护费用实行日包干结算，并且不受该院住院结算指标限制，人均日包干费用（含患者自负部分）为 120 元。

青岛市在总结家庭病床、老年护理和医疗专护等医养结合实践和做法的基础上，于 2012 年率先在全国范围内出台了《关于建立长期医疗护理保险制度的意见（试行）》（青政办字〔2012〕91 号）文件，正式开始构建长期医疗护理保险制度，试行期间将参加社会统筹离休人员、参保基本医疗保险的城镇职工和城镇居民纳入覆盖范围，实行市级统筹，不设个人账户，使护理保险与医疗保险相互衔接，实行分类管理。

2014 年青岛市借助城乡居民医保整合的契机，发布了《青岛市社会医疗保险办法》，其中第 34 条规定建立长期护理保险制度，并明确规定职工长期护理保险资金按照相应比例分别从基本医疗保险历年结余基金和职工基本医疗保险基金中划转，居民长期护理保险资金主要从居民社会医疗保险基金中按一定比例划转，由此正式将长期医疗护理保险扩展到了广大乡村地区。

2016 年底，青岛市人社局和财政局联合出台了《关于将重度失智老人纳入长期护理保险保障范围并实行"失智专区"管理的试点意见》（青人社发〔2016〕27 号），决定从 2017 年 1 月 1 日起将在定点护理服务机构接收专业照护的 60 岁及以上重度失智老人纳入长期护理保险保障范围，按照《青岛市长期护理保险失智老人失智状况评估量表》等进行临床诊断和病情诊断，并设立"失智专区"，分别确定了长期照护、日间照护、短期照护（喘息服务）3 种护理服务形式。

2018 年，青岛市政府在前期试点经验的基础上，发布了《青岛市长期护理保险暂行办法》（青政发〔2018〕12 号），并在 2020 年 4 月修订为《青岛市长期护理保险办法》，该文件规定在原有长期医疗护理基础上，将基本生活照料纳入长期护理保险保障范围，为因年老、疾病、伤残等导致丧失自理能力的完全失能人员和重度失智人员提供基本生活照料及与基本生活密切相关的医疗护理服务或者资金保障；为半失能人员、轻中度失智人员和高危人群，以项目的形式提供身体功能维护等训练和指导，延缓失能失智。2020年发布了《青岛市失能失智人员照护需求等级评估实施办法》《青岛市长期护理保险定点护理服务机构协议管理办法》等配套文件。

## 二、长期护理保险的缴费筹资

青岛市长期护理保险的资金筹集随着制度政策本身的调整、改革和修订主要经历了 3 次重大变化。

第一次是在 2012 年试行期间，长期医疗护理保险资金主要由财政资金和医保统筹基金两大部分组成。财政资金方面：2012 年长期医疗护理保险试行第一年，青岛市财政从福彩公益金中分年度划拨 1 亿元作为城镇居民护理保险制度运行的启动资金，同时按照《青岛市城镇居民基本医疗保险暂行办法》（市政府令第 191 号）规定的每年度 2000 万元的标准，从福彩公益金划转到城镇居民护理保险基金。医保统筹基金划转标准方面：每月月底以当月职工医保个人账户计入比例划转 0.2% 资金量的 2 倍为标准，从医保统筹基金中划转形成城镇职工护理保险基金；每年年底，青岛市以上一年度城镇居民人均可支配收入为基数，按 0.2% 的比例从城镇居民医保统筹基金划转纳入城镇居民护理保险基金。此外，当护理保险基金出现超支时，由所在区、市职工或居民医保基金予以弥补。若医保基金无法实现收支平衡，由人力资源和社会保障部门会同财政部门按程序报市政府，研究确定财政分担办法。

第二次是在2014年开始新农合参保人被涵盖在长期护理保险保障范围，按照《青岛市社会医疗保险办法》规定，长期护理保险资金按照参保人身份不同有两种来源部分：第一种是职工长期护理保险资金，由两部分组成，一部分按照不超过基本医疗保险历年结余基金的 20% 一次性划转，另一部分每月按照个人账户月计入基数总额 0.5% 的标准，从职工基本医疗保险基金中划转；第二种是居民长期护理保险资金，按照不超过当年居民社会医疗保险费筹资总额的 10%，从居民社会医疗保险基金中划转。

第三次是在 2018 年将长期医疗护理保险制度更改为长期护理保险制度后，长期护理保险资金执行社会保险基金管理制度，实行市级统筹，其中职工护理保险资金筹集渠道发生了重大变化，居民护理保险资金筹集政策与2014 年相同，没有改变。职工护理保险资金目前主要通过五大渠道筹集：第一是按照基本医疗保险缴费基数总额 0.5% 的比例，从职工基本医疗保险统筹基金中按月划转；第二是按照基本医疗保险个人缴费基数 0.2% 的比例，从应划入在职职工本人医疗保险个人账户的资金中按月代扣；第三是按照每人每年 30 元标准，由财政予以补贴；第四是从职工基本医疗保险历年结余基金中一次性划转 20%；第五是接受来自社会各界的捐赠。

## 三、长期护理保险的给付形式、条件和待遇水平

青岛市长期护理保险仅提供实物给付形式，不支持现金给付。目前长期

护理保险实物给付分为医疗护理服务、生活照料服务、康复与功能维护和其他照护服务共四种(见表4-1)。申请长期护理保险待遇的参保人必须按照《青岛市长期照护需求等级评估表》由商业保险公司从"日常生活活动""精神状态""感知觉与沟通""社会参与""疾病状况""特殊医疗护理需求""营养状况""家庭经济情况""生活环境状况"等多方面进行评估，最终形成0～5级共6个评估等级，其中0级代表能力完好，1级代表轻度失能，2级和3级代表中度失能，4级和5级代表重度失能，只有评估等级为3～5级的申请人能够享受长期护理保险待遇。

表4-1　青岛市长期护理保险定点服务机构照护服务内容

| 服务类型 | 具体服务项目名称 |
| --- | --- |
| 医疗护理服务 | 1.生命体征监测；2.皮下注射；3.静脉注射；4.皮内注射；5.肌内注射；6.静脉采血；7.动脉采血；8.静脉留置针穿刺；9.尿标本采集；10.粪便标本采集；11.伤口换药；12.叩背排痰；13.雾化吸入；14.吸痰护理；15.胃管置入；16.胃管进食护理；17.口腔护理；18.留置导尿管；19.膀胱冲洗；20.留置导尿管护理；21.尿潴留护理；22.灌肠；23.物理降温；24.口服给药；25.眼、耳、鼻给药；26.阴道给药；27.直肠给药；28.皮肤外涂药；29.造瘘口护理；30.经外周静脉置入中心静脉导管（PICC）维护；31.噎食急救；32心肺复苏 |
| 生活照料服务 | 1.饮食照料；2.排泄照料；3.清洁照料；4.更换衣物；5.协助更换体位；6.协助肢体被动活动及指导；7.整理床单位；8.居室消毒；9.睡眠照料；10.护理安全照料 |
| 康复与功能维护 | 1.语言训练；2.吞咽训练；3.床上移动训练；4.站立训练；5.轮椅转移训练；6.行走训练；7.认知能力训练；8.日常生活能力训练；9.肢体摆放及指导；10.翻身训练及指导；11.叩背排痰指导；12.预防压疮指导；13.预防噎食、吞咽障碍指导；14.预防跌倒、坠床、烫伤指导 |
| 其他照护服务 | 1.药物管理和服用督导；2.陪同就医；3.健康生活指导和心理疏导 |

资料来源：青岛市医保局和市场监督管理局2020年6月1日实施的《长期护理保险定点护理服务机构照护服务操作规范》。

## （一）护理保险给付形式

为了满足失能失智人员多样化、多层次的护理服务需求，青岛市长期护理保险打造了"4+3"服务形式。首先是针对身体中度、重度失能人员的4

种服务形式："专护"，由开设医疗专护区的护理服务机构提供长期在院照护服务；"院护"，由开设医养院护区的护理服务机构提供长期在院照护服务；"家护"，由护理服务机构照护人员通过上门形式，提供长期居家照护服务；"巡护"，由护理服务机构（含一体化管理村卫生室）照护人员通过上门形式，提供巡诊照护服务。其次是针对重度失智人员的 3 种服务形式：长期照护，由开设失智专区的护理服务机构提供长期照护服务；日间照护，由开设失智专区的护理服务机构提供日间托管照护服务；短期照护，由开设失智专区的护理服务机构提供短期托管照护服务，短期托管时间原则上为一个自然年度内累计不超过 60 天。

目前青岛市职工护理保险和居民护理保险实施分类分布推进发展，参保职工可以申请享受上述所有"4+3"服务形式提供的各类"医疗护理＋生活照料＋康复与功能维护＋其他照护服务"内容。参保居民按照缴费档次，一档缴费的成年居民、少年儿童和大学生可申请享受"专护"、"院护"、"巡护"、长期照护、短期照护共 5 种服务形式；二档缴费的成年居民可申请享受"巡护"服务形式。参保居民目前可以通过这些服务形式享受的服务内容主要是医疗护理服务、康复训练和安宁疗护等。

## （二）给付条件及待遇

申请护理保险待遇的参保人必须经过青岛市长期照护需求等级评估，根据评估等级享受相应待遇（见表4-2）。申请护理保险待遇评估的参保人必须符合以下三个条件：一是因年老、疾病、伤残等原因生活不能自理已达或预期达 6 个月以上，申请护理保险待遇的失能失智长期护理保险参保人；二是申请入住养老机构或签约家庭养老床位运营补贴的失能失智养老服务对象；三是其他入住医疗护理机构，需要护理服务的 60 周岁及以上老年人。参保职工产生的基本生活照料和医疗护理费用可以由长期护理保险报销 90%，一档缴费的成年居民、少年儿童和大学生发生的医疗护理费用报销比例为 80%，二档缴费的成年居民报销比例为 70%，参加社会统筹的离休人员产生的医疗护理费由离休人员医疗基金支付，离休人员生活照料费用按照国家有关规定执行。

表4-2 青岛市长期护理保险给付待遇的评估要求

| 给付形式 | 护理等级要求 | 给付对象要求 |
|---|---|---|
| 专护 | 5级失能 | 参保人近12个月内医疗保险统筹金和护理保险资金支付额超过5000元，且符合以下条件之一：①因病情需长期保留气管套管、胆道外引流管等、造瘘管、深静脉置管等管道（不包括鼻饲管及导尿管）；②因神经系统疾病或外伤等原因导致昏迷、全身瘫痪、偏瘫、截瘫，双下肢肌力或单侧上下肢肌力均为0级；③其他经医疗保障经办机构认定符合专护条件 |
| 家护、院护 | 3～5级失能 | 参保人近24个月内医疗保险统筹金和护理保险资金支付额超过5000元或近12个月内医疗保险统筹金和护理保险资金支付额超过3000元，且符合以下条件之一：①有以下慢性疾病或情况：脑卒中后遗症（至少一侧下肢肌力为0～3级）、帕金森病（重度）、重症类风湿关节炎晚期（多个关节严重变形）或其他严重慢性骨关节病等影响持物和行走、植物人、恶病质；②需长期保留胃管、尿管等各种管道；③骨折长期不愈合，合并慢性重病；④各种原因导致长期昏迷、全身瘫痪或截瘫；⑤其他经医疗保障经办机构认定符合条件的 |
| 巡护 | 3～5级失能 | — |
| 长期照护、日间照护、短期照护 | 重度失智 | — |

资料来源：《关于做好青岛市长期护理保险经办服务管理工作的通知》（青医保规〔2020〕3号）政策解读。

## 四、长期护理保险的管理运行机制

青岛市长期护理保险制度已经运行实施了十多年时间，形成了相对完善的管理机制（见图4-1），其中青岛市各级政府负责制度的规划和政策构建，各级医疗保障部门负责制度的具体落实、执行，医保经办机构负责护理保险资金筹集、支付、对护理保险实行标准化管理。民政部门负责对提供长期护理服务的养老服务机构进行行业管理，统筹配置养老服务资源，做好护理保险与民政救助制度衔接工作；卫生健康部门负责对提供长期护理服务的医疗机构进行行业管理，并给予医疗护理服务技术指导；财政部门负责做好护理保险相关资金保障和监督管理等工作；残疾人联合会负责做好护理保险与残疾保障制度衔接工作；保险监管部门负责对相关商业保险机构的护理保险经办行为进行监管。此外，还有发展改革委、市场监管、人力资源和社会保障、教育、公安、审计、大数据、总工会等各部门和机构按照各自职责协同配合工作。

申请护理保险待遇的参保人，由定点服务机构经过初步筛选，向由医疗保障部门通过政府公开招标采购中标的商业保险公司提出评估申请；养老服务待遇人员的评估工作，由民政部门采取政府购买服务的方式委托专业评估机构承担；其他入住医疗护理机构需要护理服务的 60 周岁及以上老年人的评估工作，由卫生健康部门确定的评估机构承担。这些评估机构做出的评估结果可以共享，评估等级 3～5 级或重度失智的待遇申请人可按规定享受护理保险待遇，评估等级为 1 级、2 级或轻、中度失智的待遇申请人可以按规定被纳入延缓失能失智项目管理；享受政府运营补助的养老机构，对待遇申请人评估等级为 1～5 级或轻、中、重度失智的，可按规定申请政府运营补助；医疗护理机构根据评估结果，为入住本机构的老年人提供各类护理服务。

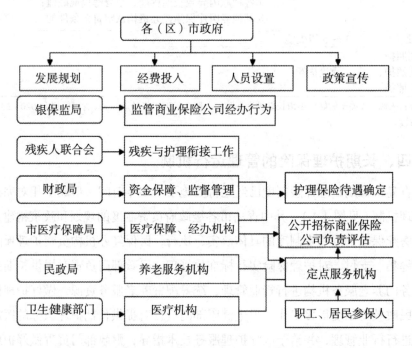

图 4-1　青岛市长期护理保险的管理机制

资料来源：根据 2020 年青岛市医疗保障局发布的《青岛市长期护理保险办法》自行整理绘制。

## 五、长期护理保险经营运行情况

青岛市长期护理保险从2012年试行以来，率先在全国建立了长期医疗护理保险制度，培育了针对重症失能老人依托二、三级医院建立"医疗专护"模式，针对终末期及临终关怀老人依托养老护理院建立"护理院护理"模式，针对居家失能老人依托社区医疗机构建立登门服务的"居家护理"模式，针对农村失能老人依托村级卫生室建立社区"巡护"模式。

截至2021年，青岛市长期护理保险制度已经覆盖了909万名城乡参保人，自2012年制度实施以来，累计支出35亿元，享受待遇人数达7.1万人，6万多名失能失智人员享受到了护理保险待遇，全市共培育定点服务机构978家，其中民营机构占比超90%。基金方面，职工护理保险每年筹集资金超过10亿元，基本建立了以医保基金、财政补贴和个人缴费为主的多元化筹资渠道。服务内容方面，居家照护服务占89.6%，形成了以居家为主，以社区、机构为辅的照护格局，2016年出台了《关于长期医疗护理保险医疗护理服务实行标准化管理的通知》，2020年出台了《长期护理保险定点护理服务机构照护服务操作规范》，率先实现了护理服务的标准化管理。

## 六、青岛市长期护理保险制度实施评析

青岛市是我国首个建立长期护理保险制度的城市，也是国家长期护理保险制度的第一批试点城市，自2012年制度实施以来，历经3次补充修正，建立了针对职工、居民全覆盖的护理保险制度，其制度政策相对完备。2020年，护理服务人员共上门服务103万人次，提供照护服务时间累计达235万小时，有效地破解了"养老机构不能医、医疗机构不能养、家庭成员无力护"的养老困局。目前长期护理保险待遇报销比例在70%～90%，相对较高，确实减轻了参保人的财务压力，同时有效扶持了社会护理机构的发展，实现了多方共赢的效果。但是值得注意的是，青岛市长期护理保险基金来源主要是医疗基金划转，政府补贴资金有限，个人缴费政策尚未落实，将护理保险基金的稳定运行依托于医保基金的收支结余多寡，在一定程度上增加了长期护理保险制度运行的风险。

## 第二节　南通市基本照护保险制度

当前我国尚未明确长期护理保险的制度模式，南通市作为 2016 年人力资源和社会保障部开展首批试点的城市之一，于同年 10 月就颁发了《关于建立基本照护保险制度的意见（试行）》（以下简称《意见》），该制度在基本原则中明确提出照护保险要与医疗保险相对独立、相互衔接，实行分类管理。该制度开创了我国将长期护理保险作为独立社会保险制度的先河，为我国应对失能老人日益增多的护理需求，建立全国性的长期护理保险制度提供了先行实践经验。

### 一、基本照护保险的法律政策

南通是我国有名的长寿之乡。早在 1982 年，南通市 65 岁及以上人口占总人口比例就高达 7.21%，先于全国 17 年步入了老龄化社会阶段。此后，南通市老龄人口数量和比例不断攀升，随着老龄化趋势愈演愈烈，慢性病照护管理、失能人员护理服务等社会需求大幅增加。为此，2000 年南通市职工医疗保险就针对符合住院条件但可居家治疗的失能患者，率先建立了家庭病床制度，对于符合住院条件但可以居家治疗的失能半失能参保患者，由医保定点医院办理家庭病床登门治疗，其费用纳入医保报销范围，在一定程度上减轻了患者的家庭负担。南通市政府于 2000 年 7 月 1 日开始实施《南通市市区城镇职工基本医疗保险实施办法》（以下简称《实施办法》）和《南通市市区城镇职工大病医疗救助暂行办法》。《实施办法》第 23 条第 4 款规定："家庭病床每年第二疗程的起付标准为 300 元，以后按 20% 依次递减，最低不低于 200 元。家庭病床每疗程的结算限额，由市劳动保障行政部门核定。"第 30 条规定："因病情需要开设家庭病床的，由定点医疗机构经治医师提出意见，经医院相关职能科（处）室审核并报经办机构登记后，办理有关手续。家庭病床每疗程不超过 2 个月，确需超过的应重新办理手续。"

南通市在 2012 年和 2013 年陆续发布了《南通市医疗保险定点医疗机构协议管理暂行办法》（通人社规〔2012〕19 号）和《南通市医疗保险定点护理院

管理暂行办法》（通人社规〔2013〕25号），之后经过修订，于2016年实施《南通市医疗保险定点医疗机构协议管理暂行办法》（通人社规〔2016〕14号），文件规定将护理院纳入医疗保险定点范围，将重度、中度失能患者及老年慢性伤病患者的医疗护理、医疗康复和晚期治疗的老年慢性伤病患者的医疗护理、康复治疗、临终关怀服务等纳入了医保基金支付保障范围。

2015年底，南通市人社局印发《南通市基本医疗保险医疗费用付费结算管理办法》（通人社规〔2015〕19号），规定了家庭病床、定点护理院和定点医疗机构康复照护病区的费用结算办法，其中家庭病床费用实施定额结算，结算标准是每人每天30元，每疗程为60天，一个疗程不足60天的按实际天数结算，超过60天的按60天结算；费用低于或等于定额费用标准的按实际结算，高于定额标准的按定额标准结算。将定点护理院医疗费用结算纳入住院费用总量管理，实行按床日付费方式限额结算，职工医疗保险定点护理院按护理院等级，一级、二级、三级护理院平均床日结算费用限额分别不超过83元、90元、95元；居民基本医疗保险分别不超过50元、60元、70元；二等乙级革命伤残军人按职工医疗保险标准执行；离休医疗统筹按不超过职工医疗保险标准的150%执行。定点医疗机构康复照护病区的医疗费用结算，逐步参照定点护理院，按床日结算医疗费用。

2015年南通市共有超过32万失能者[1]，入住护理院失能人员的月均费用在2800～3500元，而企业退休职工平均养老金远低于这一费用额，可见绝大多数失能老年人支付不起护理院的费用，只能依靠配偶、子女、近亲属、保姆等获得生活照料，这给失能者个人及其家庭带来了沉重的经济负担和精神压力。随着失能人员数量增加和老龄化加剧，为了维持其生命尊严，使其家庭不至于失衡，2015年南通市政府发布了《关于建立基本照护保险制度的意见（试行）》（通政发〔2015〕73号），明确规定照护保险与医疗保险相互独立，照护保险基金按照以收定支、收支平衡、略有结余的原则筹集和使用，独立核算、专款专用并接受社会监督。该试行文件将市区参加医疗保险的所有职工和居民，将老年人至婴幼儿所有年龄阶段的人群全部纳入了保险范围，并明确了基金缴费筹资、费用结算、待遇支付和经办管理等内容。

2016年，南通市被纳入了国家首批长期护理保险试点城市行列，先后印

---

① 数据来自南通市政府2015年11月2日南通市建立基本照护保险制度新闻发布会信息。

发了《南通市基本照护保险实施细则》（通人社规〔2016〕28号）、《南通市区基本照护保险定点照护服务机构协议管理试行办法》（通人社规〔2016〕16号）。2018年，基本照护保险制度在南通市区试点实践3年，随后开始逐步向县（市）区推进和延伸，如皋市于2018年被纳入试点，通州区于2019年1月1日开始实施，并力争在2019年在各县（市）区实现照护保险制度全覆盖，为了避免政策碎片化、标准各异、信息孤岛等问题的出现，南通市专门出台了《关于建立全市统一基本照护保险制度的意见》（通人社医〔2018〕28号），提出了要按照政策统一、经办统一、系统统一、标准统一、待遇统一、服务统一"六个统一"要求建立全市统一的照护保险政策体系和经办体系。

2018年、2019年南通市先后发布了《关于基本照护保险开展失能失智预防工作意见（试行）》（通人社规〔2018〕32号）、《南通市基本照护保险失能失智预防工作实施细则》（通医保发〔2019〕27号），明确规定针对60岁以上老年人进行失能失智预防宣传工作，针对70岁以上老年人开展失能失智预防风险评估工作，以"社区服务型""上门服务型"两种形式针对高风险老年人开展运动器官功能、口腔功能、认知功能及忧郁症和孤独症四大项目的训练和干预服务。从2019年1月1日起将失智人员纳入了照护保险的保障范围。

## 二、基本照护保险的缴费筹资

第一，筹资模式方面，采取现收现付模式，南通市基本照护保险按照以收定支、收支平衡、略有结余的原则筹集和使用，独立核算，专款专用。

第二，筹资渠道方面，目前的筹资标准是每年100元/人，主要包括个人缴纳（每年30元/人）、医保统筹基金筹集（每年30元/人）、政府财政补助（每年40元/人）、社会捐助、部分福利彩票公益金五大筹资来源。其中个人缴纳部分，对于已参保职工医疗保险的人员，由南通市医保中心统一从其个人医疗账户中一次性划转；对于已参保居民医疗保险的人员则在缴纳居民医疗保险费时一并缴纳。医保统筹基金按规定于每年年初分别从职工医保和居民医保统筹基金中筹集。政府财政补助是针对未成年人、在校学生和城镇最低生活保障家庭、特困职工家庭、完全或大部分丧失劳动能力的

1～2级重残人员提供的全额补助，每年年初由市财政一次性转入。

第三，筹资管理方面，南通市基本照护保险与基本医疗保险相互独立，实施分类管理、筹资动态调整机制，筹资标准随居民可支配收入变化情况相应调整。

## 三、基本照护保险的给付形式、条件和待遇

南通市基本照护保险的保障对象没有年龄限制，所有参保人因慢性病、伤残、失智等原因造成失能都可以申请享受基本照护保险待遇，采用了普惠制原则。目前，南通市基本照护保险的待遇给付形式既提供现金给付，又提供实物给付。在制度建立初期，现金给付是以经办机构审核发放照护补助的方式，用于为居家重度和中度失能人员提供非定点照护服务机构的上门服务。实物给付形式主要包括居家上门照护服务、非医疗机构照护服务和医疗机构照护服务三种，其中居家上门照护服务提供"安康""护康""宁康"三大类服务套餐，可供失能参保人选择。此外，辅助器具使用也被纳入居家照护服务范围。

### （一）给付条件和内容

参保人要申请享受基本照护保险待遇，必须填写基本照护保险失能评定申请表，照护保险经办机构进行初审合格后，至少安排两名专业评估员对申请人生活自理能力进行现场评估，并在其生活社区进行实地调查，形成调查笔录，最后由市劳动能力鉴定中心出具失能评定公示书，作为享受基本照护保险待遇的资格条件。目前，南通市将日常生活活动能力评定量表（Barthel指数评定量表）作为长期失能的评定工具，对进食、如厕、移动等共十项指标进行评分，将自理能力分为无需依赖（100分）、轻度依赖（61～99分）、中度依赖（41～60分）和重度依赖（≤40分）四大类，只有重度依赖和中度依赖的人员可享受基本照护保险待遇。

按照简易智能精神状态检查量表评定，6周岁以上符合中度失智标准的参保人员被纳入照护保险保障范围，参照中度失能人员享受照护保险待遇。因年老、疾病、伤残导致失能，经过不少于6个月的治疗后，经前述评定符合失能标准，享受照护保险待遇的参保人员，可以从居家上门照护服务、非

医疗机构照护服务和医疗机构照护服务三种服务形式中选择一种（见表4-3）。这些机构提供的照护服务内容包括但不限于清洁照料、睡眠照料、饮食照料、排泄照料、卧位与安全照料、病情观察、心理安慰、管道照护、康复照护及清洁消毒等项目。

表4-3　南通市基本照护保险给付对象和给付形式

| 给付形式 | 给付方式 | 照护服务供给方 | 给付对象 |
|---|---|---|---|
| 现金给付 | 居家照护补贴 | 非定点照护服务机构 | 因年老、疾病、伤残导致失能，经过不少于6个月治疗后，按照 Barthel 指数评定为40分以下的重度失能人员和41～50分的中度失能人员选择居家上门照护服务的参保人 |
| 服务给付 | 居家上门照护服务 | 定点照护服务机构 | |
| | 非医疗机构照护服务 | 定点护理院、定点社区卫生服务中心、定点养老服务机构 | 因年老、疾病、伤残导致失能，经过不少于6个月治疗后，按照 Barthel 指数评定为40分以下的重度失能人员和41～50分的中度失能人员选择定点机构照护服务的参保人 |
| | 医疗机构照护服务 | 定点医疗机构 | ①因病情需长期保留胃管、气管套管、胆道外引流管、造瘘管、深静脉置换管等各种管道的；②需要长期依靠呼吸机等医疗设备维持生命体征的；③因各种原因导致昏迷，短期住院治疗不能好转的；④患各种严重不可逆性疾病且全身瘫痪、偏瘫、截瘫并且生活不能自理，需要长期支持治疗的 |

资料来源：南通市政府《关于建立基本照护保险制度的意见（试行）》（通政发〔2015〕73号）。

## （二）支付标准及待遇

目前，南通市基本照护保险的待遇保障范围包括床位费、照护服务费、护理设备使用费、护理耗材等照护费用，且报销费用不设起付线，凡在定点医疗机构照护床位接受照护服务的，照护保险基金支付60%，同时仍可享受基本医疗保险住院待遇；凡在定点养老服务机构照护床位接受照护服务的，照护保险基金支付50%；凡接受定点照护服务机构上门照护服务的，照护保险基金按（暂定）月度限额1200元支付。[①]具体的支付标准如下。

第一，在医疗机构照护床位接受照护服务的重度失能或失智人员由照护保险基金按每人每天70元标准支付，中度失能人员按每人每天40元标准支付；在医疗机构照护病区失智专区接受照护服务的中度失智人员按每人每天

---

① 南通市《关于建立基本照护保险制度的意见（试行）》（通政发〔2015〕73号）。

50 元标准支付；参保人员在医疗机构照护床位接受照护服务的同时可在该机构享受基本医疗保险住院服务。

第二，在养老服务机构照护床位接受照护服务的重度失能或失智人员由照护保险基金按每人每天 50 元标准支付，中度失能人员按每人每天 30 元标准支付；失能等级达到中度及以上的重度失智人员每日待遇标准另增加 10 元。

第三，接受协议服务机构提供居家照护服务的，向符合享受待遇条件的居家重度失能或重度失智人员按照每人每天 15 元标准发放照护补助，中度失能人员按照每人每天 8 元标准发放。此外，还提供上门照护、辅具租售服务。目前失能参保人可以选择"安康 1"（每周期 500 元 /4 次）、"安康 2"（每周期 500 元 /4 次）、"护康 1"（每周期 500 元 /4 次）、"护康 2"（每周期 480 元 /4 次）、"护康 3"（每周期 470 元 /4 次）、"护康 4"（每周期 390 元 /4 次）每周上门服务 1 次，每次个人需负担 5 元。2017 年新添加了"清洁服务套餐"（280 元 /4 次）、压疮护理套餐（320 元 /4 次）、体征监测套餐（320 元 /4 次），这三种服务套餐涉及的重度、中度失能人员需分别自付 5 元 / 次、10 元 / 次。此外，已经享受居家上门照护服务的失能人员都可以申请一次无个人负担的"宁康"服务套餐（140 元 / 次）。

第四，在非定点照护机构接受服务的失能失智人员，享受居家失能失智人员照护补助和辅助器具服务，实行年度限额结算办法，重度失能失智人员年度限额为 8000 元，中度失能失智人员年度限额为 6000 元。南通市在国内首先通过社会保险提供辅助器具租赁，为居家失能人员提供照护辅助器具及照护耗材（含住所无障碍功能性改造）服务，通过公开招投标确定这些服务器具和耗材的定点供应商和辅助器具服务公司，由其提供上门送货、安装、售后、回收、消毒和存放等一系列服务。

第五，在机构或居家照护需要上门服务的重度和中度失能人员可以获得义工服务。2018 年 3 月，南通市人社局发布了《关于鼓励义工参与基本照护保险服务的意见（试行）》，明确提出要组织开展义工培训，建立义工积分及待遇兑现激励措施，鼓励义工参与照护服务，补充照护保险服务力量。目前可享受的义工服务包括读书读报、消遣聊天、心理安慰等喘息服务，以及个人卫生清洁和血压、血糖测量等服务内容。

## 四、基本照护保险的管理运行机制

2018年5月，随着国家医保局的挂牌成立，各地医保局先后成立，南通市医保局开始作为照护保险的主管部门（之前由南通市人社局主管），负责照护保险的组织实施。其会同有关部门拟定照护保险基金筹资标准报市政府，制定照护保险实施办法和实施细则，明确照护保险定点服务机构准入与信用等级管理、失能失智社会化评定工作、照护服务标准与评价考核、费用结算管理与待遇享受等，并随经济社会发展和照护保险基金承受能力适时调整、完善。照护保险经办机构负责资金筹集、支付、结算等经办服务与管理工作。目前南通市通过政府购买服务方式引入第三方或探索委托第三方参与经办、政府监督的管理模式，将受理评定、费用审核、结算支付、稽核调查、信息系统建设与维护等经办服务，通过政府招标，委托有资质的商业保险公司参与经办工作。

南通市其他政府部门也积极各司其职，财政部门负责政府专项补助资金财政预算、基金筹集、管理和使用的监督工作，并在基本照护保险制度建立之初，针对信息系统研发建设、运营硬件建设、人才队伍建设等投入启动资金。民政部门、老龄委等负责照护保险与养老服务工作的衔接。卫生健康部门负责医疗机构的管理、规范医疗机构及其医护工作者的照护服务行为，不断提高护理服务质量。南通市总工会、残联、红十字会、慈善总会等部门按照各自职责配合做好照护保险的有关工作。

南通市基本照护保险实施运行过程中，采用政府监督、第三方参与经办的管理模式，以公开招标方式委托中标的商业保险公司，签订协议，提供照护服务申请初审、组织上门现场走访调查评定、评定结果通知、照护补贴发放、居家上门照护服务、现场稽核、争议投诉受理等经办服务。

照护保险经办机构按照《南通市照护保险定点机构诚信服务信用等级管理办法》对定点照护服务机构（包括护理院、照护病区、养老院、居家上门服务公司、辅具服务公司、失能失智预防服务公司、失能失智评定公司等）执行照护保险政策、履行服务协议等情况进行信用记分，根据诚信服务信用等级条件，确定不同信用等级（A级、B级、C级），实行分级分类和动态管理，建立信用档案，定期通过媒体公布定点照护机构的信用等级评定情况，向社会公众提供查询服务。

参保人员申请享受照护保险待遇要向经办机构提出申请，填写《南通市基本照护保险参保人员失能评定申请表》，经办机构及其委托的定点照护服务机构、照护保险服务中心完成对参保人的日常失能评定工作。经过公示，由南通市劳动能力鉴定中心出具南通市基本照护保险参保人员失能评定结论书，符合享受待遇条件的参保人可根据自身条件和需要选择照护保险服务形式。照护保险待遇申请人或代理人对上述失能评定结果有异议的，可以向南通市照护保险联席会议申诉，其负责照护保险失能评定的复评终评、争议认定，并做出最终失能评定结论（见图4-2）。

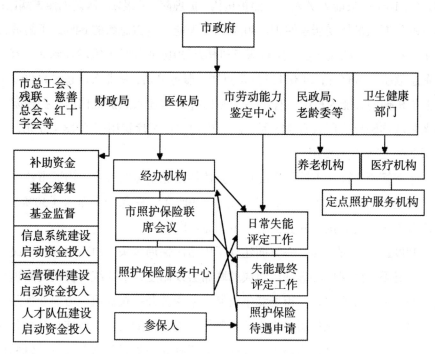

图4-2　南通市基本照护保险的管理运行机制

资料来源：根据南通市基本照护保险文件自行整理绘制。

## 五、基本照护保险的运行情况

2016年，南通市基本照护保险制度实施第一年，共有1877人通过失能评定，享受了基本照护保险待遇。2017年，在总结上一年实践经验的基础上，南通市提高了照护保险待遇，如定点护理院、定点养老机构照护服务的重度失能人员补助分别从 36 元 / 天、25 元 / 天提高到 50 元 / 天、40 元 / 天，同时将中度失能人员纳入享受待遇范围，并将康复器具使用纳入照护服务范围，明显扩大了照护保险的覆盖范围和人群。到 2017 年 6 月末，共有 114 万人参保，其中 3568 名失能人员享受了基本照护保险待遇，居家上门照护服务达 5.1 万人次，基本照护保险基金支出超过 4200 万元，其中南通市本级财政直接投入资金占基金总量的 46.8%，[①] 充分体现了政府的财政兜底作用。截至 2020 年 10 月，南通市基本照护保险覆盖了 700 多万参保人，享受待遇人数达 25 727 人，其中居家照护 21 640 人，入住护理院 3296 人，入住养老院 791 人。16% 的失能人员入住了照护机构、护理院、养老院、医院的照护病区；84% 的失能人员接受居家照护。80 岁以上失能人员占总数的 64%，年龄最大的 108 岁，最小的仅 4 岁；定点服务机构从 2016 年初的 6 家增加到 254 家，投资总额超 23.6 亿元；现有 157 家定点居家服务公司，从业人员超过 8000 人；在照护机构的失能人员中，有 19% 是从医疗机构迁入照护机构的，护理院、养老院次均医疗费用只有 745 元，医疗机构次均医疗费用高达 18 436 元，节约了 2.69 亿元医药费用。[②]

缴费筹资方面，不同于青岛市主要依赖医保基金的方式，南通市建立了以政府财政补贴（40%）、参保人缴费（30%）、医保统筹基金（30%）三方缴费为主，同时接受社会捐赠的多元筹资模式。

制度运行管理方面，一方面建立了由市医保局牵头，由市财政局、民政局、卫健委、医保中心等部门组成的联席会议制度，形成统筹协调的管理运行机制；另一方面引入了市场竞争机制，采用公开招投标第三方商业保险公司参与经办、定点照护服务机构信用等级管理、失能失智工作实行社会化评定等实践做法。此外，南通市积极鼓励义工补充照护保险服务力量，既弘扬了我国传统助人为乐的美德，又创新了照护服务方式。

---

① 新华社. 江苏南通覆盖全社会基本照护保险制度效应显著. [2017-07-19]. http://news.xin-huanet.com/2017/07/19/c_1121347122.htm.

② 中国日报网. 南通："破题"长期照护保险制度 五年练成"南通模式". [2020-10-10]. https://js.chinadaily.com.cn/a/202010/10/WS5f818ebda3101e7ce97287ef.html?from=timeline&isappinstalled=0.

### 六、南通市基本照护保险制度评析

南通市是我国首个将长期护理保险作为独立的"第六种"社会保险的城市，经过多年的实践运行，基本形成了"以居家照护服务为主，机构护理为辅；以生活照料为主，医疗护理为辅；专业照护公司上门服务、照护津贴、辅助器具服务三位一体"的照护保险模式，并且相关配套制度建设日趋完善。但在制度运行过程中也暴露出了一些问题。

其一，基本照护保险的资金主要依赖政府财政投入和医疗保险基金划拨。其中南通市本级财政直接投入占比高达 46.8%，对于参保职工医疗保险的个人，每年从其医疗账户中一次性划转 30 元，医保统筹基金每年年初分别根据人数从职工医保和居民医保统筹基金中筹集。随着制度推进和老龄化深化，需要长期照护保险给付的失能者规模将迅速扩大，在一定程度上会给政府带来财政压力，加之医疗费用的快速上涨，将给医疗保险基金带来较大压力。

其二，基本照护保险支付比例相对较低。南通市基本照护保险现有待遇支付政策虽然未设置起付线标准，但是医疗机构和养老机构照护服务支付比例最高分别是 60% 和 50%，居家照护服务支付限额为 1200 元 / 月，与青岛市居家和机构照护服务分别报销 96% 和 90% 相比，报销比例有待进一步提高。

因此，南通市基本照护保险制度尚需不断发展和完善，拓宽基金筹资渠道，同时提高照护保险基金的支付报销比例，充分发挥制度的保障功能。

## 第三节　广州市长期护理保险制度

广州市从 1992 年就进入了老龄化社会阶段，2000 年末 60 岁以上老年人口约有 86 万人，占全市总人口的 12%，人口老龄化发展趋势十分严峻。近年来，随着老年人口的比重增加，家庭和子女的经济负担渐重，养老能力减弱，致使老年人对社会化养老服务的需求陡增。作为我国省会城市中的超一线城市，广州具有经济发展水平高、养老服务基础条件完善等特点，分析梳理其相关长期护理保险的实践做法对同类型城市和地区未来制定相关政策具有借鉴意义。

## 一、长期护理保险的法律政策

为了弘扬我国传统的敬老、养老、助老美德，2001年10月广州市开始实施《广州市老年人优待办法》，其中第9条规定："市内各医疗机构，应当专设老年人服务窗口，对持优待证的老年人免收普通门诊挂号费。有条件的医院应当设置老年人家庭病床。"第15条规定："100周岁以上的老年人凭优待证，由其户籍所在地的区、县级市人民政府每月发给不少于200元的长寿保健金。"

随着我国迈入老龄化社会阶段，结合国家发布的《中共中央、国务院关于加强老龄工作的决定》（中发〔2000〕13号）等一系列建立健全社区老年服务体系的有关政策，以及落实中华人民共和国民政部《关于印发〈"社区老年福利服务星光计划"实施方案〉的通知》（民发〔2001〕145号）的要求，广州市人民政府在2001年11月发布了《广州市"社区老年福利服务星光计划"实施意见》，提出了要以福利金为资助，在城市社区居委会和街道新建、扩建和改建老人服务中心，农村的每个镇敬老院要达到省一级敬老院标准，逐步覆盖住养（街道中心设立适当的收养床位、居委会一般不单独设立收养床位）、入户服务（如家务整理、生活照料、送餐服务、陪护服务）、紧急援助、日间照料、保健康复、文体娱乐（如健身房、阅览室、棋艺室、歌舞厅、书画室）等多种服务项目，并适当兼顾服务残疾人和孤残儿童。截至2004年，广州市共筹集社会福利资金1.2亿元，立项资助了1023个社会福利公益事业项目，共投入3.36亿元用于实施"社区老年福利服务星光计划"，建成近1000个"星光老年之家"，极大地满足了老年人的养老和保健休闲需求，受到广大老年人的喜爱。此外，全市敬老院、养老院、托老院、老年人公寓、社会福利院、老年护理院等各类社会福利机构达到182间，总床位达17 000多张，为福利社会化提供了基本条件。[1]

2005年广州市民政局印发了《关于推进我市、社区居家养老服务工作的意见》（穗民〔2005〕84号），在越秀区等5个区、17条街道开展社区居家养老服务试点工作，随着2006年和2007年全市试点工作全面铺开，取得了一定成效，2008年广州市民政局、财政局、卫生局、劳动和社会保障局联合发布了《广州市社区居家养老服务实施办法》，规定60周岁及以上的老年

---

[1] 广州市人民政府网站. http://www.gz.gov.cn/zlgz/wlzx/content/post_2835306.html。

人是社区居家养老服务的对象，他们可享受的养老服务内容包括生活照料、家政服务、心理辅导等。供给方面，分为政府购买服务和自费购买服务两种类型，其中政府购买服务对象是广州市户籍且在本市居住的无劳动能力、无生活来源、无法定赡养人（扶养人）或者法定赡养人（扶养人）无赡养、扶养能力的，每月享受300元服务。对于最低生活保障家庭、低收入困难家庭、重点优抚对象中生活不能自理的，曾获市级以上劳动模范荣誉称号且生活不能自理的及80岁以上独居或者仅与重度残疾子女共同居住的，可以享受每月200元服务。对于最低生活保障家庭、低收入困难家庭、重点优抚对象中独居或者仅与重度残疾子女共同居住的、100周岁及以上的，可以享受每月100元服务。

2010年广州市退休职工管理委员会发布了《关于广州市社会化管理特殊人员参加居家养老有关问题的通知》（穗退管字〔2010〕1号），规定采用定服务员、定服务对象、定服务时间、定服务地点、定服务项目，即"五定"服务方式，为具有本市城镇居民户籍、养老保险和医疗保险关系在本市、已被纳入本市社会化管理、缴纳安置费而本人未入住养老院且愿意参加社区居家养老服务的特殊人员，以及社会申办退休的孤寡人员、1～4级精神病患者、1～4级伤残人员和移交社区管理后的新增特殊人员（指移交后变为孤寡，以及移交后因遭遇重大意外致1～4级伤残和患1～4级精神病的特殊退休人员）提供民政部门规定的生活照料、家政服务等居家服务项目。同时划分了三类服务等级：第一类是80岁及以上高龄的特殊人员和因身体有病生活自理困难的特殊人员，可享受政府免费服务的资助标准，每月可享受折合300元的服务时间；第二类是80岁以下的只需要某项服务的特殊人员，可享受政府补贴服务的资助标准，每月可享受折合100～200元的服务时间；第三类是社会申办退休特殊人员及移交社区管理后新增特殊人员，原则上按不超过每人100元/月的标准为其提供居家养老服务。

2012年，广东省率先在全国建立了残疾人生活津贴制度和重度残疾人护理补贴制度，其中残疾人生活津贴发放对象是具有广东省户籍且持有残疾人证并被纳入最低生活保障对象范围的各类残疾人，按每年100元/人标准执行；重度残疾人护理补贴发放对象是具有广东省户籍且持有残疾人证的一、二级重度残疾人，补贴标准按每年600元/人执行。这两项制度所涉及的资金筹集都由广州市、区（县）两级财政共同承担。

2014年广州市民政局印发了《广州市公办养老机构入住评估轮候试行办法》（穗民〔2014〕4号），这是全国首个颁布实施的公办养老机构入住评估轮候办法，该办法要求按照优先次序设置特殊保障通道、优先轮候通道和普通轮候通道三类。在公办养老床位紧缺的情况下，优先保障困难老人群体的需要，公办养老机构必须优先为"三无"（无劳动能力、无生活来源、无赡养人和扶养人或者其赡养人和扶养人确无赡养和扶养能力）老人、低保老人、低收入家庭老人、经济困难老人提供无偿或低收费的供养、护理服务，发挥托底作用。

2016年，随着我国人力资源和社会保障部将广州市纳入长期护理保险制度首批试点城市范围内，2017年广州市发布了《广州市长期护理保险试行办法》，规定试点阶段参保人群覆盖本市职工社会医疗保险参保人员，通过长期护理保险协议定点机构申请长期护理评估。服务内容包括基本生活照料和医疗护理待遇两种，其中参保人员日常生活活动能力评分（Barthel指数评定量表）不高于40分（含40分）；经本市二级以上（含二级）社会医疗保险定点医疗机构中的精神专科医院或综合性医院神经内科诊断为阿尔茨海默病（中、重度），且参保人员日常生活活动能力评分不高于60分（含60分）可申请享受基本生活照料待遇。医疗护理待遇则根据参保人员病情需要进行申请评估及给付。

作为配套落实政策，2018年广州市发布了《广州市深入组织实施老年人照顾服务项目工作方案》，旨在全面建立针对经济困难高龄、失能老年人的补贴制度，与长期护理保险试点制度做好衔接，该方案覆盖了居家养老服务、老年人家庭及公共设施无障碍改造、老年人护理技能培训、独生子女护理假等家庭养老支持政策等诸多内容。同年，广州市人力资源和社会保障局印发了《在社区建设护理站的实施方案》，推进医疗护理服务延伸至社区、家庭，由区级卫生计生行政部门审批建立社区护理站，形成以护士为核心的各类护理人员组成的团队，为社区长期卧床老人、残疾人、临终患者和其他有护理需求者提供基础护理、专科护理、临终护理、社区康复指导等服务内容。

2019年根据国家卫健委开展的"互联网＋护理服务"试点工作要求，广东省作为首批6个试点省份之一，确定了包括广州市在内的9个本省试点城市，广州市 49 家医疗机构参与试点，通过"线上申请、线下服务"模式，为出院患者或行动不便的特殊人群提供护理服务。

2019 年 4 月 1 日广州市开始实施《关于印发广州市高龄重度失能老年人照护商业保险实施方案（试行）的通知》（穗民规字〔2019〕号）[①]，采用风险共担的商业保险模式，通过公开招投标方式向商业保险公司购买服务，为广州市城乡 80 周岁及以上因年老、疾病、伤残等原因导致重度失能的高龄老年人提供基本生活照料、与基本生活密切相关的医疗护理服务。同年，修订了《广州市长期护理保险试行办法》。

2021 年 1 月 1 日新修订实施的《广州市长期护理保险试行办法》（穗医保规字〔2020〕10 号）在原长期护理保险已覆盖全体职工医保人群的基础上，新增将 18 周岁及以上的城乡居民医保参保人员纳入覆盖范围，提升了政策的普惠性。

## 二、长期护理保险基金的缴费筹资

广州市关于失能老年人的护理服务体系包括长期护理保险试点制度和试行的商业保险制度两大有机构成部分。

### （一）长期护理保险基金

按照划拨来源可分为职工长期护理保险基金和居民长期护理保险基金，其收入包括划转收入、财政补助收入、利息收入和其他收入，支出包括生活照料及医疗护理服务支出、鉴定评估支出、设备使用支出和其他支出。当职工长期护理保险基金、居民长期护理保险基金入不敷出时，分别由职工医保基金、城乡居民医保基金承担。

一是筹资来源。一方面，职工长期护理保险基金来自职工参保人员单位缴费和个人缴费筹资，其缴费基数是当年度职工医保缴费基数，其中退休人员缴费基数按照失业人员、灵活就业人员、退休延缴人员标准，为上年度本市在岗职工月平均工资的 60%。缴费率方面，关于职工所在单位缴费率，在职参保人员、失业人员、灵活就业人员、退休延缴人员、退休人员均为 0.05%，由医保经办机构从职工医保统筹基金按月划转；个人缴费由医保经办机构从其职工医保个人账户按月代扣代缴，其中未满 35 周岁参保人员个人不缴费，

---

① 该试行方案有效期至 2022 年 3 月 1 日。

满 35 周岁至未满 45 周岁参保人员缴费率为 0.02%，满 45 周岁至退休前参保人员、退休延缴人员为 0.08%，享受职工医保退休待遇参保人员为 0.12%。另一方面，居民长期护理保险基金来自居民参保人个人缴费和财政补助筹资，个人缴费和财政补助由医保经办机构分别从城乡居民医保基金个人缴费和财政补助部分中按年度划转，其缴费基数是当年度城乡居民医保缴费基数，年缴费费率标准如下：年满 18 周岁的在校学生个人缴费和财政补助各为 0.03%，年满 18 周岁的其他城乡居民的个人缴费和财政补助各为 0.12%。

二是基金管理。广州市长期护理保险基金被纳入本市财政社会保险基金财政专户，实行收支两条线管理，设立明细科目单独核算，专款专用。基金财务管理按照《财政部、人力资源社会保障部、国家卫生计生委关于印发〈社会保险基金财务制度〉的通知》（财社〔2017〕144 号）和《财政部关于印发〈社会保险基金会计制度〉的通知》（财会〔2017〕28 号）执行，分别在职工医保、城乡居民医保其他支出科目中据实核算。

### （二）高龄重度失能老年人照护商业保险

2019 年 4 月实施的高龄照护商业保险将参加本市城乡居民医疗保险的本市户籍 80 周岁以上重度失能老人全部纳入，填补了 2017 年广州市长期照护保险试点未覆盖城乡居民医保参保人员的空白，实现了本市户籍 80 周岁及以上参加医疗保险的重度失能人员照护保险全覆盖。按照规定，高龄重度失能老年人照护商业保险所需资金由广州市及各区财政按现行市对区的财政体制承担，具体经办运营成本及其结果由商业保险公司承担。当高龄重度失能老年人实际赔付率（不含管理、场地、人力等运营成本，下同）低于 85% 时，直接抵扣第二年费用；实际赔付率超过 100% 且低于或等于 105% 部分，由商业保险公司自行负担；超过 105% 部分，由政府财政和商业保险公司按 1∶1 比例负担。

### 三、长期护理保险的给付条件及待遇

广州市长期护理保险、高龄重度失能老年人商业照护保险的待遇水平与参保人是否为职工或居民身份及失能等级挂钩。广州市医疗保障部门负责制定长期护理保险评估办法，规定参保人以其享受职工医保待遇或居民医保待

遇的险种身份享受对应的长期护理保险待遇。

## （一）给付条件、内容及项目

广州市长期护理保险基金给付的对象包括三类人员：第一类是长期失能人员，是指因年老、疾病、伤残等原因，生活不能自理已达或预期将达 6 个月以上，病情基本稳定，经失能评估为长期护理等级 1～3 级的人员；第二类是延续护理人员，是指年满 60 周岁，在本市医保定点医疗机构因规定的病种住院治疗后病情稳定，经延续护理评估出院后有医疗护理需求的其他失能人员；第三类是设备使用人员，即未入住护理服务机构，经设备使用评估后需使用规定设备的长期失能人员及延续护理人员。其中第一类长期失能人员和第二类延续护理人员可从定点护理服务机构获得机构护理和居家护理两种服务形式。

目前广州市机构护理可提供全日制生活照料服务和医疗护理服务；居家护理以居家建床形式提供生活照料服务和医疗护理服务，其中居家护理生活照料服务按照护理等级不同分为 A、B、C 三种不同类型（见表4-4）。

表4-4　广州市居家护理生活照料服务类型

| 服务类型 | 给付条件 | 护理等级 | 上门服务频次 | 服务时长 | 参保人身份 |
|---|---|---|---|---|---|
| A 类护理 | 失能、延期护理人员 | 3 级 | 每日上门 | — | 职工 / 居民医保 |
| B 类护理 | 失能人员 | 2 级 | ≥ 12 次 / 月 | 28 小时 / 月 | 职工医保 |
| | | | ≥ 6 次 / 月 | 14 小时 / 月 | 居民医保 |
| C 类护理 | 失能人员 | 1 级 | ≥ 4 次 / 月 | 8 小时 / 月 | 职工医保 |
| | | | ≥ 2 次 / 月 | 5 小时 / 月 | 居民医保 |

资料来源：根据《广州市长期护理保险试行办法》2021 年 1 月 1 日实施的内容自行整理。

广州市长期护理保险给付护理服务项目包括生活照料服务、医疗护理服务和设备使用服务三大类（见表4-5）。生活照料服务项目包括基本生活照料服务和专项护理服务两大类，其中基本生活照料服务项目可分为基础照料和按需照料。

表4-5　广州市长期护理保险服务项目

| 项目分类 | 项目内容 | 护理等级 |
|---|---|---|
| **生活照料服务** | | |
| （1）专项护理服务 | 吞咽障碍、肢体功能障碍、造瘘、认知障碍（失智症）四大项护理 | 长期护理等级2级、3级 |
| （2）基本生活照料 | | |
| ①基础照料 | 环境与安全、生活护理、心理慰藉 | |
| ②按需照料 | 卧位护理、排泄护理等五大项目 | |
| **医疗护理服务** | 家庭巡诊、运动疗法等34个项目 | 无要求 |
| **设备使用服务** | 一级项目：移动辅助器具、个人护理和防护服务产品、个人医疗辅助器具<br>二级项目：轮椅、床具、床垫、瘫痪康复仪器 | |

资料来源：根据广州市长期护理保险生活照料项目表、医疗护理项目表和设备使用服务项目表自行整理获得。

## （二）待遇及支付标准

广州市长期护理保险基金支付的费用包括三部分：一是长期护理保险评估费用；二是定点护理服务机构的床位费；三是长期护理保险服务项目内的生活照料费及其相关的医疗护理费、设备使用费。长期护理保险待遇的支付标准与参保人的长期护理保险评估状况、护理等级、参保人身份等因素有关。总体而言，职工医保参保人享受的上述三项保险待遇支付标准较城乡居民医保参保人高。目前长期护理保险待遇采用的支付方式是"比例＋限额"支付（见表4-6）。

表4-6　广州市长期护理保险待遇及其支付标准

| 保险待遇内容 | 职工医保 | | 居民医保 | | 护理类型 |
|---|---|---|---|---|---|
| | 限额 | 比例 | 限额 | 比例 | |
| **生活照料** | | | | | |
| ①机构护理（每天：元/人） | 120 | 75% | 60 | 70% | 长期护理3级失能人员、延续护理人员 |
| 其中，床位费 | ≤35 | | — | | |
| ②居家A类（每天：元/人） | 105 | 90% | 50 | 85% | |
| **医疗护理（每月：元/人）** | ≤1000 | | ≤500 | | |
| 其中，耗材费 | ≤300 | | ≤200 | | |
| **设备使用（每月：元/人）** | 300 | 90% | 200 | 90% | |

续表

| 保险待遇内容 | 职工医保 | | 居民医保 | | 护理类型 |
|---|---|---|---|---|---|
| | 限额 | 比例 | 限额 | 比例 | |
| **生活照料** | | | | | 长期护理等级 2 级失能人员 |
| ①机构护理（每天：元/人/天） | 30 | 75% | 15 | 70% | |
| ②居家 B 类（每月：元/人） | 900 | 90% | 450 | 85% | |
| **医疗护理（每月：元/人）** | ≤ 500 | | ≤ 250 | | |
| 其中，耗材费 | ≤ 200 | | ≤ 100 | | |
| **设备使用（每月：元/人）** | 200 | 85% | 150 | 85% | |
| **生活照料** | | | | | 长期护理等级 1 级失能人员 |
| ①机构护理（每月：元/人） | 300 | 75% | 200 | 70% | |
| ②居家 C 类（每月：元/人） | 300 | 90% | 200 | 85%% | |
| **设备使用（每月：元/人）** | 100 | 80% | 100 | 80% | |
| **长期护理保险评估费用** | | | | | |
| 失能评估费用（每次：元/人） | 200 | 100% | 200 | 100% | 评估为长期护理等级 2～3 级 |
| | 200 | 50% | 200 | 50% | 评估为长期护理等级 1 级 |
| | 0 | 0 | 0 | 0 | 评估为其他情形 |
| 延续护理评估费用（每次：元/人） | 100 | 100% | 100 | 100% | 符合待遇享受条件 |
| | 0 | 0 | 0 | 0 | 不符合待遇享受条件 |

资料来源：根据《广州市长期护理保险试行办法》2021 年 1 月 1 日实施的内容自行整理。

注：①居家 B 类和 C 类护理发生的生活照料费用一个有效期内享受待遇时间均不超过 12 个月。②医疗护理费用按机构护理和居家护理分别给予职工参保人 75% 和 90% 比例支付，居民参保人分别按 70% 和 85% 的比例支付。③失能评估为其他情形的，参保人申请复评，复评结论与初评结论一致的，复评费用由申请人按 100% 的比例承担；结论不一致的，长期护理保险基金及申请人不予支付初评费用，按规定支付复评费用。④延续护理评估不符合享受长护险待遇条件的，其护理保险基金及申请人不予支付延续护理评估费用。

## 四、长期护理保险的管理运行机制

2017 年 7 月 31 日实施的《广州市长期护理保险试行办法》规定：广州市人力资源和社会保障行政部门负责组织实施长期护理保险，广州市医疗保险经办机构负责本市长期护理保险的经办服务和管理工作，广州市劳动能力鉴定委员会负责本办法涉及的长期护理需求的鉴定评估，委托市劳动能力鉴定经办机构具体组织办理长期护理需求评估业务工作及相关事务。但随着我国政府机构改革，2021 年 1 月 1 日实施的修订版《广州市长期护理保险试行办法》规定：广州市医疗保障局主管长期护理保险工作，负责政策制定、组织管理、经办管理及监督政策实施情况。广州市医疗保险经办机构负责长期护理保险定点机构（包括定点护理服务机构、定点设备服务机构两类）及长期护理保险评估的管理经办工作，履行相应的经办管理职责，招标确定失能评估机构并签订合同，建立并维护本市统一的失能评估人员库，同时可以通过招标采购方式委托商业保险公司等第三方机构协助开展长期护理保险经办管理工作。广州市财政局负责将长期护理保险基金纳入社会保险基金财政专户管理及其日常财务核算工作。广州市民政局负责定点机构中养老机构及其护理员资质、康复器具社区租赁服务相关评估适配服务工作等制定政策并实施管理及工作指引办法。类似地，广州市卫健委等部门对定点机构中的医疗服务机构及其医护人员同样按照职能加以管理。

广州市医保经办机构和医保局按照《广州市长期护理保险协议定点服务机构及评估管理办法》对长期护理保险定点机构和失能评估机构申请资料予以受理、核查及评估，符合条件的签订长期护理保险定点机构服务协议或失能评估机构合同，对其履行协议和合同情况进行日常管理监督。同时，建立服务质量评价、准入和退出机制，对长期护理保险定点机构违反服务协议等情况按照协议处理，直至解除协议；针对失能评估机构、参保人员以欺诈和伪造等手段通过失能评估的，由医保局责令退回基金损失，并追究涉事机构及人员的责任，构成犯罪的，依法追究刑事责任。关于广州市长期护理保险定点机构资质的主要要求见表4-7。

表4-7　广州市长期护理保险定点机构资质主要要求

| 一、定点机构一般性主要要求 | 公立、民营均可 |
| | 财务、业务、信息、档案管理制度健全 |
| | 2年固定服务场所使用权或租赁合同剩余有效期为2年以上 |
| | 与员工签订劳动合同或劳务协议，缴纳社保 |
| | 违法违规行为回溯2年 |
| 二、护理服务机构额外性要求 | |
| 1. 机构资质 | 《养老机构设立许可证》或民政部备案养老机构；《医疗机构职业许可证》；有编制住院床位的医保定点医疗机构；民政部和市场监管部门登记业务或经营范围的机构 |
| 2. 员工资质 | 从业经验3个月及以上且服务案例不少于15例，其中护理服务人员具有医师、康复治疗师或护士从业资格等 |

| | |
|---|---|
| 3.居家护理服务机构员工资质 | 医护≥3人，专职护理院≥2人，质控管理员≥1人 |
| 4.医疗护理服务机构资质 | 具有医疗服务资质或与医疗机构签订医疗合作协议，配备执业医师或执业护士，设置长期护理保险服务专区 |
| 5.设备服务机构资质 | 提供康复辅助器具租赁服务；场内内部服务区域≥25m²，仓储面积≥10m²；具有康复治疗师从业资格的专职人员≥1人等 |
| 三、失能评估机构资质要求 | |
| 1.在院评估 | 住院定点医疗机构；主诊医师（副主任医师及以上职称）和护师（主管护师及以上职称） |
| 2.家床评估 | 家庭病床巡诊医生 |
| 四、失能评估人员资质要求 | |
| 1.失能评估员 | 临床医学、护理、康复、精神心理等专业背景及2年以上工作经验，参加培训等 |
| 2.失能评估专家 | 具有临床医学、护理、康复、精神心理等中级及以上职称 |

资料来源：根据广州医保局《关于开展长期护理保险试点工作的补充通知》和《广州市长期护理保险协议定点服务机构及评估管理办法》整理得到。

参保人员要申请享受广州市长期护理保险待遇，必须进行长期护理保险评估，包括失能评估、延续护理评估和设备使用评估。此外，按照《关于开展长期护理保险试点工作的补充通知》（穗医保发〔2020〕20号），在广州市医保定点医疗机构住院治疗，或在社区卫生服务机构等基层定点医疗机构进行家庭病床建床治疗，年龄在60周岁及以上的参保人，符合规定病种条件或符合长期护理保险医疗护理服务项目条件的，可在选定本市长期护理服务机构并达成服务意向后，向所在定点医疗机构提出评估申请，完成在院评估和家床评估流程后可获得1～3个月的长期护理保险待遇。

## 五、长期护理保险制度的运行情况

广州市自2017年8月试点实施长期护理保险制度以来，历经数年发展，经历了两次修订，将保障人群从最初的职工社会医疗保险参保人员扩大到18周岁及以上城乡居民医保参保人员，将失能保障范围从重度失能人员扩增至全体有护理需求的失能人员，并新增了设备使用待遇等内容。2018年底，其覆盖了全市752万名职工医保参保人，累计5780人享受了保险待遇，其中机构护理 4171 人，居家护理 1609 人，基金累计支付了 10 032.2 万元，人均支付 2334.9 元 / 月，总体支付率为 70.6%。[①] 截至 2020 年年中，广州市享受长期护理保险待遇的人数约为 1.52 万人，其中机构护理 5945 人，居家护理 9291 人，基金累计支付 5.06 亿元，人均支付 2608.94 元 / 月，基金支付率为 83.23%。[②]

2019 年广州市正式实施的高龄照护商业保险也稳步推进，截至 2020 年 8 月底，享受待遇人数高达 5162 人，平均年龄 87 岁，机构累计服务老年人 46.21 万人次，其中基本生活照料服务 39.95 万人次，医疗护理服务 6.26 万人次；累计拨付高龄照护险金额 1261.2 万元，其中机构护理报销金额 284.83 万元，居家护理报销金额 976.37 万元，人均 487.29 元 / 月，商业保险平均支付比例为 80.97%。[③] 高龄照护商业保险切实发挥了减轻了老年人家庭经济负担的积极作用，这一政策实施的受益人满意度达到 94.92%。

广州市长期护理保险协议定点机构初期只有 29 家，截至 2020 年 8 月底增长到 187 家，服务范围覆盖了全市各区，其中养老院 111 家、医疗机构 41 家、社区居家养老服务机构 9 家、家庭服务机构 26 家。此外，高龄照护商业保险协议定点服务机构共有 217 家，每个行政区至少有 4 家协议定点服务机构。[④]

## 六、广州市长期护理保险制度评析

其一，广州市在试行长期护理保险制度的同时，实施了针对 80 周岁以上重度失能老年人的高龄照护商业保险制度，弥补了前期长期护理保险试点尚未将城乡居民纳入保障人群范围的不足，专门为城乡居民中高龄重度失能老年人出台落实了高龄重度失能老年人照护商业保险实施方案等政策，开创了我国长期护理保险制度采用社会保险和商业保险两者相混合的发展模式。但高龄照护商业保险制度在服务对象、照护项目和支付比例等方面都与 2021 年新修订的《广州市长期护理保险试行办法》内容多有重叠之处，如何实现两大制度之间的衔接，既兼顾高龄失能人员的照护需求，又避免护理资源的重复使用和滥用，是未来制度融合统一面临的较大挑战。

① 王小波. 中国保险报网，2019 年 1 月 30 日。

② 广州市人民政府网站. http://www.gz.gov.cn/zwfw/zxfw/sbfw/content/post_6518734.html。

③ 广州市人民政府网站. http://www.gz.gov.cn/zwgk/cssj/content/post_6545465.html。

④ 广州市人民政府网站. http://www.gz.gov.cn/zwfw/zxfw/sbfw/content/post_6518734.html。

其二，广州市开启了利用商业保险公司分摊成本的先河。广州市利用购买服务方式，通过公开招投标向商业保险机构采购经办管理服务，广州市民政局作为管理机构负责对商业保险公司的服务质量进行监督管理；中标的两家商业保险机构（中国人民财产保险股份有限公司广东省分公司、中国太平洋保险股份有限公司广东分公司）作为经办机构负责具体经办工作，承担运营成本及运营结果，并按照合同约定承担风险。高龄老年人照护商业保险设定最低赔付率，实际赔付率低于最低赔付率部分，直接转入第二年费用。实际赔付率（不含管理、场地、人力等运营成本）超过 100% 且低于或等于一定比例的部分，由商业保险公司自行负担；超过一定比例的部分，由政府财政和商业保险公司按比例负担，实现了风险共担。

# 第四节　上饶市长期护理保险制度

江西省上饶市作为中西部地区的代表，是 2016 年确定的长期护理保险制度首批 15 个试点城市之一。从 2016 年启动试点以来，上饶市长期护理保险制度就采取了政府购买公共服务、向商业保险公司购买并定制护理服务及护理产品的发展方式，借助商业保险公司在风险管理、精算、产品等多方面的优势为失能人员提供了专业优质服务。

## 一、长期护理保险的法律政策

2010 年上饶市 65 岁及以上人口为 48.49 万人，占总人口的 7.37%，至 2015 年达到 62.85 万人，比例为 9.36%，老年人口的快速增长使得社会保障面临较大压力，急剧增加的空巢、失能老年人对社会养老服务保障体系提出了更高要求。为此，上饶市在 2013 年发布的《上饶市老龄事业发展"十二五"规划》文件中明确提出，要建立健全以居家为基础、社区为依托、机构为支撑的社会养老服务体系，实现城市社区养老服务全覆盖、高龄老年人生活补贴全覆盖等工作目标和任务。

为了到 2020 年实现上饶市发展养老服务业的总体目标——"全面建成以居家为基础、社区为依托、机构为支撑，功能完善、规模适度、覆盖城乡的养老服务体系，养老保障制度更加完善、养老服务水平明显提高、养老产业规模显著扩大、发展环境不断优化，确保基本养老服务人人享有，多样性的需求基本得到满足，养老服务业持续健康发展"[①]，上饶市在 2014 年发布的《关于加快发展养老服务业的实施意见》（饶府发〔2014〕28 号）中提出了七大配套政策。一是土地供应政策，规定以市、县（市、区）为单位，总体上按照到 2020 年养老床位占老年人口总数 5% 的要求和养老机构床位年增长 10% 的基数规划养老机构设置，预留和落实年度建设用地指标。各地要谋划新建 500 张以上床位的养老服务设施项目。这些养老服务设施供地方式可采取划拨、协议出让（租赁）土地手续等多种方式保障养老服务设施用地需求。二是税收优惠政策，对各类非营利性养老机构自用房产、土地免征房产税、城镇土地使用税，对非营利性养老机构免收行政事业性收费和政府性基金，将其水、电、气等实施与居民用户同价收取等。三是贷款融资与财政支持政策，市县两级分别将福彩公益金的 60% 以上资金用于支持发展养老服务业，采用财政贴息、小额贷款等方式为养老服务企业及其建设项目提供信贷支持，探索政府和社会资本合作建设养老机构模式等。四是给予民办养老机构和城乡居家养老服务中心奖补政策，实施床位建设补助、床位运营补贴、养老护理员培训补贴制度等措施，如对租赁用房且租用期 5 年以上、兴办 30 张床位以上且运营满 1 年的非营利性养老机构，同级财政按核定床位每张补助 750 元，最高补助 37.5 万元。五是实施"医养融合"政策。六是实施老人福利政策，建立城镇"三无"、农村"五保"、城乡低保对象和重点优抚对象供养（抚恤）标准自然增长机制和 80 岁以上高龄老人津贴制度全覆盖。七是实施风险防范政策，要在坚持政府支持、机构投保、保险公司运作的原则上，鼓励支持养老机构投保综合责任保险，保险机构承保综合责任保险，降低养老机构运营风险。同时建立养老机构、居家养老服务中心（站）律师指导机制，依法防范和处理权益纠纷。

2016 年被纳入国家长期护理保险制度首批试点城市后，上饶市于同年年底印发了《上饶市关于开展长期护理保险试点工作实施方案》（饶府厅字〔2016〕122 号），旨在探索建立长期护理保险制度，即建立以政府补助、个人和单位缴费，以及社会互助共济方式相结合的多渠道筹资方式，为长期

---

[①]《上饶市人民政府关于加快发展养老服务业的实施意见》，2014 年 12 月 15 日。

失能人员的基本生活照料和与基本生活密切相关的医疗护理提供资金或服务保障的社会保险制度。该文件规定了 2016 年确定上饶市本级、信州区、广丰区、德兴市、弋阳县、万年县和玉山县等地开启城镇职工长期护理保险试点，2017 年争取将保障人群扩大到全市城镇职工，保障范围包括参保人员因年老、失智、疾病、伤残导致生活不能自理、经过不少于 6 个月的治疗、需要长期护理的重度失能人员。之后发布了一系列配套文件，如 2017 年 7 月 1日起实施的《上饶市长期护理保险制度试点经办规程（试行）》（饶人社字〔2017〕162 号），专门针对全市医疗保险局（即经办机构）、商业保险公司（承办机构）、护理服务机构、参保企业及人员在参保缴费、失能人员鉴定和管理、护理服务需求申请和管理、护理服务机构管理、经办监督管理等方面做了详细规范。2019 年 5 月《关于推进上饶市护理工作的实施意见》（饶府办发〔2019〕13 号），明确提出要在现有医学院校增设老年护理、康复护理等紧缺专业，扩大护理人才培养规模，保障护士人力配备，通过提高护士工资待遇水平和职业荣誉感、安全感等方式营造良好的护理发展环境，为应对人口老龄化引致的护理需求急速增长提供有效的护理服务供给队伍。

上饶市长期护理保险在试点两年后就实现了全市城镇职工医保参保人员全覆盖，为了实现城乡居民与城镇职工同样享有长期护理保险待遇，2019年 1 月 1 日实施了《全面开展长期护理保险制度试点实施方案》（饶府字〔2019〕33 号），将参加城镇职工医保和城乡居民医保的参保人员均纳入保障对象范围，保障范围与 2016 年试点之初方案保持一致，遵循以人为本、保基本、政府主导、各主体分担责任、城乡统筹协调发展的原则，在城乡全面铺开长期护理保险试点工作。

## 二、长期护理保险的缴费筹资

2016 年试点以来，上饶市将长期护理保险制度建成与医疗保险相对独立、相互衔接的新的社会保险险种，实施独立管理，由市财政局设立长期护理保险基金专户，市医保经办机构设立长期护理保险基金收支账户。目前长期护理保险基金的筹资按年度缴费，主要来源包括医保统筹基金划转、单位缴费、财政补助、个人缴费等。

一是医保统筹基金划转。这部分是由政府财政按照长期护理保险应保人数从历年城镇职工和城乡居民基本医保统筹基金结余金额中划转，不足部分从当年征缴总额中划转。

二是用人单位缴纳、财政补助。城镇职工单位缴费由用人单位缴纳，涉及财政供给的机关事业单位、关闭破产改制及困难企业单位缴费由同级财政统筹安排财政补助；城乡居民缴费财政补助部分由同级财政统筹。①

三是个人缴费。城镇职工参保人统一从医保个人账户代扣代缴，不足部分由参保人员自费缴纳；城乡居民个人缴费统一从基本医保家庭账户中代扣代缴或从城乡居民个人缴费部分建立门诊统筹时划转。

上饶市长期护理保险基金采用按照人均可支配收入一定比例的方式确定基金筹资标准，2017 年和 2018 年为每年 100 元/人，缴费按照资金筹集渠道分类征缴：第一类是财政供给的机关事业单位、关闭破产改制及困难企业单位的城镇职工参保人。个人每年缴纳 40 元/人，由医保个人账户代扣代缴，如个人账户资金不足或无个人账户的，参保人自行缴纳；城镇职工医保统筹基金每年划转 30 元/人；财政补助每年 30 元/人。第二类是非当地财政供给单位的参保人员。个人缴纳和医保统筹基金划转同上述第一条的缴费办法，用人单位向经办机构按照每年 30 元/人的标准缴纳。第三类是无用人单位的参保人员。个人每年缴纳 70 元/人，缴纳办法是经办机构从基本医疗保险个人账户中代扣代缴，如个人账户不足或无个人账户的，参保人自行缴纳；医保基金划转同上述第一类和第二类。

2019 年实施《全面开展长期护理保险制度试点实施方案》后，城镇职工和城乡居民长期护理保险的筹资标准是每年 90 元/人，其中个人每年缴纳 50 元/人、医保统筹基金每年划转 35 元/人，单位缴纳或财政补助每年 5 元/人。显然，主要缴费主体的缴费责任比重发生了较大调整，其中个人缴费负担提高比例较大，医保基金次之，用人单位缴费和财政补助比重下降幅度较大。

---

① 此条规定来自《全面开展长期护理保险制度试点实施方案》（饶府字〔2019〕33 号），在此之前，涉及财政供给的机关事业单位、关闭破产改制及困难企业单位缴费由同级财政从彩票公益金划转或由财政予以补助。

### 三、长期护理保险的给付条件及待遇

上饶市长期护理保险试点制度参保人因年老、失智、疾病、伤残导致生活不能自理、经过不少于 6 个月的治疗、需要长期护理的失能人员可以提交失能等级鉴定的申请，通过评估对申请人的身体状况和自主生活功能损失程度做出鉴定，鉴定结果分为轻度、中度和重度失能三个等级，目前只有重度失能失智等级的参保人被纳入保障范围，享受长期护理保险待遇给付。

目前上饶市长期护理保险待遇给付的方式包括现金给付和护理服务给付两种形式。护理服务包括自主照料、上门护理和机构内护理三种形式，被鉴定为重度失能失智等级的参保人可以自主选择一种护理服务方式。其中自主照料是指由其配偶、子女、亲属等提供照料护理；上门护理是指由定点护理服务机构的护理人员到其家中提供照料护理服务；机构内护理是指失能人员入住定点护理服务机构，由护理机构的专业人员提供照料护理服务。目前长期护理保险基金既支付不同类型护理服务费用，又支付失能鉴定评估费、经办管理费用等。自 2016 年试点之初到 2019 年全面开展试点，长期护理保险两大方案的支付范围有较大差异（见表 4-8）。

表 4-8　上饶市长期护理保险试点方案的待遇支付范围及标准

| 类别名称 | 支付对象 | 2016 年 | 2019 年 |
|---|---|---|---|
| 保障人群 | 重度失能失智人员 | 保障范围内 | 保障范围内 |
| 自主照料现金补助 | 失能人员 | 450 元 / 人 / 月 | 450 元 / 人 / 月 |
| 上门护理费用 * | 护理服务机构 | 900 元 / 人 / 月 | 900 元 / 人 / 月 |
| 上门产品（辅具）租赁 | 护理产品（辅具）机构 | 180 元 / 人 / 月 | 300 元 / 人 / 月 |
| 机构内护理费用 | 护理服务机构 | 1080 元 / 人 / 月 | 1200 元 / 人 / 月 |
| 失能等级鉴定评估费用 | 评估机构 | — | 300 元 / 人 / 年 |
| 第三方委托经办管理、考核费用 | 商业保险公司 | — | 按服务协议支付 |
| 应付其他费用 | — | — | 按政策规定支付 |

资料来源：根据 2016 年和 2019 年试点方案及上饶市人民政府信息公开平台资料《上饶市"五个立足"稳步推进长期护理保险试点工作》整理得到。

注：* 对于已被纳入扶贫对象的建档立卡户和城镇贫困人口，选择居家上门护理的失能人员，可享受亲情护理，即由亲属经护理服务机构培训，在机构的管理、指导、监督下，为其家里的失能人员提供照料护理。亲情护理标准为每人每月 900 元，其中 800 元由护理服务机构支付给失能家庭。

上饶市长期护理保险基金对上述保险待遇采用定额结算方式，具体结算业务由承办的商业保险公司与定点服务机构、护理人员和失能人员按月结算支付，年终进行清算工作。

## 四、长期护理保险的管理运行机制

2019 年上饶市实施《全面开展长期护理保险制度试点实施方案》，文件规定由上饶市医疗局负责长期护理保险行政管理、政策制定、筹资和待遇标准动态调整等工作，其下属的医保经办机构负责筹资、定点护理服务机构转入、基金结算及与中标的商业保险公司签订经办协议、考核和管理工作；财政局负责划转医保基金、统筹各渠道资金安排、牵头制定财务管理办法和监督长期护理保险基金筹集、使用等工作；卫健委负责管理和规范医疗机构服务行为；民政局及扶贫、残联、红十字会等部门做好相关制度衔接和配合工作；各基层政府和村（居）委会负责长期护理保险政策宣传、评估申报和失能筛选等工作。

上饶市将长期护理保险涉及的护理服务、经办管理和监督工作流程统一纳入长期护理保险信息系统进行集中管理。全市制定统一的护理服务标准、失能评估标准、护理服务机构及其从业人员准入审核、协议管理、监督稽核、质量评价和准入备案制度，从长期护理保险基金中提取资金，用于长期护理保险信息服务和管理平台建设和完善。

上饶市长期护理保险经办管理实行分级实施、统一管理，具体由医保经办机构负责管理，采用政府购买服务方式，由招投标商业保险公司担任长期护理保险业务承办机构、定点服务机构提供护理服务。其中针对护理服务机构和评估机构采用定点协议管理方式，符合卫健委要求的综合医院、中医院、专科医院和基层卫生服务机构，以及具备专业护理能力的养老院、敬老院、福利院、护理服务公司等均可申请作为定点护理服务机构及评估机构。另外，相关护理产品租赁、维保服务机构可申请成为定点护理产品租赁服务机构。医保经办机构对以上申请机构的资质条件、基础设施、服务能力必须进行审核、评估、公示。此外，司法鉴定中心、评估中心等专业评估机构也可申请成为定点评估机构，上饶市要求必须由专业评估机构组织评估、失能鉴定、护理等级评定且出具评估报告。如上述定点服务机构及其人员违反协议管理规定造成长期护理保险基金损失、存在失职行为的，医保经办机构按协议规定可以追回基金并要求违约金赔偿或者暂停协议执行，上饶市医保局根据严重程度可以责令机构整改或解除定点服务协议等，若存在犯罪行为，则由司法机关依法追究其刑事责任。

针对参保人员的失能等级鉴定管理，上饶市规定必须经过申请、受理、评估、评审、公示、争议裁定六大程序被鉴定为重度失能的申请人才可以享受长期护理保险待遇。第一环节是申请，由申请人或其代理人将长期护理保险鉴定申请表、二级及以上医疗机构的完整病历和诊断证明原件及复印件，属于意外事故或残疾的申请人须将相关证明材料原件及复印件、申请人（代理人）身份证、社会保障卡复印件及与代理人的关系证明资料提交给承办的商业保险公司。第二环节是受理，商业保险公司对以上申请材料进行符合性初审。第三环节是评估，目前上饶市仅对居住在本市的参保人员进行评估，对于初审基本符合重度失能标准的申请人，由承办的商业保险公司组织不少于两名评估人员，在评估人员（如代理人、监护人或护理机构相关人员）协助保证安全的基础上进行上门现场评估，并出具初审意见报告书，如实填写《上饶市长期护理统一需求评估调查表》，由商业保险公司报送至上饶市医保局，由质量控制人员进行审核，审核通过后录入失能评估审核系统形成失能等级鉴定报告，审核未通过的由承办机构商业保险公司重新评估调查。第四环节是评审，由医保经办机构组织不少于3名（必须是单数）鉴定专家对初审意见报告书和系统评定结果进行集体评审，如对两者集体评审意见不一致，则承办机构需另选评估人员进行二次上门评估，如二次评估经专家集体评审仍不一致，则由上饶市长期护理保险工作领导小组办公室（简称长护办）组织不少于5名（必须是单数）市级鉴定专家进行最终评审。第五环节是公示，上饶市长护办统一在网上进行公示，为期7天，各辖区负责本区内申请人的公示工作。第六环节是争议裁定，对公示有异议的申请人、代理人或其他参保人要在7天公示期内提出申诉，上饶市长护办收到申诉后7个工作日内组织专家进行评估、复议和裁定。

## 五、长期护理保险制度的运行情况

### （一）参保、基金支付情况

江西省上饶市从 2016 年 12 月初启动长期护理保险试点工作以来，在 2017 年率先将城镇职工医保参保人纳入保障范围，实施当年通过失能鉴定的参保人共有 925 人，其中失智 46 人，占总失能人数的 5%，其年龄分布如下：90 岁以上高龄老年人占比 4.1%、80～90 岁占比 36.3%、70～80 岁占比 36%、60～70 岁占比 15%、60 岁以下占比 8.5%，身故 117 人，8 个月死亡率为 18.97%[①]。2017 年选择现金补贴的失能人员占比 88.86%，选择机构内护理、居家上门服务人员占比不高。之后上饶市逐渐扩大试点，到 2019 年将全市城乡居民医保参保人也纳入试点保障范围，标志着在全市建立了统一的、全覆盖的长期护理保险制度。截至 2020 年 9 月底，长期护理保险参保人员共 696.31 万人，累计享受待遇 15 209 人，支付基金 6091.66 万元，其中累计发放居家自主照料补贴 3205.3 万元；为 1107 人提供 132 840 小时居家上门护理服务，为 745 人提供 44 700 天的机构内护理服务，发放护理服务费 1118.3 万元；培训亲情护理人员 3033 人次，累计发放亲情护理服务费 447.73 万元。[②]

### （二）建立了建档立卡长期护理保险试点制度

上饶市在长期护理保险试点过程中，创造性地将失能养老与扶贫工作相结合，针对 46% 的农村建档立卡贫困人口"因病致贫"、需要社会保障兜底的现状，上饶市在 2018 年 6 月 8 日发布的《上饶市"五个立足"稳步推进长期护理保险试点工作》一文中明确提出要建立建档立卡长期护理保险试点制度，将贫困人口纳入长期护理保险覆盖范围。建档立卡个人无需缴费，筹资标准为每年 100 元 / 人，通过财政补贴 50%、医保基金划转 40%、商业保险公司资助 10%，以及扶贫干部自愿捐助等渠道筹资，这一制度实施至 2020 年全面完成脱贫攻坚任务后，与 2019 年实施的全体城乡居民长期护理保险制度合并。

① 上饶市人民政府信息公开平台. http://hrss.zgsr.gov.cn//hrss/gzdt/201806/66638001a6e14fcfaaaea7f2fd38a2b4.shtml。

② 上饶市人民政府信息公开平台. http://www.zgsr.gov.cn/ybj/gzdt/202011/7c7145f5cdc048d789d55ebea00851dc.shtml。

除上述个人不缴费差异之外，建档立卡与城镇职工长期护理保险试点制度在失能鉴定标准、评估流程、待遇标准、护理服务方式、第三方委托经办等方面均保持了一致。针对农村 95% 以上失能家庭选择居家服务的现状，建档立卡护理保险试点制度中，居家服务增加了居家亲情照料项目，护理机构支付不低于每年 9600 元 / 人的护理服务费，这一金额与建档立卡贫困户每户 3 人、每人 3350 元 / 年的金额几乎持平，使得贫困家庭能够实现基本脱贫目标。

### （三）有效降低了医保支出，拉动了护理产业发展

截至 2019 年 10 月，上饶市享受长期护理保险待遇参保人住院次数由以往年人均 1.284 次下降到 0.812 次，人均医保基金支出由 10 603.62 元 / 年下降到 6338.87 元 / 年，有利于实现医疗服务资源的优化配置。[①]

实施长期护理保险试点以来，上饶市护理服务机构超过 40 家，其中一半以上机构是试点之后新增加的。护理服务人员从 300 人增长至将近 3000 人，服务床位超过 3200 张，护理行业总投资规模超过 7 亿元。选择护理机构专业护理服务的比例较试点之初增长 20% 以上。[②]

## 六、上饶市长期护理保险制度评析

上饶市从试点开始就采用了社商合作、分步逐批扩面、定额支付的方式，有序实施长期护理保险制度，目前已经形成了相对成熟的政府购买护理服务的运行体系，实现了由城镇职工到城乡居民全覆盖的突破。

### （一）建立了长期护理保险信息系统，实现了业务全流程管理

上饶市借助中标商业保险公司的技术和行业优势建立了长期护理保险信息系统，通过应用人脸识别、全球卫星定位、大屏监控等技术，使用电脑、手机 App 等无线加密传输模式，将长期护理保险有关的参保缴费、失能申请、护理机构管理、护理人员工作管理、护理过程监控、待遇支付、费用结算、日常巡查等业务实现了信息化管理。

---

① 新华网. http://www.xinhuanet.com/2019-10/11/c_1125091424.htm。

② 中国网. http://med.china.com.cn/content/pid/203677/tid/1026。

## （二）引入了商业保险筹资渠道

上饶市建立了建档立卡长期护理保险试点制度，该制度针对贫困人口设立，筹资渠道中 10% 的资金来自商业保险公司的资助。实施过程中，商业保险公司以保险服务供应商＋公益扶贫身份为建档立卡贫困人口提供风险保障，利用商业保险公司无偿投入资助资金＋引进无偿帮扶资金的形式开展精准扶贫工作，缓解建档立卡贫困人员因病致贫的突出问题，将长期护理保险试点工作与地区脱贫攻坚工作有机结合，探索新的问题解决机制。

## （三）给付标准不甚合理

上饶市目前针对失能鉴定等级为重度的人员，依据其选择护理方式不同，采取不同的定额支付标准，而不是依据失能等级差异进行待遇支付，这种给付标准有失偏颇，因为失能等级不同意味着参保人员生活自理能力丧失程度不同，其对护理服务需求的内容和程度也不尽相同，从而导致护理服务费用也必然呈现差异化特点。上饶市目前仅提供自主照料、上门护理和机构内护理 3 种护理服务形式，且据此实行三种不同定额支付标准，这与失能鉴定等级为重度的失能失智人员的多层次护理服务需求导致的护理服务费用千差万别严重脱节，也导致将失能等级评估鉴定作为参保人是否需要机构专业护理服务标准的意义大打折扣。

# 第五节　上海市长期护理保险制度

上海市是我国最早进入老龄化社会阶段的城市，也是老龄化程度最高的大型城市，2017 年上海市 65 岁及以上常住人口占总常住人口的比例就达到了 14.3%，与国际大城市相比，这一数字也处于较高水平。2010 年第六次全国人口普查时上海市 65 岁以上老年人口增量首次超过了新出生人口，加之近年来外来老年人口和 80 岁及以上高龄老年人口的数量持续增加，上海市在经济高速发展的同时，为了应对日益严峻的人口老龄化形势，让老年人安享有尊严的晚年生活，开展了积极的探索，目前已经完成了从高龄老人医疗护理试点计划向长期护理保险制度试点工作的转化，为老年人提供更加完善的护理服务和待遇保障。

## 一、长期护理保险的法律政策

2013 年上海市发布了《关于本市开展高龄老人医疗护理计划试点工作的意见》（沪府办〔2013〕38 号），首先在浦东、杨浦、长宁 3 个区的 6 个街镇实施高龄老人医疗护理计划试点工作，2014 年新增了徐汇、普陀等区，扩大了试点范围，2016 年在总结调整前期试点政策的基础上，将试点扩大至上海市全市范围，规定具有上海市户籍、年龄在 70 周岁及以上、参加上海市职工基本医疗保险且在试点街镇行政区划范围内的居家参保人，经过评估，护理需求等级达到轻度、中度或重度的可以申请居家医疗护理服务待遇，相关费用由职工基本医疗保险统筹基金支付 90%，其余部分由个人医疗账户结余资金支付，不足部分由个人自负。

2016 年初通过的《上海市老年人权益保障条例》第 3 章社会保障第 24 条明确提出，上海市要完善老年护理筹资、评估、支付、服务、监管等体系，探索建立符合本市实际的老年人长期护理保险制度，保障老年人的长期照料护理需求。同年，上海市被纳入全国首批长期护理保险制度试点城市，客观上推动了上海长期护理保险制度相关政策的快速出台。

2016 年底上海市政府发布了《关于上海市长期护理保险试点办法》（沪府发〔2016〕110 号），要求按照"分步实施"原则，选择了徐汇区、普陀区、金山区先行试点 1 年之后再向全市扩大试点范围，将试点行政区域内的城镇职工医保参保人（第一类参保人）和 60 周岁及以上城乡居民医保参保人（第二类参保人）纳入了保障范围。截至 2017 年底，共有 2.5 万参保人申请护理服务，其中 1.4 万人失能等级被评估为 2～6 级，可以获得定点护理服务机构的社区居家照护、养老机构照护和住院医疗护理服务。经过 1 年试点实践，上海市于 2017 年底修订了长期护理保险试点办法，发布了《上海市人民政府关于印发修订后的〈上海市长期护理保险试点办法〉的通知》（沪府发〔2017〕97 号），规定从 2018 年 1 月 1 日起在全市范围内展开全面试点工作，并主要针对第二类参保人筹资缴费标准、老年照护统一需求评估费用和支付办法等内容进行了修订，新修订试点办法鼓励商业保险公司开发长期护理保险产品服务、参与提供经办管理服务。

为了推动长期护理保险试点办法的落实，上海市陆续发布了《上海市人力资源和社会保障局、上海市医疗保险办公室关于印发〈上海市长期护理保险结算办法（试行）〉的通知》（沪人社规〔2017〕45号）、《上海市物价局、上海市卫计委、上海市医疗保险办公室关于公布本市长期护理保险评估费试行价格的通知》（沪价费〔2018〕1号）、《关于本市长期护理保险试点有关个人负担费用补贴的通知》（沪民规〔2018〕2号）、《关于长期护理保险试点期间基金财务管理等有关问题的通知》（沪财社〔2018〕39号）、《上海市长期护理保险定点护理服务机构管理办法（试行）》（沪医保规〔2019〕3号）等一系列配套政策文件，针对参保人关注的费用支付结算、护理需求评估费用、缴费补贴和定点护理服务机构等关键内容做出明确规范和指引。

## 二、长期护理保险的缴费筹资

上海市按照"以收定支、收支平衡、略有结余"的原则确立了长期护理保险基金的缴费筹资水平，并根据当地经济社会发展和基金实际运行状况进行相应调整。

2017年上海市针对首批试点行政区内的两类参保人实施差异化缴费筹资标准：第一类参保人群是参加上海市职工基本医疗保险的人员，由"在职职工个人＋用人单位"共同承担缴费责任，其中用人单位按职工医保缴费基数之和的1%缴纳长期护理保险费，在职职工个人按自身医保缴费基数的0.1%缴纳长期护理保险费，2016—2017年首批试点阶段个人支付部分暂免，退休职工不缴费。第二类参保人群是参加城乡居民基本医疗保险的60周岁及以上的人员，其筹资水平低于第一类参保人群的人均水平，个人缴费占总筹资额的15%左右，其余部分由市、区本级财政按1∶1比例承担。2018年上海市全面实施长期护理保险试点以来，长期护理保险基金按照"按季预拨、按年清算"的原则按时、足额筹集。2022年修订后的《上海市长期护理保险试点办法》关于缴费筹资的规定仍是针对原有的两类参保人实施差异化缴费标准。针对第一类人员，按照用人单位缴纳职工医保缴费基数0.5%的比例，从职工医保统筹基金中按季调剂资金，作为长期护理保险筹资。针对第二类人员，根据60周岁以上居民医保的参保人员人数，并按照略低于第一类人员的人均筹资水平，从居民医保统筹基金中按季调剂资金，作为长期护理保险筹资。最后经办机构按照第一类人员和第二类人员分账核算，分账部分支付不足时，由财政部门以补贴形式补充。

## 三、长期护理保险的给付条件及待遇

上海市长期护理保险 60 周岁及以上参保人必须按照《上海市老年照护统一需求评估及服务管理办法》规定向其社区事务受理服务中心或分中心提出书面评估申请选择意向服务机构，符合申请条件的，由上海市人力资源和社会保障局安排定点评估机构对其日常生活活动能力、工具性日常生活活动能力、认知能力三方面的自理能力进行评估，对应的权重分别是 65%、10%、25%，最后确定评估结论。评估结论作为申请人享受长期护理保险待遇的前提和依据。评估结论包括评估等级和其他情况，评估等级分为照护 1级、照护 2 级、照护 3 级、照护 4 级、照护 5 级、照护 6 级；其他情况指未达到照护 1 级和建议至医疗机构就诊的情形。评估结论有效期不超过 2 年，期满前 60 日内应当重新申请评估。

上海市长期护理保险待遇支出主要包括评估费用及居家上门照护、社区日间照护和养老机构照护费用等。

参保人员评估费用由参保人员（自付 20%）和长期护理保险基金（支付80%）共同承担；非参保人员评估费用由个人承担。具有本市户籍并参加老年照护统一需求评估的最低生活保障、低收入家庭的老年人初次评估、期末评估，以及长期护理保险定点服务机构针对老人身体状况变化提出的状态评估产生的个人负担评估费用由区财政予以全额补贴。

目前在长期护理保险试点阶段，上海市暂定 60 周岁及以上、经评估失能程度达到 2 ～ 6 级且在评估有效期内的参保人员向意向服务机构登记确认并享受服务，如若意向服务机构无法满足其需求的，参保人可另行选择服务机构或申请服务轮候。目前对评估有效期内产生的服务费用，上海市长期护理保险待遇给付形式包括护理服务和现金支付两种。关于长期护理保险服务费用个人自费部分，上海市针对具有本市户籍且享受本市长期护理保险待遇的最低生活保障、低收入家庭的老年人实施补贴政策，对于在居家照护服务和养老机构照护服务过程中产生的长期护理保险费用的个人自费部分，低保家庭老年人全额补贴，低收入家庭老年人补贴 50%，补贴资金由市、区两级财政各承担一半。表4-9列举了上海市长期护理保险待遇支付类型及内容。

表4-9　上海市长期护理保险待遇支付类型及内容

| 服务类型 | 评估等级 | 上门服务频次／周 | 可选增加服务／月 | 待遇支付水平 |
|---|---|---|---|---|
| 居家上门照护 | 5～6级 | 7次 | 增加1小时服务或领40元现金补助① | 90% |
| | | | 增加2小时服务或领80元现金补助② | |
| | 2～3级 | 3次 | — | |
| | 4级 | 5次 | — | |
| 社区日间照护 | 2～3级 | 3天 | — | 85% |
| | 4级 | 5天 | — | |
| 养老机构照护 | 2～6级 | — | — | 85% |

资料来源：2022年实施的上海市修订后的《上海市长期护理保险试点办法》。

注：①评估等级为5级或6级、连续接受居家照护服务1个月以上、6个月（含）以下的参保人员可自主选择。②评估等级为5级或6级、连续接受居家照护服务6个月以上的参保人员可自主选择。

## 四、长期护理保险的管理运行机制（如图4-3所示）

上海市医疗保障局作为长期护理保险的主管行政部门，主要负责长期护理保险政策的制定、长期护理保险基金监督管理；市发展和改革委负责长期护理保险试点工作的政策协调；市民政局负责养老服务机构开展长期护理服务的行业管理，统筹配置养老服务资源；市民政局和卫健委共同制定长期护理保险服务规范；市卫健委负责医疗机构开展长期护理服务的行业管理，加强对长期护理保险中各类护理服务的技术指导，推进落实上海市医疗机构中的护理性床位与治疗性床位分类登记，并会同民政部门负责评估机构的行业管理，实施评估人员的培训和评估质控管理；市财政局负责长期护理保险相关资金保障和基金监督管理等工作。

上海市医疗保险监督检查所负责长期护理保险监督检查等行政执法工作。各区医疗保障局（区医保办）负责本辖区内长期护理保险的管理工作。各区级管理平台通过抽查、问卷调查、第三方暗访等方式，对需求评估情况、轮候转介情况及服务提供情况等加强监管，确保统一需求评估运行规范有序。上海市民政、卫生计生、人力资源和社会保障、财政等部门依托市级系统对各区平台运作情况进行抽查和监督。

　　上海市发布的《关于全面推进老年护理统一需求评估体系建设的意见》规定，老年人护理统一需求评估由第三方评估机构与市医保中心签订服务协议。上海市各区要培育和组建专业评估机构，以政府购买服务等方式，委托其开展评估，各区级管理平台对老年人的申请进行资格审核后，委托第三方评估机构安排评估团队上门开展评估，形成评估报告和服务建议，反馈至区级管理平台，由区级管理平台安排告知申请人。对评估结果有异议的，可以在收到评估结果之日起 30 个工作日内申请复核评估，复核评估由区级管理平台委托第三方评估机构安排不同的评估团队实施。对复核评估结果仍有异议的，可以申请终核评估，终核评估由市级评估管理机构指定其他第三方评估机构实施。老年人的护理需求评估结果有效期最长为 2 年。上海市各区级管理平台依据评估结果，结合老年人的自主选择，组织进行养老服务分派，梯度提供社区居家老年护理、养老机构、护理院等老年护理服务。

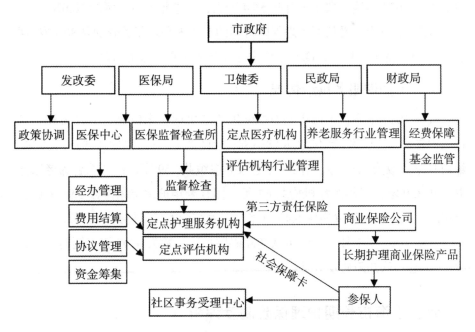

图 4-3　上海市长期护理保险的管理机制

资料来源：根据 2022 年实施的修订后的《上海市长期护理保险试点办法》内容整理绘制。

## 五、长期护理保险制度的运行情况

### （一）享受待遇情况

2017 年上海市在徐汇区、普陀区、金山区开展长期护理保险先行试点工作，累计超过 7 万人申请老年照护统一需求评估，已评估超过 6.5 万人，其中超过 3.5 万人获得了居家养老服务，超过 5000 人获得了高龄老人医疗护理计划服务，超过 1.3 万获得了养老机构护理服务，超过 1100 人获得了护理机构服务。

2018 年长期护理保险试点工作在上海市全面铺开，全年共有 23.40 万名 60 岁及以上老年人接受了护理服务，其中居家照护人数达 14.8 万人，机构照护服务人数达 8.6 万人。

2019 年共有 49.3 万名 60 岁及以上老年人接受了护理服务，占老年人口的 9.5%。2020 年这一数字上升到 56.4 万人，占老年人口比例的 10.6%。

目前，上海市享受长期护理保险待遇的老年人平均年龄分别是 80.1 岁（居家）和 85.0 岁（机构），高龄重度失能老年人是重点服务对象。

### （二）护理服务供给情况

截至 2020 年底，上海市共有 729 家养老机构，床位数达 15.7 万张；长者照护之家共 204 家，床位数达 5838 张；社区老年人日间照护机构共 758 家，月均服务人数为 1.5 万人；社区养老服务组织共 259 家；社区综合为老服务中心共 320 家；老年医疗机构共 67 所，拥有老年护理院床位数 1.96 万张；老年医疗服务共建家庭病床 5.43 万张；医养结合养老机构共 317 家。

截至 2021 年 5 月，上海市认知障碍照护床位数为 4999 张，同时试点建设 77 个老年认知障碍友好社区。

## 六、上海市长期护理保险制度评析

### （一）建立了多维度评估老年照护需求规范

上海市目前采用了国际通用的分类拟合工具（线性判断法和支持向量机法）进行老年照护评估，评估等级由自理能力和疾病轻重两个维度的得分决定，分值为 0～100 分，分值越高，表示所需的照护等级越高。

自理能力维度由日常生活活动能力、工具性日常生活活动能力、认知能力三部分组成。其中，日常生活活动能力包括大小便情况、进食、坐立位起身、平地步行（移动）和洗浴等 20 项内容；工具性日常生活活动能力包括搭乘公共交通、管理现金账户等 8 项内容；认知能力包括记忆力、日常生活中的基本判断能力和情绪精神症状等 22 项内容。

疾病轻重维度主要包括慢性阻塞性肺疾病、肺炎、帕金森病、糖尿病、脑出血、高血压、晚期肿瘤、冠状动脉粥样硬化性心脏病、脑梗死、下肢骨折、认知障碍等疾病，老年照护评估要求将每种疾病分成局部症状、体征、辅助检查、并发症 4 个分项分别评估计算得分，其对应的权重分别是 30%、30%、30%、10%。

### （二）拉动了护理产业的发展

长期护理保险试点的实施促进了上海市养老护理服务行业的快速发展，推动了养老护理和照护人才的培养。截至 2022 年，上海市共有养老护理员 6.15 万人，老年社会工作者 636 人，卫生专业技术人员 1774 人。

### （三）功能定位尚需明确化

上海市于 2013 年 8 月开始试点实施高龄老人医疗护理计划，2016 年成为我国首批长期护理保险 15 个试点城市之一，2017 年于全市范围启动试点，并陆续将高龄老人医疗护理计划与长期护理保险制度相衔接。目前，上海市专门针对老年人养老服务补贴政策与长期护理保险的内容存在部分重叠，需要进一步梳理老年人养老、护理相关的政策内容，做好不同政策之间的有效衔接工作。

# 第六节 我国首批试点地区缴费筹资机制的对比分析

自 2016 年人社部发布《关于开展长期护理保险制度试点的指导意见》至今，被纳入试点的 17 个地区都遵循跟随医保制度原则探索建立了长期护理保险制度，并积极实践探索，各试点地区的长期护理保险制度在积极应对失能老年人生活护理、减轻经济负担等方面成效卓著。但由于试点周期延长和扩面增加，各地政策差异导致的碎片化程度会日趋严重，因此系统地研究试点地区长期护理保险的缴费机制并进行对比分析①，归纳厘清其运行脉络，对于进一步扩大试点的推进工作尤为必要。

## 一、试点地区长护险缴费机制的比较分析

合理的缴费机制是确保长期护理保险制度持续、稳健运行的重要保障。截至 2017 年，人社部确立的重庆市、成都市等 15 个试点城市与山东省、吉林省共 17 个试点地区均已启动开展长期护理保险制度试点工作，各地根据财政经济和人口收入特点出台了各自的缴费政策。

### （一）缴费模式

截至 2019 年，除了宁波市试点启动阶段从城镇职工医保基金历年结余中划转 2000 万作为启动资金，尚未出台具体缴费政策外，其余 16 个试点地区的长期护理保险缴费模式可以被归纳为定额缴费、比例缴费和两者混合缴费三种模式。第一种是定额缴费模式，由参保人每人每年缴纳固定数额的长期护理保险费，目前试点的安庆市、重庆市、南通市、齐齐哈尔市、上饶市、苏州市、石河子市和广州市都采用这种模式。第二种是比例缴费模式，是以试点当地上一年度的人均可支配收入、年工资总额或居民医疗保险筹资总额等为计算基数缴纳一定比例的保险费，如青岛市、荆门市、承德市、上海市、成都市、吉林省采用此种模式。第三种是混合缴费模式，长春市、山东省②通过区分参保人退休与否、城镇职工医疗保险参保人或城镇居民医疗保险参保人年龄等特征，分别采用比例缴费和定额缴费相结合的模式缴纳长期护理保险费。

### （二）缴费责任主体

我国在 2016 年长期护理保险启动试点时明确规定要将城镇职工医保参保人作为保险对象，2019 年中央政府工作报告明确提出"扩大长期护理保险制度试点，让老年人拥有幸福的晚年，后来人就有可期的未来"这一任务要

---

① 由于各试点城市修订长期护理保险政策频率不同，本节内容限定在 2016—2019 年首批试点期间试点城市和地区的政策文件和实践运行上，2020 年之后扩大试点和延长试点周期的内容暂不考虑。

② 山东省各市长期护理保险缴费差异明显，如日照市试点长期护理保险按每人每年 100 元缴费标准筹资。

求。当前我国面临着人口快速老龄化和"未富先老"相叠加的基本国情，缴费资金是影响我国建立全国性长期护理保险制度的重要因素。目前国际上很多实施长期护理保险的国家已经建立了"参保人＋企业＋政府"三方在内的缴费责任主体机制，其中政府应承担长期护理保险的制度构建成本、制度运行的兜底责任；企业作为社会经济的主体，基于吸引人才和促进发展的角度承担职工部分缴费责任；个人基于"谁缴费谁受益"的原则承担缴费责任。

首批 17 个试点城市和地区长期护理保险基本覆盖了城镇职工医保参保人，部分城市（如南通市、石河子市等）也将城乡居民囊括其中，但各地的缴费责任主体差异却较大。苏州市规定个人和政府是缴费责任主体；广州市、青岛市、齐齐哈尔市、安庆市、宁波市、上海市和吉林省则由企业和个人共同承担缴费责任；石河子市、南通市、上饶市、承德市、荆门市、重庆市、成都市、长春市、山东省由个人、企业和政府共同履行缴费责任。尽管绝大多数试点地区的政策规定通过个人和企业缴费、财政补助及社会捐助等方式筹资，但 3 年的试点实践表明，除了政府缴费责任落实到位之外，试点阶段个人缴费和企业缴费责任主要是通过划拨城镇职工基本医疗保险和城镇居民基本医疗保险个人账户资金和统筹基金来筹资，参保人及其所在企业缴费责任尚未落实，而且不同身份参保人的缴费责任也不尽相同，如上海市明确规定退休人员无需缴费，而成都市则将参保人划分为 40 岁以下、40 岁以上至退休年龄、退休人员三个年龄层次实施不同比例的个人缴费责任政策（见表 4-10）。

## （三）缴费水平

除宁波市外，其余试点地区在 2019 年之前都依据自身经济和财政收入制定了长期护理保险的缴费标准，并据此确定了各地的缴费金额水平。第一类是 8 个采用定额缴费模式的试点地区，安庆市、齐齐哈尔市、上饶市、南通市、苏州市、广州市、重庆市、石河子市的缴费水平为每年 24 ～ 180 元 /人。第二类是 6 个采用比例缴费模式的地区，根据缴费基数差异可以分为两种类型：第一种是以工资收入为计算基础，如荆门市和承德市分别选用了居民人均可支配收入和工资总额作为缴费基数；第二种是以城镇职工或城乡居民医保基金为缴费基数的，如上海市、成都市、青岛市和吉林省就选用了这一指标，但有的选用医保基金个人缴费基数，有的则选用了统筹基金缴费基数。第三类是两个混合缴费模式试点地区，山东省内试点城市较多，如青岛市采用比例缴费模式，日照市则采用每年100元/人的定额缴费模式。长春市针对城镇居民和城镇职工医保参保人分别采用了定额30元和0.5%医保基金划拨相结合的缴费标准（见表4-10）。

## （四）缴费资金来源

目前我国长期护理保险缴费资金主要依赖划拨医疗保险基金。尽管各试点地区政策文件都规定了长期护理保险的缴费责任主体，但事实上在试点过程中，各地个人、企业和政府三方的缴费资金来源差异较大。第一是个人缴费资金来源，目前只有安庆市和上饶市的城镇职工医保参保人、南通市的城乡居民医保参保人切实支付了缴费资金，其余试点地区个人缴费资金主要是通过划拨医保个人账户、养老金个人账户、政府补助来筹集的。第二是企业缴费资金来源，尽管很多试点城市都明确规定了企业是筹资来源之一，但目前除上饶市非当地财政补贴企业缴纳30元/人之外，其他试点地区企业的缴费资金大多通过划拨医保统筹基金来实现。第三是政府缴费资金，目前石河子市等9个试点地区出台了针对未成年人、重度残疾人等特殊群体的财政补助或补贴政策，这部分资金主要来自地方政府财政资金，其余8个试点地区尚未落实政府财政用于长期护理保险的政策和办法。此外，除了上述3种资金来源，也有试点地区将福利彩票公益金等纳入筹资渠道，并通过鼓励社会捐赠等多渠道筹集长期护理保险资金（见表4-10）。

表4-10　试点地区长期护理保险保障范围、缴费水平及资金来源

| 省市名称 | 保障对象 | 年缴费水平及资金来源 |
|---|---|---|
| 宁波市 | 职工 | 市区医保统筹累计结余2000万元资金 |
| 定额模式 | | |
| 安庆市 | 职工 | 30元：医保统筹结余20元+个人缴费10元 |
| 上饶市 | 职工 | 100元：个人缴纳由医保个人账户代扣代缴，如不足，则现金缴纳<br>• 财政供给的企业：个人40元+财政补贴30元+医保统筹30元<br>• 非当地财政供给企业：个人40元+医保统筹30元+企业30元<br>• 无用人企业：个人70元+医保统筹30元 |

| 定额模式 | | |
|---|---|---|
| 重庆市 | 职工 | 150 元：医保个人账户代扣 90 元 + 医保基金补助 60 元 |
| 石河子市 | 职工 + 城乡居民 | • 职工医保统筹基金结余划转 180 元<br>• 18 岁及以上居民从居民医保统筹基金结余划转 24 元<br>• 辖区内重度残疾人、60 岁以上老年人由财政补助 40 元<br>• 福彩公益金 50 万（占同期福彩公益金的 5%） |
| 南通市 | 职工 + 城乡居民 | 100 元：个人 30 元（职工从个人医保账户划转，居民医保参保人自付，其中对于未成年人、重残人员等特殊群体，财政给予全额补助）+ 医保统筹 30 元 + 政府补助 40 元 |
| 齐齐哈尔市 | 职工 | 60 元：个人 30 元（来自医保个人账户或门诊统筹基金划转）+ 医保统筹 30 元 |
| 广州市 | 职工 | 医保基金 130 元 |
| 苏州市 | 职工 + 城乡居民 | • 职工 120 元：个人 50 元（来自财政补助）+ 医保统筹 70 元<br>• 城乡居民 85 元：个人 50 元（来自财政补助）+ 医保统筹 35 元 |
| 比例模式 | | |
| 荆门市 | 职工 + 城乡居民 | 上年度居民人均可支配收入的 0.4% 确定：医保统筹 25%+ 财政补助 37.5%+ 个人 37.5%［经本人同意后划转医保个人账户；无医保个人账户的退休人员，经本人同意后从其养老金账户中代扣代缴；最低生活保障人员、完全丧失劳动能力重残人员（1 ～ 2 级）及特困供养对象由财政全额补助］ |
| 上海市 | 本市城职医保（第一类）、60 周岁及以上城居医保参保人（第二类） | 第一类：企业职工医保缴费基数之和 1%+ 在职职工医保费基数 0.1%，试点阶段个人部分暂予减免，退休人员个人不缴费<br>第二类：个人缴费占总筹资额的 15% 左右。其余部分由市、区财政按照 1:1 比例分担 |
| 吉林省 | 省直城镇医保参保人 | 个人医保缴费基数（在职、退休人员）0.2%+ 医保统筹基金按参保人缴费基数（在职、退休）0.3% 费率划拨 |
| 成都市 | 职工 | 一次性划拨城镇职工医保基金结余 5000 万元作为启动资金，其余部分：<br>（1）以城镇职工医疗保险缴费基数为基数进行划拨的<br>• 企业缴费按统筹基金 0.2% 的费率按月划拨<br>• 在职 40 岁（含）以下，个人缴费按费率 0.1% 按月划拨<br>•40 岁以上至法定退休年龄继续缴纳医保险费的，按费率 0.2% 划拨<br>（2）以退休人员城镇职工基本医疗保险个人账户划入基数为缴费基数的<br>• 退休人员按每月 0.3%/ 人的费率划拨，财政按每月 0.1%/ 人的费率划拨 |

续表

| 比例模式 | | |
|---|---|---|
| 青岛市 | 职工＋城乡居民 | ·职工：医保缴费总额 0.5%/月＋个人医保账户缴费基数 0.2%/月＋财政补贴每年 30 元/人<br>·城乡居民：社会医疗保险基金中划转小于等于当年居民社会医疗保险费筹集总额的 10%，个人暂不缴费 |
| 承德市 | 职工 | 按参保人上年度工资总额 0.4% 标准筹资：个人承担 0.15%（有个人账户的，从其医保个人账户划拨，否则按照职工医保缴费基数的 0.15% 缴纳）＋医保基金 0.2%＋财政补助 0.05% |
| 混合模式 | | |
| 山东省 | 职工＋退休人员 | 个人缴费不低于筹资总额的 30%，可从个人医保账户代扣，其余由各市自行确定 |
| 长春市 | 职工＋城镇居民 | ·职工：住院统筹参保人按医保缴费基数 0.5% 划拨，统账结合参保人按个人账户 0.2%＋统筹基金 0.3% 划转<br>·城镇居民：统筹基金划转 30 元 |

资料来源：根据 2016 年、2017 年、2018 年各试点地区医保局、人社局政策文件整理所得。

注：表中"职工＋退休人员"是指城镇职工医保参保人的职工和退休工作人员。

## 二、试点地区缴费机制的评析

### （一）制度"碎片化"严重

我国长期护理保险制度尚处于试点阶段，制度"碎片化"问题突出，主要表现如下：一是城乡二元分割，各试点地区的长期护理保险均覆盖了城镇职工医保参保人，如长春市覆盖了城镇居民医保参保人，石河子市、南通市、苏州市、荆门市和青岛市覆盖了城乡居民医保参保人，上海市则覆盖了 60 周岁及以上城乡居民医保参保人。可见，多数试点地区在首批试点期间并未将广大农村居民纳入长期护理保险保障范围，而调查数据显示，城市和农村 60 岁及以上老年人失能比例分别是 9.9% 和 12.6%[①]，农村失能人口对长期护理需求比例更高但却缺乏相应制度保障。二是在职职工和退休职工二元分割，随着年龄增加，人的身体机能自然会产生一定程度失能，因此退休职工失能率更高，对长期护理保险和长期护理服务的需求更迫切，但目前除了荆门市、成都市和吉林省明确规定了退休人员缴费政策外，其他地区要么政策缺失，要么免缴费，这种待遇享受权利和缴费责任义务不对等，极易造成代际的不平衡和筹资不公平。

---

① 数据来自全国老龄委 2018 年《第四次中国城乡老年人生活状况抽样调查总数据集》。

## （二）资金过度依赖医保基金

现有试点地区中，吉林省、齐齐哈尔、重庆市、宁波市等将医保基金作为唯一缴费资金来源，其余试点地区尽管规定了个人、政府及企业的缴费责任，但这些渠道筹资数额有限，尤其在试点阶段，除安庆市、南通市、上饶市之外，个人和企业缴费责任主要通过划转医保基金个人账户和统筹基金账户筹集资金来实现，部分试点地区政府补贴仅针对特殊群体。上述缴费筹资政策没有从根本上落实各方缴费责任主体的支付责任，造成了长期护理保险过度依赖医疗保险基金结余多寡而推行和实施的尴尬境地。

2013 年医保基金收入增速首次低于支出增速，全国共有 255 个统筹地区城镇职工基本医疗保险基金存在收不抵支问题，占全国统筹地区的 32%，其中 22 个统筹地区累计结余用尽[1]。《中国统计年鉴》2017 年和 2018 年数据显示，西藏自治区和青海省城镇居民基本医疗保险基金累计结余均为负数。在医疗费用上涨过快、医保基金自顾不暇的背景下，现有缴费筹资政策将会影响长期护理保险制度发展的可持续性和稳定性。

## （三）缴费水平差距过大

无论定额缴费、比例缴费还是混合缴费模式，首批试点城市和地区的缴费水平差距还是非常明显的。例如，定额缴费试点地区年缴费最高的每年 180 元 / 人和最低的每年 24 元 / 人，分别对应石河子市城镇职工医保参保人和 18 岁及以上城乡居民医保参保人的缴费水平，同一地区的差距竟达 7.5 倍之多。而且比例缴费的基数选择不一，尽管很多地区选择比例相同，但由于各地区城镇和城乡医保缴费基数和统筹基金缴费基数等与地区经济发展有关，由此计算出的缴费水平的差距也比较大。此外，试点地区无一例外地按照参保人不同身份（包括城镇职工、城镇居民、城乡居民、省直职工）规定了不同的筹资渠道，同一地区就有如此大的缴费差距，不同地区之间的差距只会更大，这必然会增加未来全国统筹建立长期护理保险政策的难度，试点地区现有实践成果也将在一定程度上失去参考价值。

---

① 人民网．http://finance.people.com.cn/n/2015/0605/c1004-27106537.html。

# 第五章　我国长期护理保险缴费责任的界定和测算

缴费责任关系到长期护理保险缴费机制的缴费来源、缴费水平、缴费模式等基本要素，明晰的缴费责任界定是进行长期护理保险缴费筹资的前提，即确定长期护理保险的缴费主体，明确长期护理保险基金的缴费来源，确保长期护理保险基金收入的可持续性和稳定性。

## 第一节　长期护理保险缴费责任的界定

汉斯·兰克（2011）[①] 根据责任归因理论将责任划分为 4 种：一是对行为及其后果的责任，是指社会主体要对自身行为及其后果负责任；二是任务与角色赋予的责任，是基于主体角色和任务被寄予的必须且应该实现的社会期望，即各类主体都在社会中扮演了一定的角色，被社会提出了一定的要求，同时各类主体也必须依照这些要求履行其责任；三是普遍道义责任，又称为道德责任，是人们对自己行为的过失及其不良后果在道义上所承担的责任[②]；四是法律责任，是违法者对违法行为所应承担的具有强制性的法律上的责任，其与违法行为密切相关，只有实施某种违法行为的自然人或法人，才承担相应的法律责任，并由国家强制力保证其执行。我们认为政府主要承担第一、第二和第三类责任，企业和个人分别主要承担第一、第二和第四类责任。

---

[①] 汉斯·兰克. 什么是责任？ [J]. 西安交通大学学报（社会科学版），2011，31（3）.

[②] 朱贻庭. 伦理学大辞典 [M]. 上海：上海辞书出版社，2011.

## 一、政府缴费责任分担

自 2016 年以来，我国首批 15 个城市经过两三年的时间积极开展长期护理保险制度试点工作，取得了初步成效。为了进一步深入推进试点工作，2020 年国家医保局和财政部颁发的《关于扩大长期护理保险制度试点的指导意见》（以下简称为《意见》）（医保发〔2020〕37 号），新增加了 14 个试点城市，明确长期护理保险属于独立险种，要坚持责任共担，合理划分筹资责任和保障责任，探索建立以互助共济方式筹集资金、为长期失能人员的基本生活照料和与之密切相关的医疗护理提供服务或资金保障的社会保险制度。

政府作为社会保险制度的设计者和主导者，要承担长期护理保险制度的构建、监督和管理经办、培养护理人员、提供长期护理服务等责任。此外，各级政府在长期护理保险缴费筹资机制中承担着重要的财政责任，具体体现在以下三方面：首先是针对特殊群体的财政兜底责任，我国针对城乡"五保户"、"三无人员"、残疾人，通过扶助、救济、补贴等方式给予其基本生活保障，对其因年老、疾病和残疾导致的日常生活不能自理和失能实施财政兜底，保障其生活质量。其次是针对失能老年人的津贴责任，我国传统的社会救助和福利制度都是根据老年人的经济状况分类的，未考虑老年人的身体状况和家庭结构状况，随着失能风险由个人风险转化成家庭风险，尤其是"失独家庭"这一特殊群体的客观存在，适时改革社会救助和福利标准，增加失能老年人的护理补贴制度，既可以分散弥补家庭护理资源不足，又可以分散失能风险对社会的整体不利影响。最后是针对家庭护理者的补助。传统的"养儿防老"养老模式已经随着家庭结构小型化、居住条件、女性劳动力市场变化等出现了较大变化，一方面子女和家庭其他护理人员由于经济、工作压力等多重因素，难以长期为老年人提供照料和护理功能；另一方面受我国传统文化观念影响，绝大多数老年人难以接受机构养老和护理，因此需要政府通过补助等措施引导和激发家庭内部的护理功能正常发挥作用。

## 二、企业缴费责任分担

作为社会经济的主体，企业经营的目的是获得利润，出于吸引优秀人才、自身经济利益和社会责任等角度考虑，企业有动机为其员工提供各种社会保障。目前在我国试点期间，长期护理保险基金筹资机制规定企业缴费基数为职工工资总额，在起步阶段，可从其缴纳的职工基本医疗保险费中划出，而不增加企业负担。企业在长期护理保险缴费机制中的责任体现如下：一是给经办机构提供真实的职工信息资料；二是按时足额履行缴纳职工基本医疗保险费的法律义务。

## 三、个人缴费责任分担

目前在我国，个人仍是老年人养老护理的主要义务人。《中华人民共和国老年人权益保障法》第10条规定："老年人养老主要依靠家庭，家庭成员应当关心和照料老人。"第11条规定："赡养人应当履行对老年人经济上供养、生活上照料和精神上慰藉的义务，照顾老年人的特殊需要。赡养人是指老年人的子女以及其他依法负有赡养义务的人。赡养人的配偶应当协助赡养人履行赡养义务。"第12条规定："赡养人对患病的老年人应当提供医疗费用和护理。"另外，《中华人民共和国婚姻法》第21条规定："父母对子女有抚养教育的义务；子女对父母有赡养扶助的义务……当子女不履行赡养义务时，无劳动能力的或生活困难的父母，有要求子女付给赡养费的权利……"可见，现有法律规定了赡养人的义务，但赡养人却没有相应的诉求，以"被护理者"为基础的老年人补贴、救助等制度和政策没有明确实际护理提供者是谁。因此，个人不但要缴纳自身的长期护理保险费，而且要负担家庭父母的长期护理责任，只有当个人和家庭护理能力不足时，方可申请其他资源介入。

## 四、缴费责任分担的方式

2016年《关于开展长期护理保险制度试点的指导意见》中对于长期护理保险首批试点城市资金筹集的基本政策规定："试点阶段，可通过优化职工医保统账结构、划转职工医保统筹基金结余、调剂职工医保费率等途径筹集资金，并逐步探索建立互助共济、责任共担的长期护理保险多渠道筹资机制。筹资标准根据当地经济发展水平、护理需求、护理服务成本以及保障范围和水平等因素，按照以收定支、收支平衡、略有结余的原则合理确定。建立与经济社会发展和保障水平相适应的动态筹资机制。"

政府、企业和个人构成了我国现有社会保险制度的三大责任主体，根据2020年《关于扩大长期护理保险制度试点的指导意见》中关于扩大长期护理保险试点范围期间有关资金筹集的基本政策规定："探索建立互助共济、责任共担的多渠道筹资机制。科学测算基本护理服务相应的资金需求，合理确定本统筹地区年度筹资总额。筹资以单位和个人缴费为主，单位和个人缴费原则上按同比例分担，其中单位缴费基数为职工工资总额，起步阶段可从其缴纳的职工基本医疗保险费中划出，不增加单位负担；个人缴费基数为本人工资收入，可由其职工基本医疗保险账户代扣代缴。有条件的地方可探索通过财政等其他筹资渠道，对特殊困难退休职工缴费给予适当资助。建立与经济社会发展和保障水平相适应的筹资动态调整机制。"

根据我国长期护理保险制度试点的历程来看，长期护理保险责任主体不断明确，负担的方式也在不断变化，但目前企业和个人的缴费比例、政府财政资助幅度等关键问题尚未明确。因此，须对政府、企业和个人的资金负担能力进行测算。

# 第二节　长期护理保险责任主体的缴费能力测算

长期护理保险作为我国应对老龄化问题的顶层制度性安排，稳定的筹资机制是长期护理保险制度长期平稳运行的根本保障，我国目前已经明确了未来长期护理保险将建立互助共济、责任共担的筹资机制。根据国家医疗保障局关于政协第十三届全国委员会第二次会议第0724号（社会管理类第081号）提案的答复函（医保函〔2019〕175号）："为了制度可持续，避免对医保基金造成冲击，参照典型社会医疗保险国家做法，从发展方向上，长期护理保险应坚持社会保险的基本属性，建立互助共济、责任共担的筹资机制。一是按照独立险种、独立设计、独立运行的原则，筹资与医疗保险切割清晰。二是探索建立以单位和个人缴费为主的筹资机制，科学界定单位和个人缴费责任。三是筹资水平要适应经济发展状况，实现基本保障目标，坚持低标准起步，确保各方都能承受。"

## 一、政府长期护理保险缴费能力测算

经济增长水平和财政收支状况是影响政府缴费责任的重要因素，因此，选取 1981—2020 年政府财政支出（表示为 GOV_EXP）、国内生产总值（GDP）两个指标[①]进行回归分析（结果见表 5-1），以实现对政府缴费能力的测算，政府财政支出与国内生产总值的最小二乘回归模型方程式如下：

$$GOV\_EXP = -3799.359 + 0.3648GDP \tag{5-1}$$

表 5-1　财政支出与 GDP 的最小二乘回归分析结果

| 变量 | 相关系数 | 标准差 | t 统计量 | P 值. |
|---|---|---|---|---|
| 常数 | −3799.359 | 519.8222 | −7.308958 | 0.0000 |
| GDP | 0.364829 | 0.007937 | 45.96438 | 0.0000 |
| $R^2$（可决系数） | 0.982332 | 被解释变量的样本均值 | | 13813.72 |
| 调整后的 $R^2$ | 0.981867 | 被解释变量的样本标准差 | | 16497.33 |
| 回归标准差 | 2221.537 | 赤池信息准则 | | 18.29849 |
| 残差平方和 | 1.88E+08 | 施瓦茨准则 | | 18.38294 |
| 极大似然值 | −363.9699 | 汉南信息准则. | | 18.32903 |
| F 统计量 | 2112.724 | 杜宾沃森统计量值 | | 0.081104 |
| F 统计量的 P 值 | 0.000000 | | | |

回归检验结果显示，参数回归系数的标准误差（0.008）非常小，$R^2$=98.23，非常高，F 统计量的显著性也非常好，说明 GDP 对财政支出影响的回归模型非常显著。但是该模型的 DW 值等于 0.081，模型检验的上下限值范围是［1.44，1.54］，DW 处于［0，1.44］区间，说明模型存在一阶自相关问题。为了消除式（5-1）的自相关问题，通过广义最小二乘法模型建立新的模型进行回归分析（结果见表 5-2）：

$$GOV\_EXP = -3289.454 + 0.0.3769GDP \tag{5-2}$$

---

[①] 财政支出和国内生产总值（GDP）数据选自国家统计局网站数据和《中国统计年鉴》。其中，财政支出数据利用 1978 年定基商品零售价格指数剔除了价格因素影响，国内生产总值（GDP）按照 1978 年定基 GDP 指数进行了平减处理。

表5-2　财政支出与 GDP 的广义差分最小二乘回归分析结果

| 变量 | 相关系数 | 标准差 | t 统计量 | P 值 |
|------|---------|--------|---------|------|
| 常数 | −3289.454 | 2040.102 | −1.612397 | 0.1156 |
| *GDP* | 0.376946 | 0.034244 | 11.00752 | 0.0000 |
| AR（1） | 0.964066 | 0.068163 | 14.14346 | 0.0000 |
| $R^2$（可决系数） | 0.998593 | 被解释变量的样本均值 | | 13813.72 |
| 调整后的 $R^2$ | 0.998476 | 被解释变量的样本标准差 | | 16497.33 |
| 回归标准差 | 643.9733 | 赤池信息准则 | | 15.93411 |
| 残差平方和 | 14929260 | 施瓦茨准则 | | 16.10300 |
| 极大似然值 | −314.6821 | 汉南信息准则 | | 15.99517 |
| F 统计量 | 8519.687 | 杜宾沃森统计量值 | | 1.686358 |
| F 统计量的 P 值 | 0.000000 | 特征根 | | 0.96 |

经过广义差分后的模型估计可以看到，模型检验的上下限值范围是〔1.44,1.54〕，DW=1.69，处于〔1.54，2.56〕区间，说明广义最小二乘模型已经不再存在自相关，回归模型拟合优度较好，结果可信。

## 二、企业长期护理保险缴费能力测算

关于企业长期护理保险的缴费能力分析，借助柯布-道格拉斯对数生产函数式〔式（5-3）〕进行回归分析，估算劳动力投入和资本投入的弹性系数，就可以得到两者对产出增长的贡献率，从而得到企业可负担的长期护理保险最大可能缴费比例。

$$\ln Y = \ln A + \alpha \ln L + \beta \ln K \tag{5-3}$$

其中，$Y$ 代表三大产业产出；$A$ 代表生产技术水平，此处假设是常数；$L$ 代表劳动力投入，$K$ 表示资本投入。$\alpha$ 表示劳动力产出弹性系数，$\beta$ 表示资本产出的弹性系数。本书选用 2000—2020 年共 21 年的三大产业产出（即国内生产总值）、城镇单位就业人员工资总额、全社会固定资产投资总额[①]来分别表示 $Y$ 值、$L$ 值和 $K$ 值，并进行回归分析求解 $\alpha$ 和 $\beta$ 值（结果见表5-3）：

$$\ln Y = 4.5783 + 0.4429 \ln L + 0.2513 \ln K \tag{5-4}$$

---

① GDP 根据 1978 年 GDP 指数进行了平减处理；城镇就业单位职工工资总额数据来自国家统计局官网，按照居民消费价格指数剔除了价格影响；全社会固定资产投资总额来自《中国统计年鉴2021》，按照张军关于固定资产核算方法进行了平减。

表 5-3　柯布-道格拉斯对数生产函数的弹性系数回归分析结果

| 变量 | 相关系数 | 标准差 | t 统计量 | P 值 |
|---|---|---|---|---|
| 常数 | 4.578337 | 0.156372 | 29.27845 | 0.0000 |
| LNK | 0.251259 | 0.094665 | 2.654187 | 0.0161 |
| LNL | 0.442874 | 0.097163 | 4.558049 | 0.0002 |
| $R^2$（可决系数） | 0.994779 | 被解释变量的样本均值 | | 11.16399 |
| 调整后的 $R^2$ | 0.994199 | 被解释变量的样本标准差 | | 0.546019 |
| 回归标准差 | 0.041587 | 赤池信息准则 | | −3.390494 |
| 残差平方和 | 0.031131 | 施瓦茨准则 | | −3.241276 |
| 极大似然值 | 38.60018 | 汉南信息准则 | | −3.358110 |
| F 统计量 | 1714.854 | 杜宾沃森统计量值 | | 0.408393 |
| F 统计量的 P 值 | 0.000000 | | | |

　　回归检验结果显示，$R^2$=99.48，非常高，F 统计量的显著性也非常好，说明国内生产总值对劳动力投入和资本投入都非常显著。但是该模型的 DW 值近似等于 0.4084，DW 检验的上下限值范围是［1.13，1.54］，DW 处于［0，1.13］区间，说明模型至少存在一阶自相关问题，通过 LM 检验。该模型具有二阶自相关问题，因此通过广义最小二乘法模型建立新的模型进行回归分析（结果见表 5-4）。

表 5-4　柯布-道格拉斯对数生产函数的弹性系数广义差分最小二乘回归分析结果

| 变量 | 相关系数 | 标准差 | t 统计量 | P 值 |
|---|---|---|---|---|
| 常数 | 1.639219 | 0.089481 | 18.31914 | 0.0000 |
| GLNL | 0.443070 | 0.085437 | 5.185904 | 0.0001 |
| GLNK | 0.243666 | 0.086986 | 2.801197 | 0.0128 |
| $R^2$（可决系数） | 0.983934 | 被解释变量的样本均值 | | 3.963087 |
| 调整后的 $R^2$ | 0.981925 | 被解释变量的样本标准差 | | 0.166451 |
| 回归标准差 | 0.022378 | 赤池信息准则 | | −4.617546 |
| 残差平方和 | 0.008012 | 施瓦茨准则 | | −4.468424 |
| 极大似然值 | 46.86668 | 汉南信息准则 | | −4.592308 |
| F 统计量 | 489.9363 | 杜宾沃森统计量值 | | 2.151247 |
| F 统计量的 P 值 | 0.000000 | | | |

回归检验结果显示，$R^2$=98.39，非常高，F 统计量的显著性仍旧很好。DW=2.15，落在[ 1.54,2.46 ]区间，广义最小二乘法模型已经消除自相关问题。

$$\ln K = -205 + 0.443\ln L + 0.244\ln K$$

$$（18.3）（5.2）（2.8） \qquad\qquad （5\text{-}5）$$

$$R^2 = 0.98, \ F = 489.9, \ DW = 2.15$$

回归模型的显著性较好，对式（5-5）分别求 $L$ 和 $K$ 的导数，可以得到：

$$\frac{\mathrm{d}Y}{Y} = 0.433\ \frac{\mathrm{d}L}{L}$$

$$\frac{\mathrm{d}Y}{Y} = 0.244\ \frac{\mathrm{d}K}{K}$$

进而可以得到：

$$\frac{K}{L} = \frac{\mathrm{d}K}{\mathrm{d}L} \times \frac{0.244}{0.443}$$

由此可以发现，劳动力产出弹性系数是0.443，资本产出弹性系数是0.244，意味着在劳动力投入不变的条件下，资本投入每增长 1%，产出增长 0.244%。同理，在资本投入不变的条件下，劳动力每增长 1%，产出增长 0.443%。我国 2000 —2020 年资本增加额和职工工资增加额的平均数分别是 3375.68 亿元和 996 亿元，计算可以得到 $K/L$ 等于 1.87，按照 2000 —2020 年我国规模以上工业企业的固定资产平均营业利润率为 16.86%（见表 5-5），可以得出企业将资本投入 $K$ 所获取的全部利润用于缴纳社会保险费，占其劳动力职工工资总额的比例是 31.53%，这是我国企业缴纳社会保障费用的比例上限。

表 5-5 2000—2020 年我国规模以上工业企业固定资产利润率　单位：亿元，%

| 年份 | 固定资产 | 利润总额 | 固定资产利润率 |
| --- | --- | --- | --- |
| 2000 | 59 467.5 | 4393.48 | 7.39 |
| 2001 | 63 463.98 | 4733 | 7.46 |
| 2002 | 67 882.55 | 5784.48 | 8.52 |
| 2003 | 75 560.8 | 8337.24 | 11.03 |
| 2004 | 92 236.98 | 11 929.3 | 12.93 |
| 2005 | 105 951.86 | 14 802.54 | 13.97 |
| 2006 | 125 190.1 | 19 504.44 | 15.58 |
| 2007 | 146 701.79 | 27 155.18 | 18.51 |
| 2008 | 179 191.72 | 30 562.37 | 17.06 |

| 年份 | 固定资产 | 利润总额 | 固定资产利润率 |
|------|---------|---------|--------------|
| 2009 | 207 355.57 | 34 542.22 | 16.66 |
| 2010 | 238 097.8 | 53 049.66 | 22.28 |
| 2011 | 253 198.19 | 61 396.33 | 24.25 |
| 2012 | 283 950.91 | 61 910.06 | 21.80 |
| 2013 | 316 231.1 | 68 378.91 | 21.62 |
| 2014 | 355 788.06 | 68 154.89 | 19.16 |
| 2015 | 377 568.47 | 66 187.07 | 17.53 |
| 2016 | 390 279.36 | 71 921.43 | 18.43 |
| 2017 | 367 405.3 | 74 916.25 | 20.39 |
| 2018 | 342 673.22 | 71 608.91 | 20.90 |
| 2019 | 342 822.31 | 65 799.04 | 19.19 |
| 2020 | 353 369.87 | 68 465.01 | 19.37 |
| 平均值 | — | — | 16.86 |

资料来源：国家统计局官网发布数据及《中国工业统计年鉴2021》，其中2018年固定资产值根据当年度的固定资产原值减去累计折旧计算获得。

目前，我国企业实际承担的社会养老保险、医疗保险、失业保险、生育保险和工伤保险缴费占工资总额的比例分别为20%、8%、2%、1%和1%，合计占工资总额的32%，已经超过企业能够缴纳社会保障费用的比例上限。而且企业还将留存一部分利润用于企业未来发展资金需求，不可能将全部利润用于缴纳社会保险费，因此，企业难以承受社会保险缴费负担。

### 三、个人长期护理保险缴费能力测算

关于个人长期护理保险缴费能力的分析，假设个人获得收入后一部分用于当期消费，另一部分用于储蓄以备跨期消费使用。根据消费者理论，假设城镇居民人均收入为$I$，当期消费为$C$，个人边际消费倾向为$c$，$C_0$为不随收入变化的固定消费金额，那么消费者支出公式可表示为

$$C = C_0 + cI \qquad (5-6)$$

假设个人将全部储蓄都用来缴纳长期护理保险费，其缴费金额为$S$，其费率为

$$S/I = (I - C)/I = (I - C_0 - cI)/I = 1 - C_0/I - c \qquad (5-7)$$

按照职工缴费的最大限度计算，就可以计算得到个人社会保险费缴纳比例的最高限度。本书选用 1992—2019 年我国住户部门初次分配总收入和居民消费数据[①]分别代表居民收入金额 $I$ 和消费支出 $C$ 进行回归分析，进而计算得出个人长期护理缴费比例 $S/I$ 的最大支付限度数据。由于居民收入金额 $I$ 与消费支出 $C$ 回归结果参数不显著，故而对居民收入金额 $I$ 和消费支出 $C$ 数据取对数进行回归分析（结果见表 5-6）。

表 5-6　居民收入与消费支出的对数回归分析结果

| 变量 | 相关系数 | 标准差 | t 统计量 | P 值 |
|---|---|---|---|---|
| 常数 | 947.4618 | 251.4355 | 3.768209 | 0.0009 |
| $I$ | 0.611614 | 0.006180 | 98.97309 | 0.0000 |
| $R^2$（可决系数） | 0.997353 | 被解释变量的样本均值 | | 21010.42 |
| 调整后的 $R^2$ | 0.997251 | 被解释变量的样本标准差 | | 15012.77 |
| 回归标准差 | 787.1365 | 赤池信息准则 | | 16.24343 |
| 残差平方和 | 16109181 | 施瓦茨准则 | | 16.33859 |
| 极大似然值 | −225.4080 | 汉南信息准则 | | 16.27252 |
| F 统计量 | 9795.673 | 杜宾沃森统计量值 | | 0.216794 |
| F 统计量的 P 值 | 0.000000 | — | — | — |

回归检验结果显示，$R^2$=99.74，非常高，F 统计量的显著性也非常好，说明消费支出与可支配收入之间回归关系非常显著。但是该模型的 DW 值近似等于 0.2168，DW 检验的上下限值范围是［1.33，1.48］，DW 处于［0，1.33］区间，说明模型存在一阶自相关问题。通过广义最小二乘法模型建立新的模型进行回归分析（结果见表 5-7）。

表 5-7　城镇居民可支配收入与消费支出的广义最小二乘回归分析结果

| 变量 | 相关系数 | 标准差 | t 统计量 | P 值 |
|---|---|---|---|---|
| 常数 | 0.099593 | 0.053083 | 1.876162 | 0.0724 |
| DLNI | 0.896172 | 0.033988 | 26.36722 | 0.0000 |
| $R^2$（可决系数） | 0.965289 | 被解释变量的样本均值 | | 1.495511 |

[①] 数据来自国家统计局官网和《中国统计年鉴》，并且都按照 1978 年居民消费价格指数进行了处理。

| 变量 | 相关系数 | 标准差 | t 统计量 | P 值 |
|---|---|---|---|---|
| 调整后的 $R^2$ | 0.963900 | 被解释变量的样本标准差 | | 0.106091 |
| 回归标准差 | 0.020157 | 赤池信息准则 | | −4.899334 |
| 残差平方和 | 0.010158 | 施瓦茨准则 | | −4.803346 |
| 极大似然值 | 68.14101 | 汉南信息准则 | | −4.870792 |
| F 统计量 | 695.2302 | 杜宾沃森统计量值 | | 1.783030 |
| F 统计量的 P 值 | 0.000000 | — | | |

回归检验结果显示，$R^2$=96.53，非常高，F 统计量的显著性仍旧很好。DW=1.78，落在［1.48，2.52］区间，已经消除了自相关问题。表达式如下：

$$\ln C = 0.6833 + 0.8962 \ln I \qquad (5-8)$$

由于城镇居民人均可支配收入和人均消费支出随时间变动，因此个人能够缴纳的社会保险费用金额也随时间发生变化，我们将式（5-8）的回归结果代入式（5-7）中，可以得到城镇居民个人在 1992—2019 年缴纳社会保险费用的最大比例限度（见表 5-8）。1992—2019 年，城镇居民的社会保险缴费比例最大限度逐年增加，最高比例限度可达到 38.94%，28 年期间的平均值是 30.37%。目前我国企业职工个人养老保险、医疗保险、失业保险缴费比例分别是 8%、2% 和 1%，个人缴费比例总计 11%，远低于理论测算的平均值 30.37%，这意味着我国未来个人缴费比例有较大的调整提升空间。

表 5-8　1992—2019 年我国城镇居民社会保险缴费的最大比例限度　单位：亿元，%

| 年份 | 住户部门初次分配收入 | 社保缴费最大比例限度 |
|---|---|---|
| 1992 | 7029.834 | 21.03 |
| 1993 | 7500.782 | 21.56 |
| 1994 | 8484.965 | 22.56 |
| 1995 | 9012.058 | 23.04 |
| 1996 | 10 124.41 | 23.97 |
| 1997 | 10 666.38 | 24.38 |
| 1998 | 11 516.68 | 24.98 |

续表

| 年份 | 住户部门初次分配收入 | 社保缴费最大比例限度 |
|---|---|---|
| 1999 | 12 312.18 | 25.50 |
| 2000 | 13 499.16 | 26.20 |
| 2001 | 14 466.91 | 26.73 |
| 2002 | 15 750.64 | 27.38 |
| 2003 | 17 301.75 | 28.08 |
| 2004 | 19 070.92 | 28.80 |
| 2005 | 21 449.35 | 29.67 |
| 2006 | 24 702.06 | 30.69 |
| 2007 | 29 148.03 | 31.87 |
| 2008 | 32 488.87 | 32.63 |
| 2009 | 36 022.1 | 33.35 |
| 2010 | 40 677.81 | 34.19 |
| 2011 | 46 243.77 | 35.06 |
| 2012 | 50 692.01 | 35.67 |
| 2013 | 54 831.97 | 36.20 |
| 2014 | 58 790.87 | 36.66 |
| 2015 | 62 841.08 | 37.09 |
| 2016 | 66 897.81 | 37.50 |
| 2017 | 73 644.19 | 38.12 |
| 2018 | 79 647.85 | 38.62 |
| 2019 | 83 678.38 | 38.94 |
| 平均值 | — | 30.37 |

# 第六章  基于系统动力学模型的长期护理保险缴费责任分担机制研究

长期护理保险缴费责任分担机制的主要研究目标是探讨我国基本社会保险制度现行的三方责任分担能否适应社会发展的需要，实现基金收支平衡，促进社会经济发展，旨在找出长期护理保险系统中各要素及其作用机制，并在系统仿真的基础上确定科学合理动态的长期护理保险缴费三方负担比例和缴费率，以适应社会老龄化和经济发展的需要。

## 第一节  政府、企业、个人缴费责任分担机制要素分析和参数估计

在长期护理保险缴费责任分担机制系统中，政府、企业和个人是该系统的主要组成部分。个人、企业、政府缴费的三方责任分担，使用个人缴费、企业缴费和政府缴费分别占长期护理保险基金收入的比例来表示。政府、企业、个人缴费分别由不同的要素构成，因此对长期护理保险缴费责任分担机制进行研究前，有必要对构成政府、企业和个人的要素进行分析并进行参数估计。

### 一、政府责任分担机制的要素分析及参数估计

政府在长期护理保险中主要是扮演最后出台者的角色，即由财政承担最后的兜底责任，而支持长期护理保险财政能力的基础是国民经济增长水平，因此选取的政府责任分担机制的要素包括人均 GDP 及人均 GDP 增长率、人均财政补贴。

## （一）人均GDP及人均GDP增长率

GDP 指按市场价格计算的一个国家（或地区）所有常住单位在一定时期内生产活动的最终成果。GDP 是由市场决定的，不是单方面作为政府责任分担的要素，而用于长期护理保险财政补贴的基础是国民经济增长水平，因此在对长期护理保险的财政支出进行分析时，GDP 是一个重要的研究对象，于是我们把 GDP 当作政府缴费责任分担的一个要素。

经济增长率又称为经济增长速度，它是反映一定时期经济发展水平变化程度的动态指标，也是反映一个国家经济是否具有活力的基本指标。知道一个时期的经济增长率后，就可以得到该时期的国内生产总值。我国 1978—2021 年的人均 GDP 及增长率见表 6-1。

表 6-1　我国 1978—2021 年人均 GDP 及其增长率情况　　单位：元，%

| 年份 | 人均 GDP | 人均 GDP 较上年增加额 | 人均 GDP 较上年增长率 |
|---|---|---|---|
| 1978 | 385 | — | — |
| 1979 | 423 | 38 | 9.87 |
| 1980 | 468 | 45 | 10.64 |
| 1981 | 497 | 29 | 6.20 |
| 1982 | 533 | 36 | 7.24 |
| 1983 | 588 | 55 | 10.32 |
| 1984 | 702 | 114 | 19.39 |
| 1985 | 866 | 164 | 23.36 |
| 1986 | 973 | 107 | 12.36 |
| 1987 | 1123 | 150 | 15.42 |
| 1988 | 1378 | 255 | 22.71 |
| 1989 | 1536 | 158 | 11.47 |
| 1990 | 1663 | 127 | 8.27 |
| 1991 | 1912 | 249 | 14.97 |
| 1992 | 2334 | 422 | 22.07 |
| 1993 | 3027 | 693 | 29.69 |
| 1994 | 4081 | 1054 | 34.82 |
| 1995 | 5091 | 1010 | 24.75 |
| 1996 | 5898 | 807 | 15.85 |

| 年份 | 人均 GDP | 人均 GDP 较上年增加额 | 人均 GDP 较上年增长率 |
|---|---|---|---|
| 1997 | 6481 | 583 | 9.88 |
| 1998 | 6860 | 379 | 5.85 |
| 1999 | 7229 | 369 | 5.38 |
| 2000 | 7942 | 713 | 9.86 |
| 2001 | 8717 | 775 | 9.76 |
| 2002 | 9506 | 789 | 9.05 |
| 2003 | 10 666 | 1160 | 12.20 |
| 2004 | 12 487 | 1821 | 17.07 |
| 2005 | 14 368 | 1881 | 15.06 |
| 2006 | 16 738 | 2370 | 16.49 |
| 2007 | 20 494 | 3756 | 22.44 |
| 2008 | 24 100 | 3606 | 17.60 |
| 2009 | 26 180 | 2080 | 8.63 |
| 2010 | 30 808 | 4628 | 17.68 |
| 2011 | 36 277 | 5469 | 17.75 |
| 2012 | 39 771 | 3494 | 9.63 |
| 2013 | 43 497 | 3726 | 9.37 |
| 2014 | 46 912 | 3415 | 7.85 |
| 2015 | 49 922 | 3010 | 6.42 |
| 2016 | 53 783 | 3861 | 7.73 |
| 2017 | 59 592 | 5809 | 10.80 |
| 2018 | 65 534 | 5942 | 9.97 |
| 2019 | 70 078 | 4544 | 6.93 |
| 2020 | 71 828 | 1750 | 2.50 |
| 2021 | 80 976 | 9148 | 12.74 |
| 全部平均值 | 19 414.18 | 1874.21 | 13.44 |
| 近 10 年平均值 | 58 189.3 | 4469.9 | 8.39 |

资料来源：根据国家统计局网站公开数据计算所得。

改革开放以来，随着我国综合国力不断提升，人均 GDP 金额逐年增加，积累了丰厚的国家财富，尤其是近 10 年来人均 GDP 平均值接近 6 万元，较改革开放至今的平均值增加了近 4 万元。由于基数较大，近 10 年人均增长率较前期有所减缓，平均值达到 8.39%，因此，假设我国人均 GDP 增长率为 8.39%。

## （二）人均财政补贴

财政补贴是指国家为了实现特定的政治经济目标，针对指定事项由财政安排专项基金为企业或个人提供的一种补贴。根据 2020 年国家医保局和财政部发布的《关于扩大长期护理保险制度试点的指导意见》（医保发〔2020〕37 号）规定："二、基本政策（五）资金筹集 探索建立互助共济、责任共担的多渠道筹资机制。科学测算基本护理服务相应的资金需求，合理确定本统筹地区年度筹资总额。筹资以单位和个人缴费为主，单位和个人缴费原则上按同比例分担，其中单位缴费基数为职工工资总额，起步阶段可从其缴纳的职工基本医疗保险费中划出，不增加单位负担；个人缴费基数为本人工资收入，可由其职工基本医疗保险个人账户代扣代缴。有条件的地方可探索通过财政等其他筹资渠道，对特殊困难退休职工缴费给予适当资助。建立与经济社会发展和保障水平相适应的筹资动态调整机制。"这意味着我国长期护理保险是由企业和个人承担缴费责任，政府仅承担最后的兜底责任，这种兜底责任以政府对城镇职工参保人或城乡居民参保人的财政补贴支出来体现。其一，关于财政补贴对象方面，上饶市、青岛市和承德市针对城镇职工参保人给予补贴；南通市、石河子市和上海市针对城乡居民中的特殊人员，如重度残疾人，未成年人及 60 岁以上老年人给予补贴；苏州市、荆门市则将城镇职工参保人和城乡居民参保人都纳入财政补贴范围。其二，在财政补贴金额方面，主要有定额补贴和比例补贴两种方式。定额补贴金额包括每年 30 元/人、每年 40 元/人、每年 50 元/人三种。比例补贴主要在荆门市和承德市两个试点城市实施。荆门市针对城镇职工和城乡居民，按照上一年居民可支配收入的 0.05% 进行补贴，并针对最低生活保障人员、完全丧失劳动能力重残人员和特困供养对象，由财政按照上一年居民可支配收入的 0.4% 全部提供补助；承德市则按照上年度参保人工资总额的 0.05% 提供财政补贴。

基于全国城乡居民和城镇职工按照跟随医疗保险原则参保长期护理保险的原则，结合我国城镇职工医疗保险缴费主要由职工个人和企业缴费构成，城乡居民医疗保险由城乡居民个人和政府财政补贴构成的实践做法，假设未来全国性长期护理保险缴费收入也是由城镇职工长期护理保险缴费和城乡居民长期护理保险缴费构成，其中城镇职工长期护理保险缴费由个人缴费和企业缴费构成，城乡居民长期护理保险缴费由城乡居民个人缴费和财政补贴构成。

财政补贴是为了发挥对特殊群体的社会保障兜底责任，本书将定额补贴和比例补贴都纳入仿真模拟测算。一方面，定额补贴方面，除了已有的每年 30 元 / 人、每年 40 元 / 人、每年 50 元 / 人 3 种情况外，还将荆门市和承德市的比例补贴换算成定额补贴金额一并考虑，荆门市定额补贴金额为 25.75 ~ 82 元，承德市政府补贴金额为 28.5 ~ 35 元，假设定额补贴金额包括每年 30 元 / 人、每年 40 元 / 人、每年 50 元 / 人、每年 70 元 / 人和每年 80 元 / 人共 5 种情况。另一方面，比例补贴方面，将以上定额补贴金额除以 2018 年全国人均 GDP，可得到政府财政补贴比例分别为 0.046%、0.061%、0.076%、0.107% 和 0.122% 共 5 种情况。城乡居民长期护理保险参保人的财政补贴构成了政府转移支付。

## 二、企业责任分担机制的要素分析及参数估计

在企业责任分担机制的要素分析中，主要从企业长期护理保险缴费进行分析。企业长期护理保险缴费涉及企业职工工资总额和企业长期护理保险缴费率。因此，企业责任分担机制的要素主要有企业职工平均工资及工资增长率、参保职工人数和企业缴费率。

### （一）城镇单位就业人员平均工资及工资增长率

城镇单位就业人员平均工资是指单位就业人员在一定时期内平均每人所得的工资额，它表明一定时期工资收入的高低程度，是反映就业人员工资水平的主要指标。工资增长率是当年工资减去上一年工资的差额与上一年工资的比值，反映一定时期内就业人员工资变动的程度（见表 6-2）。1981—2020 年的 40 年间，我国城镇单位就业人员平均工资数额经历了 1985 年之前不足千元，1995 年突破 5000 元，2000 年突破万元，2013 年超过 5 万元，到 2020 年接近 10 万元，年均增长率达到 13.52%，与同期我国国内生产总值 GDP 的增长率几乎一样，都保持了较高的增长水平。特别是 1993—1995 年增长率都超过了 20%，城镇单位就业人员工资增长的同时也为我国社会保

障事业发展提供了较强的资金支持。2008 年受到国际金融危机影响，经济增长放缓，叠加前期基数较大，2011—2020 年我国城镇单位就业人员平均工资数额达到 67 062 元，年均增长率是 10.31%，因此将就业人员工资增长率设定为 10.31%。

表 6-2　1981—2020 年城镇单位就业人员平均工资及其年增长率　单位：元，%

| 年份 | 城镇单位就业人员平均工资 | 增长率 |
|------|--------------------------|--------|
| 1981 | 722 | — |
| 1982 | 798 | 10.53 |
| 1983 | 826 | 3.51 |
| 1984 | 974 | 17.92 |
| 1985 | 1148 | 17.86 |
| 1986 | 1329 | 15.77 |
| 1987 | 1459 | 9.78 |
| 1988 | 1747 | 19.74 |
| 1989 | 1935 | 10.76 |
| 1990 | 2140 | 10.59 |
| 1991 | 2340 | 9.35 |
| 1992 | 2711 | 15.85 |
| 1993 | 3371 | 24.35 |
| 1994 | 4538 | 34.62 |
| 1995 | 5500 | 21.20 |
| 1996 | 6210 | 12.91 |
| 1997 | 6470 | 4.19 |
| 1998 | 7479 | 15.60 |
| 1999 | 8346 | 11.59 |
| 2000 | 9371 | 12.28 |
| 2001 | 10 834 | 15.61 |
| 2002 | 12 373 | 14.21 |
| 2003 | 13 969 | 12.90 |
| 2004 | 15 920 | 13.97 |
| 2005 | 18 200 | 14.32 |
| 2006 | 20 856 | 14.59 |
| 2007 | 24 721 | 18.53 |
| 2008 | 28 898 | 16.90 |
| 2009 | 32 244 | 11.58 |

续表

| 年份 | 城镇单位就业人员平均工资 | 增长率 |
|---|---|---|
| 2010 | 36 539 | 13.32 |
| 2011 | 41 799 | 14.40 |
| 2012 | 46 769 | 11.89 |
| 2013 | 51 483 | 10.08 |
| 2014 | 56 360 | 9.47 |
| 2015 | 62 029 | 10.06 |
| 2016 | 67 569 | 8.93 |
| 2017 | 74 318 | 9.99 |
| 2018 | 82 413 | 10.89 |
| 2019 | 90 501 | 9.81 |
| 2020 | 97 379 | 7.60 |
| 近 10 年平均值 | — | 10.31 |

资料来源：根据国家统计局官网数据计算获得。

## （二）参保职工人数

参保职工人数指报告期末参加城镇职工基本医疗保险人员的数量。根据国家建立健全社会保障制度的政策要求，所有城镇职工必须全部参加城镇职工基本医疗保险。因此，假设参保职工人数就等于职工人数，我国人口总数逐年变化，因此参保职工人数也随之发生变化，所以有必要分析城镇职工基本医疗保险参保人数与总人口数之间存在的统计关系，选取 1994—2021 年的城镇职工基本医疗保险参保人数与总人口数进行回归分析，结果见表 6-3。

表 6-3　我国城镇职工参保人与总人口的回归分析结果

| 变量 | 相关系数 | 标准左 | t 统计量 | P 值 |
|---|---|---|---|---|
| 常数 | −22.21099 | 0.835293 | −26.59065 | 0.0000 |
| 总人口 | 1.814202 | 0.063119 | 28.74263 | 0.0000 |
| $R^2$（可决系数） | 0.969489 | 被解释变量的样本均值 | | 1.769179 |
| 调整后的 $R^2$ | 0.968315 | 被解释变量的样本标准差 | | 1.206633 |
| 回归标准差 | 0.214784 | 赤池信息准则 | | −0.169620 |
| 残差平方和 | 1.199435 | 施瓦茨准则 | | −0.074462 |
| 极大似然值 | 4.374675 | 汉南信息准则 | | −0.140529 |
| F 统计量 | 826.1390 | 杜宾沃森统计量值 | | 0.246987 |
| F 统计量的 P 值 | 0.000000 | | | |

利用 Eviews 软件对参保职工人数与我国总人口数进行回归分析结果显示，参数回归系数的标准误差为 0.063，非常小，$R^2 = 96.95$，非常高，F 统计量的显著性也非常好，说明城镇职工参保人与总人口的回归模型非常显著。但是该模型的 DW 值等于 0.2470，模型检验的上下限值范围是［1.33，1.48］，DW 值处于［0，1.33］区间，说明模型至少存在一阶自相关问题，进一步分析发现该模型存在二阶自相关问题，通过广义差分处理后，回归模型分析结果见表 6-4，DW 值等于 2.07，已经消除自相关问题，而且广义差分模型的拟合优度 $R^2 = 94.36$，F 统计量的显著性也非常好，回归模型具体如下：

$$城镇职工参保人 = -23.55 + 1.915 \times 总人口$$

表 6-4　城镇职工参保人与总人口的广义差分回归分析结果

| 变量 | 相关系数 | 标准左 | t 统计量 | P 值 |
|---|---|---|---|---|
| 常数 | −4.613220 | 0.249553 | −18.48594 | 0.0000 |
| 总人口 −1.5345 × 总人口（−1）+ 0.7304 × 总人口（−2） | 1.915134 | 0.095554 | 20.04249 | 0.0000 |
| $R^2$（可决系数） | 0.943622 | 被解释变量的样本均值 | | 0.383953 |
| 调整后的 $R^2$ | 0.941273 | 被解释变量的样本标准差 | | 0.222395 |
| 回归标准差 | 0.053894 | 赤池信息准则 | | −2.929778 |
| 残差平方和 | 0.069710 | 施瓦茨准则 | | −2.833001 |
| 极大似然值 | 40.08711 | 汉南信息准则 | | −2.901910 |
| F 统计量 | 401.7014 | 杜宾沃森统计量值 | | 2.073854 |
| F 统计量的 P 值 | 0.000000 | — | | |

## （三）企业缴费率

企业缴费率是指企业缴纳的长期护理保险费占企业职工工资总额的比重。我国在 2020 年关于长期护理保险制度试点的相关规定明确表示，"单位缴费基数为职工工资总额，起步阶段可从其缴纳的职工基本医疗保险费中划出，不增加单位负担……"结合前述我国部分试点城市企业职工医保基金的划拨比例为 0.2%、0.3%、1%、2.4% 和 6% 这 5 种情况，假设企业长期护理保险缴费率＝企业职工医保缴费率 × 划拨比例，由于我国城镇职工医保单位缴费率为职工工资总额的 7%，企业长期护理保险缴费率取值为 0.014%、0.021%、0.07%、0.168% 和 0.42% 这 5 种情况。

我国自 2016 年开展长期护理保险制度首批试点以来，尚未形成独立的筹资机制，主要依赖医保基金划拨，如若由企业按照上述五种缴费率为职工缴纳长期护理保险费，就可以得到企业 2016—2020 年缴纳的长期护理保险缴费总额（见表 6-5）。这一计算结果是在不增加企业社保缴费率的情形下，对企业缴纳医保基金金额进行细分之后的结果。

表 6-5　估算 2016—2020 年企业承担的长期护理保险缴费总额　　单位：亿元

| 年份 | 城镇单位就业人员工资总额 | 不同缴费率对应的企业缴费总额 | | | | |
|---|---|---|---|---|---|---|
| | | 0.014% | 0.021% | 0.07% | 0.168% | 0.42% |
| 2016 | 120 074.8 | 16.81 | 25.22 | 84.05 | 201.73 | 504.31 |
| 2017 | 129 889.1 | 18.18 | 27.28 | 90.92 | 218.21 | 545.53 |
| 2018 | 141 480 | 19.81 | 29.71 | 99.04 | 237.69 | 594.22 |
| 2019 | 154 296.1 | 21.601 | 32.40 | 108.01 | 259.22 | 648.04 |
| 2020 | 164 126.9 | 22.98 | 34.47 | 114.89 | 275.73 | 689.33 |

资料来源：根据国家统计局官方数据及测算数据计算所得。

## 三、个人责任分担机制的要素分析及参数估计

在个人责任分担机制的要素分析中，主要从参保职工个人的缴费和城乡居民参保人两方面进行。选取的个人责任分担机制的要素主要有城镇职工平均工资、参保职工人数、城乡居民平均收入、个人缴费率、城乡居民参保人数等。其中，职工平均工资和参保职工人数已在企业责任分担机制的要素中进行分析。

### （一）个人缴费率

现阶段试点期间，长期护理保险个人缴费以医保个人账户代扣代缴为主。参保人为城镇职工医疗保险参保人每年定额缴费金额分别有 10 元/人、20元/人、40 元/人、50 元/人、70 元/人和 90 元/人 6 种情形；对于参保人为城乡居民医疗保险参保人的定额缴费金额，如石河子市 18 岁及以上居民从医保统筹基金结余划转 24 元、南通市个人自付 30 元、苏州市个人缴费50 元（由财政补助）、长春市城镇居民参保人划转统筹基金 30 元、上海市自 2021 年起城乡居民参保人每年划拨 10 元。采用比例缴费模式的试点地区包括荆门市、上海市、吉林省（包括长春市）、成都市、青岛市、承德市和

长春市，这 7 个城市和地区的个人缴费率根据缴费基数不同可分为按可支配收入、个人医保缴费基数、工资总额三大类，其中荆门市于 2016 年底出台政策，规定按照上年度居民人均可支配收入的 0.4% 确定，个人承担其中的 37.5%，2017—2020 年荆门市全市人均可支配收入分别是 17 167 元、18 776 元、20 556 元和 19 980 元，由此可计算得出 2018—2021 年荆门市个人缴费金额为 25.75 ～ 30.83 元；承德市按照参保人上年度工资总额的 0.15% 收缴个人长期护理保险费，从 2017 年启动长期护理保险制度试点以来，职工按照城镇非私营单位就业人员平均年总工资额计算得出的 2017—2019 年个人缴费金额为 85.42 ～ 105.95 元；其余 5 个试点城市和吉林省分别按个人医保缴费基数的 0.1%、0.2%、0.5%、1.2%、2.4% 进行划拨，2021 年个人缴费金额为 83.56 ～ 167.11 元。

无论城镇还是乡村，随着人口年龄增长，所有人口面临的失能风险越高，都需要为自身的失能风险防范进行事前规划。目前我国试点地区现行个人参保缴费金额为 10 ～ 167.11 元，以 2020 年全国居民人均可支配收入[①] 作为缴费基数，倒推计算 2016 年实施长期护理保险试点以来的个人缴费率为 0.03% ～ 0.7%，本书选取个人缴费率 0.03%、0.25%、0.35%、0.5%、0.7% 共 5 种进行测算。

## （二）城乡居民参保人口数

根据目前试点地区长期护理保险参保人跟随医疗保险的政策，随着长期护理保险试点范围的扩大，以及 2021 年《中华人民共和国国民经济和社会发展第十四个五年规划和 2035 年远景目标纲要》提出的"稳步建立长期护理保险制度"，城乡居民医疗保险参保人会随着制度的进一步推进被纳入长期护理保险保障范围。因此，假设城乡居民医疗保险参保人就是长期护理保险的城乡居民参保人，这部分人群与我国总人口数之间存在着统计关系。

我国在 2003 年针对农村人口建立了新型农村合作医疗制度，在 2007 年针对城镇非就业人口建立了城镇居民基本医疗保险制度。随着我国经济社会快速发展，两项制度城乡分割的负面作用，如重复参保、重复投入、待遇不够等问题显现。在总结实践经验的基础上，2016 年我国明确提出要整合新型

---

① 2016—2020 年全国人均可支配收入分别是 23 821 元、25 973.8 元、28 228 元、30 732.8 元和 32 188.8 元。

农村合作医疗、城镇居民基本医疗保险两项制度，建立统一的城乡居民基本医疗保险（以下简称为"城乡居民医保"）制度。除了 2007 年城镇居民医疗保险制度实施之初参保人数较少和 2016 年由于城乡居民医疗保险两项制度合并参保人数下降之外，其余年份我国城乡居民医疗保险参保人比例始终在 70% ～ 81%，城乡居民医疗保险参保人占总人口的比例平均为 73.29%（见表 6-6）。

表6-6 2007—2021 年我国城乡居民医疗保险参保率 单位：亿人，%

| 年份 | 城乡居民医保参保人 | 总人口 | 城乡居民医疗保险参保率 |
|------|------|------|------|
| 2007 | 7.73 | 13.21 | 58.50 |
| 2008 | 9.33 | 13.28 | 70.27 |
| 2009 | 10.15 | 13.35 | 76.07 |
| 2010 | 10.31 | 13.41 | 76.91 |
| 2011 | 10.53 | 13.49 | 78.06 |
| 2012 | 10.77 | 13.59 | 79.20 |
| 2013 | 10.98 | 13.67 | 80.33 |
| 2014 | 10.51 | 13.76 | 76.32 |
| 2015 | 10.47 | 13.83 | 75.68 |
| 2016 | 7.24 | 13.92 | 51.97 |
| 2017 | 10.07 | 14.00 | 71.89 |
| 2018 | 10.28 | 14.05 | 73.13 |
| 2019 | 10.25 | 14.10 | 72.68 |
| 2020 | 10.17 | 14.12 | 72.00 |
| 2021 | 10.10 | 14.13 | 71.50 |
| 平均值 | — | — | 73.29 |

资料来源：根据《中国统计年鉴 2021》和卫健委发布的历年《我国卫生健康事业发展统计公报》整理并计算得到。

## （三）城乡居民可支配收入

国家统计局发布的《中国统计年鉴 2021》数据显示，2020 年我国人均可支配收入是 32 188.8 元，城乡居民收入增长较快，收入来源呈现多元化发展趋势，工资性收入、经营性收入、财产净收入、转移净收入构成城乡居民收入的主要来源，其中工资性收入仍占据第一大主要收入来源（见表 6-7）。从 2016 年实施长期护理保险制度试点以来，截至 2020 年，我国城乡居民可支配收入年均增长率为 6.21%，工资性收入年均增长率为 5.90%。

表6-7　2016—2020年我国城乡居民可支配收入情况　　　　单位：元

| 指标 | 2016 | 2017 | 2018 | 2019 | 2020 |
|------|------|------|------|------|------|
| 可支配收入 | 23 821.0 | 25 973.8 | 28 228.0 | 30 732.8 | 32 188.8 |
| 工资性收入 | 13 455.2 | 14 620.3 | 15 829.0 | 17 186.2 | 17 917.4 |
| 经营净收入 | 4217.7 | 4501.8 | 4852.4 | 5247.3 | 5306.8 |
| 财产净收入 | 1889.0 | 2107.4 | 2378.5 | 2619.1 | 2791.5 |
| 转移净收入 | 4259.1 | 4744.3 | 5168.1 | 5680.3 | 6173.2 |

资料来源：《中国统计年鉴2021》。

## 四、其他要素分析

### （一）长期护理保险基金收支

目前我国长期护理保险基金收入主要依赖医保统筹基金，部分试点地区的长期护理保险基金收入中有一部分来自政府补助，还有少数试点地区的长期护理保险基金收入中有一部分来自个人缴费。根据国家医保局和财政部《关于扩大长期护理保险制度试点的指导意见》（医保发〔2020〕37号）规定，"长期护理保险基金主要用于支付符合规定的机构和人员提供基本护理服务所发生的费用。经医疗机构或康复机构规范诊疗、失能状态持续6个月以上，经申请通过评估认定的失能参保人员，可按规定享受相关待遇。根据护理等级、服务提供方式等不同实行差别化待遇保障政策，鼓励使用居家和社区护理服务。对符合规定的护理服务费用，基金支付水平总体控制在70%左右"。

2016年实施试点以来，随着试点地区的扩大，参保人数逐年增加，长期护理保险基金收入和支出也同时呈现增长趋势。截至2021年，长期护理保险基金收入达到260.6亿元，基金支出168.4亿元，当年基金结余92.2亿元，试点5年来累计基金结余为334.72亿元（见表6-8）。

表6-8　2017—2021年我国长期护理保险基金收支情况　　　　单位：亿元

| 项目 | 2017 | 2018 | 2019 | 2020 | 2021 |
|------|------|------|------|------|------|
| 基金收入 | 31.00 | 170.47 | 176.85 | 196.14 | 260.6 |
| 基金支出 | 5.77 | 82.75 | 112.04 | 131.38 | 168.4 |
| 当年基金结余 | 25.23 | 87.72 | 64.81 | 64.76 | 92.2 |
| 累计基金结余 | 25.23 | 112.95 | 177.76 | 242.52 | 334.72 |

资料来源：《中国医疗保障统计年鉴2021》。

## （二）投资收益率与投资收益

2016年《关于开展长期护理保险制度试点的指导意见》（人社厅发〔2016〕80号）关于长期护理保险基金管理规定要求："长期护理保险基金参照现行社会保险基金有关管理制度执行。基金单独管理，专款专用。建立举报投诉、信息披露、内部控制、欺诈防范等风险管理制度。建立健全长期护理保险基金监管制度，确保基金安全有效。"

2020年《关于扩大长期护理保险制度试点的指导意见》（医保发〔2020〕37号）规定："长期护理保险基金管理参照现行社会保险基金有关制度执行。基金单独建账，单独核算。建立健全基金监管机制，创新基金监管手段，完善举报投诉、信息披露、内部控制、欺诈防范等风险管理制度，确保基金安全。"

2017年《关于印发〈社会保险基金财务制度〉的通知》（财社〔2017〕144号）第37条规定："基金结余除预留一定的支付费用外，应在保证安全的前提下，按照国务院相关规定开展投资运营实现保值增值。社会保险行政部门和财政部门对基金投资运营实施严格监管。"目前关于社会保险基金投资相关规定参照2015年发布的《国务院关于印发基本养老保险基金投资管理办法的通知》（简称《通知》，国发〔2015〕48号），其中第34条规定："养老基金限于境内投资。投资范围包括：银行存款，中央银行票据，同业存单；国债，政策性、开发性银行债券，信用等级在投资级以上的金融债、企业（公司）债、地方政府债券、可转换债（含分离交易可转换债）、短期融资券、中期票据、资产支持证券，债券回购；养老金产品，上市流通的证券投资基金，股票，股权，股指期货，国债期货"。《通知》第37条规定："养老基金投资比例，按照公允价值计算应当符合下列规定：（一）投资银行活期存款，一年期以内（含一年）的定期存款，中央银行票据，剩余期限在一年期以内（含一年）的国债，债券回购，货币型养老金产品，货币市场基金的比例，合计不得低于养老基金资产净值的5%；（二）投资一年期以上的银行定期存款、协议存款、同业存单，剩余期限在一年期以上的国债，政策性、开发性银行债券，金融债，企业（公司）债，地方政府债券，可转换债（含分离交易可转换债），短期融资券，中期票据，资产支持证券，固定收益型养老金产品，混合型养老金产品，债券基金的比例，合计不得高于养老基金资产净值的135%；（三）投资股票、股票基金、混合基金、股票型养老金产品的比例，合计不得高于养老基金资产净值的 30%；（四）投资国家重大项目和重点企业股权的比例，合计不得高于养老基金资产净值的 20%。"《通知》第 39 条规定："根据金融市场变化和投资运营情况，国务院有关主管部门适时报请国务院对养老基金投资范围和比例进行调整。"

全国社会保障基金理事会发布的《基本养老保险基金受托运营年度报告（2021 年度）》显示，从 2016 年起，与全国 31 个省（区、市）和新疆生产建设兵团陆续签约，受托管理基本养老保险基金部分结余资金以来，每年都平稳实现正收益，累计投资收益额达 2619.77 亿元，年化投资收益率约 6.49%。因此，设定长期护理保险基金参照基本养老保险基金年化投资收益率为 6.49%。

# 第二节　基于 SD 模型的长期护理保险缴费责任分担机制研究

## 一、长期护理保险缴费责任分担机制的建立原则

长期护理保险基金收入主要来自政府财政补贴、企业长期护理保险缴费、个人长期护理保险缴费和长期护理保险基金投资收益。由于我国长期护理保险制度尚处于试点阶段，没有专门的投资管理办法，基金运行周期短，累计结余较少，在后续长期护理保险系统分析中，我们将投资收益部分忽略，仅针对长期护理保险中政府、企业和个人三方主体在长期护理保险缴费中各自承担的缴费比例进行研究。因此，个人、企业和政府三者的缴费比例之和应等于 1，其中设个人缴费与长期护理保险基金收入的比例为 $k_1$，企业缴费与长期护理保险基金收入的比例为 $k_2$，政府财政补贴支付与长期护理保险基金收入的比例为 $k_3$，则 $k_1+k_2+k_3=1$。

长期护理保险的缴费责任分担机制是个复杂系统，本书借助系统动力学（System Dynamics，SD）模型来解决该复杂问题。SD 模型的基本假设条件如下：

第一，根据现阶段试点地区的实践做法，假设城镇职工和城乡居民均按照跟随医疗保险的原则参保长期护理保险，所有参保人都不会中途退保和早亡，中途退保和参保人未生存至退休之前就早亡将会影响城镇职工参

保人缴费，进而影响长期护理保险基金收入，为了避免模型复杂化，此处不考虑。

第二，所有长期护理保险费均能按期收取、长期护理保险待遇均按期支付，不存在逃费和欠付。在建立模型的时候，对长期护理保险的征收力度和征缴范围不予考虑，即认定长期护理保险的收入和支出全部到位。

第三，假定人的生命只有两期，即工作期和退休期。参保人在工作期参加工作，缴纳长期护理保险费，不存在提前退休的情况，在退休期不工作，根据失能评估鉴定结果享受长期护理保险待遇。

第四，关于通货膨胀的影响。为了研究长期护理保险的运行状况，测算政府、企业和个人的缴费率，结合经济运行现状，假设仿真模拟时期内的年通货膨胀通胀率为3%。

第五，我国的长期护理保险制度目前尚在试点阶段，其基金运行与医疗保险制度相类似，实行现收现付。因此，假设参保人的个人缴费、企业缴费和政府补贴均被纳入长期护理保险基金收入，用于支付当期核定参保人的长期护理保险待遇。

## 二、SD 模型中变量之间的因果关系

SD模型包括了参保人（含城镇职工参保人和城乡居民参保人两大群体）、国内生产总值、缴费率（分别为个人、企业和政府缴费率三大部分）、职工工资水平、居民可支配收入、长期护理保险基金收入、长期护理保险基金支出等因素变量。

试点阶段，关于长期护理保险基金收入的全国性政策规定主要包括：一是 2016 年《关于开展长期护理保险制度试点的指导意见》（人社厅发〔2016〕80 号）规定："试点阶段，可通过优化职工医保统账结构、划转职工医保统筹基金结余、调剂职工医保费率等途径筹集资金，并逐步探索建立互助共济、责任共担的长期护理保险多渠道筹资机制。筹资标准根据当地经济发展水平、护理需求、护理服务成本，以及保障范围和水平等因素，按照以收定支、收支平衡、略有结余的原则合理确定。建立与经济社会发展和保障水平相适应的动态筹资机制""长期护理保险基金参照现行社会保险基金有关管理制度执行。基金单独管理，专款专用。建立举报投诉、信息披露、内部控制、欺

诈防范等风险管理制度。建立健全长期护理保险基金监管制度，确保基金安全有效"。二是 2020 年《关于扩大长期护理保险制度试点的指导意见》（医保发〔2020〕37 号）规定："试点阶段从职工基本医疗保险参保人群起步，重点解决重度失能人员基本护理保障需求，优先保障符合条件的失能老年人、重度残疾人。有条件的地方可随试点探索深入，综合考虑经济发展水平、资金筹集能力和保障需要等因素，逐步扩大参保对象范围，调整保障范围""探索建立互助共济、责任共担的多渠道筹资机制。科学测算基本护理服务相应的资金需求，合理确定本统筹地区年度筹资总额。筹资以单位和个人缴费为主，单位和个人缴费原则上按同比例分担，其中单位缴费基数为职工工资总额，起步阶段可从其缴纳的职工基本医疗保险费中划出，不增加单位负担；个人缴费基数为本人工资收入，可由其职工基本医疗保险个人账户代扣代缴。有条件的地方可探索通过财政等其他筹资渠道，对特殊困难退休职工缴费给予适当资助。建立与经济社会发展和保障水平相适应的筹资动态调整机制""……做好长期护理保险与经济困难的高龄、失能老年人补贴以及重度残疾人护理补贴等政策的衔接""长期护理保险基金管理参照现行社会保险基金有关制度执行。基金单独建账，单独核算。建立健全基金监管机制，创新基金监管手段，完善举报投诉、信息披露、内部控制、欺诈防范等风险管理制度，确保基金安全"。

按照国家试点阶段的制度顶层设计，长期护理保险制度运行的关键是长期护理保险基金收入和支出平衡，长期护理保险基金略有结余，才能持续稳健安全运行，为失能人员提供有效的护理保障。因此，SD 模型将长期护理保险基金收入和支出作为引起长期护理保险基金结余变化的关键分析因素。

## （一）长期护理保险基金收入相关因素

长期护理保险基金收入主要来自个人缴费、企业缴费、政府财政补贴及长期护理保险基金结余的投资收益，它们之间的关系如下：

（1）长期护理保险基金收入与政府财政补贴、企业缴费、个人缴费及基金结余的投资收益四者之间存在正向关系，政府财政补贴、企业缴费、个人缴费及投资收益金额增加，长期护理保险基金收入就会随之增长；反之，则长期护理保险基金收入也会随之减少。

（2）企业缴费与职工平均工资、参保职工人数之间存在正向关系，职工平均工资越高、参保职工人数越多，企业缴费金额就越大；反之，企业缴费金额会减少。

（3）个人缴费与参保人的收入、参保人数之间存在正向关系，参保人的收入越多、参保人数越多，那么理论上个人缴费金额就越多；反之，个人缴费金额就会减少。

（4）参保人数与总人口数之间的关系。目前我国长期护理保险制度正处于扩大试点阶段，《关于扩大长期护理保险制度试点的指导意见》规定了参保对象和保障范围，即"从职工基本医疗保险参保人群起步，重点解决重度失能人员基本护理保障需求，优先保障符合条件的失能老年人、重度残疾人。有条件的地方可随试点探索深入，综合考虑经济发展水平、资金筹集能力和保障需要等因素，逐步扩大参保对象范围，调整保障范围"。鉴于现有部分试点城市已经将城乡居民纳入长期护理保险保障范围，那么未来我国长期护理保险制度的保障群体势必会从"城镇职工医疗保险参保人"延伸至"城乡居民医疗保险参保人"，因此，SD 模型中的参保人群包括"城镇职工医疗保险参保人"和"城乡居民医疗保险参保人"两类。其中"城镇职工医疗保险参保人"与总人口之间存在正向关系，"城乡居民医疗保险参保人"与总人口之间存在一定比例关系，总人口数越多，这两类参保人数就越多。

（5）人均财政补贴与人均 GDP 之间存在正向关系。人均 GDP 值越高，意味着政府就越有足够的财力给予符合条件的参保人相应的财政补贴。

## （二）长期护理保险基金支出相关因素

长期护理保险基金支出主要用于参保人员的长期护理服务待遇支出、失能评定费用支出、经办管理费用支出。

关于长期护理服务待遇支出的全国性政策规定主要如下：一是 2016 年《关于开展长期护理保险制度试点的指导意见》（人社厅发〔2016〕80 号）规定"长期护理保险基金按比例支付护理服务机构和护理人员为参保人提供的符合规定的护理服务所发生的费用。根据护理等级、服务提供方式等制定差别化的待遇保障政策，对符合规定的长期护理费用，基金支付水平总体上控制在 70% 左右。具体待遇享受条件和支付比例，由试点地区确定"。二是 2020 年《关于扩大长期护理保险制度试点的指导意见》（医保发〔2020〕37 号）规定"长期护理保险基金主要用于支付符合规定的机构和人员提供基本护理服务所发生的费用。经医疗机构或康复机构规范诊疗、失能状态持续6个月以上，经申请通过评估认定的失能参保人员，可按规定享受相关待遇。根据护理等级、服务提供方式等不同实行差别化待遇保障政策，鼓励使用居家和社区护理服务。对符合规定的护理服务费用，基金支付水平总体控制在70%左右。做好长期护理保险与经济困难的高龄、失能老年人补贴以及重度残疾人护理补贴等政策的衔接"。

关于参保人失能评定费用支出、经办管理费用支出尚未出台全国性规定，目前试点城市和地区的主要做法是由长期护理保险基金支出这两项费用。一方面关于参保人员失能评定费用是按照200元/人次标准确定，由长期护理保险基金承担70%～80%的比例，其余由个人自付。另一方面关于经办管理费用支出，目前主要有定额标准和比例标准两种方式，定额标准是指无论基金收支情况如何，均以固定额度费用作为参与经办的商业保险公司管理费，比例标准主要是以基数的一定比例（大多在3%～7%）来确定。目前我国试点城市中采用定额标准的有11个，采用比例标准的有28个。对于采用比例标准的城市，大多数城市规定采用长期护理保险收入作为基数，也有诸如石河子、晋城、乌鲁木齐等城市规定采用待遇支出作为基数。

鉴于目前我国尚未形成统一的标准及根据后续系统动力学模型测算，基于大部分试点城市的实践做法，关于参保人失能评定费用支出按照200元/人次标准确定，由长期护理保险基金收入承担70%的比例；商业保险公司经办管理费用支出按照长期护理保险基金收入5%的比例支付。

长期护理保险基金支出受护理方式、失能率、失能程度等因素影响，它们之间的关系如下：

（1）长期护理保险基金支出与人口的失能率、失能程度存在正向关系。人口的失能率越高，申请长期护理服务需求就越高，这就可能导致长期护理保险基金支出的待遇越多。另外，失能人口的失能程度越严重，需要的长期护理服务就越多，这也会导致长期护理保险基金支出的待遇更多。反之亦然。

（2）长期护理保险基金支出与护理方式之间存在一定相关关系。目前护理服务方式主要有居家护理、机构护理两种，机构护理费用较居家护理方式贵一些，因此会造成长期护理保险基金支出更多。

（3）长期护理保险支出与参保人数、长期护理保险待遇水平之间存在正向关系。长期护理保险的参保人数越多，随着年龄增长和机体老化，失能人数越多，用于参保人的长期护理保险支出也就越多。长期护理保险待遇水平越高，长期护理保险支出也会越多。

综上所述，SD 模型主要包括参保人、国内生产总值、职工工资水平、缴费率、长期护理保险基金收支，以及政府财政补贴、企业和个人缴费分别占长期护理保险基金收入的比例等因素。各因素之间的因果关系如图 6-1 所示，图中箭头表示因果关系，箭头指示方向代表原因作用于结果的方向，箭头旁的"+"和"－"表示原因因素增大导致结果因素增大或减小。

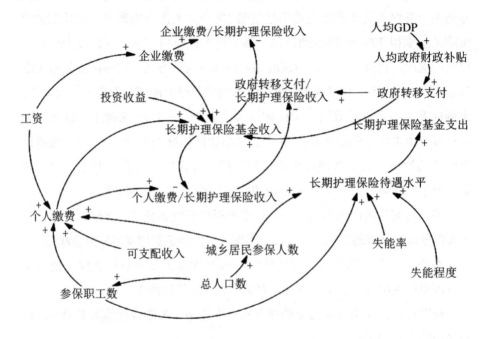

图 6-1　长期护理保险责任分担机制因果关系图

## （三）SD 模型的结构方程

仅依靠因果关系图不能定量描述长期护理保险缴费的系统动态行为，需要利用结构方程对各因素变量的关系进行补充说明，为求解模型或编程模拟、仿真分析做准备。长期护理保险缴费责任分担机制的系统方程式如下：

工资增长量 = 工资 × 工资增长率

工资 = 工资 + 工资增长量

参保人数 = 城镇职工参保人数 + 城乡居民参保人数

个人缴费 = 个人可支配收入 × 个人缴费率 × 参保人数

企业缴费 = 工资 × 企业缴费率 × 参保职工人数

人均 GDP 增长量 = 人均 GDP × 人均 GDP 增长率

人均 GDP = 人均 GDP+ 人均 GDP 增长量

长期护理保险基金收入 = 政府转移支付 + 企业缴费 + 个人缴费

长期护理保险基金收入量 = 长期护理保险基金收入

长期护理保险待遇水平 = 长期护理费用[①] × 70%

经办管理费用支出 = 长期护理保险基金收入 × 5%

失能评定费用支出 = 失能评定人口数 × 200 元 / 人次 × 70%

长期护理保险基金支出 = 长期护理保险待遇水平 + 失能评定费用支出 + 经办管理费用支出

长期护理保险基金支出量 = 长期护理保险基金支出

长期护理保险基金结余 = 长期护理保险基金收入量 – 长期护理保险基金支出量

个人缴费率 = 个人缴费 / 长期护理保险基金收入

企业缴费率 = 企业缴费 / 长期护理保险基金收入

政府转移支付 / 长期护理保险基金收入 =1– 个人缴费 / 长期护理保险基金收入 – 企业缴费 / 长期护理保险基金收入

总人口数[②]= 总人口数表［Time］

城镇职工参保人数 =-23.55+1.915× 总人口数

城乡居民参保人数 = 总人口数 × 73.29%

政府转移支付 1= 定额补贴 × 城乡居民参保人数

政府转移支付 2= 人均 GDP × 比例补贴 × 城乡居民参保人数

## 三、基于 SD 模型的长期护理保险缴费责任分担模拟过程及分析

根据长期护理保险缴费责任分担机制的要素分析，假设其他要素不变，通过改变个人缴费率、企业缴费率、政府定额补贴金额或补贴比例参数值的

---

① 我国目前没有全国机构护理费用的相关数据，而且考虑到我国未来 97% 的失能人员居家养老，因此采用 2021 年居民服务平均工资表示长期护理费用。

② 采用联合国发布的《世界人口展望 2022》中关于我国 2022—2050 年的总人口数据。

方式，分析这三方缴费责任负担的变化过程。当要素参数的取值不同时，测算结果会随之发生变化，个人、企业和政府这三个要素的变化幅度也会不同，所以综合不同要素参数值的计算结果，得出的三者变化幅度不同。当参数值改变时，由于个人、企业和政府都希望自身长期护理保险缴费责任负担相对稳定，不愿意自身负担比例发生太大变化，都趋向于选择负担比例变化较小的情况，因此，综合模拟测算结果，个人、企业和政府缴费责任负担比例变化幅度最小的就是最优的三方缴费责任负担比例，其对应的参数值就成为该要素参数的最优选择值。

政府补贴包括定额补贴和比例补贴两种方式，其取值分别有 5 种情形，个人缴费率和企业缴费率也分别有 5 种情形，因此组合情形共 250 种。采用控制变量法进行模拟测算，测算过程包括两种情况：一是政府采用定额财政补贴方式。首先固定政府补贴金额；其次组合个人缴费率和企业缴费率，计算出不同组合情况下的三方缴费责任负担比例，找出长期护理保险基金收支结余大于零的情况下变化率最小的组合；最后依次改变政府补贴金额，找出所有组合情况的三方缴费责任负担比例变化率最小的组合，这就是最优的三方缴费责任负担比例，其对应的就是最优的个人缴费率、企业缴费率和政府定额补贴金额。二是政府采用按人均 GDP 的一定比例补贴缴费的方式。首先固定政府财政补贴比例；其次组合个人缴费率和企业缴费率，计算出不同组合情况下的三方缴费责任负担比例，找出长期护理保险基金收支结余大于零的情况下变化率最小的组合；最后依次改变政府补贴比例，找出所有组合情况的三方缴费责任负担比例变化率最小的组合，这就是最优的三方缴费责任负担比例，其对应的就是最优的个人缴费率、企业缴费率和政府财政补贴比例。最终可获得定额补贴和比例补贴两种政府投入方式下的最优缴费责任负担方案作为政策参考。

## （一）政府实施定额财政补贴时三方缴费责任负担比例测算

### 1. 政府财政补贴 30 元时的模拟结果及分析

若政府投入的财政补贴为每年 30 元/人，通过个人缴费率和企业缴费率不同参数值组合测算得出个人、企业、政府三方缴费责任负担比例及它们各自的变动幅度，模拟的年份为 2022—2050 年，涉及数值较多，因此选取了 2022 年和 2050 年的数值，变动幅度用 $d$ 表示（如表 6-9 所示），$d$ 值越小，代表三方缴费责任比例变化越小。

根据表 6-9 的测算结果可以直观看到，政府补贴为每年 30 元 / 人，所有个人和企业缴费率不同参数值组合后，三方缴费负担比例变动幅度最小值分别为 1.82%、57.55% 和 77.97%，其对应的个人缴费率和企业缴费率分别为 0.7% 和 0.07%。

2. 政府财政补贴 40 元时的模拟结果及分析

若政府投入的财政补贴为每年 40 元 / 人，通过个人缴费率和企业缴费率不同参数值组合测算得出个人、企业、政府三方缴费责任负担比例及它们各自的变动幅度见表 6-10。测算结果显示，政府补贴为每年 40 元 / 人时，所有个人和企业缴费率不同参数值组合后，三方缴费负担比例变动幅度最小值分别为 1.68%、52.14% 和 78.74%，其对应的个人缴费率和企业缴费率分别为 0.7% 和 0.168%。

3. 政府财政补贴 50 元时的模拟结果及分析

若政府投入的财政补贴为每年 50 元 / 人，通过个人缴费率和企业缴费率不同参数值组合测算得出个人、企业、政府三方缴费责任负担比例及它们各自的变动幅度见表 6-11。测算结果显示，政府补贴为每年 50 元 / 人时，所有个人和企业缴费率不同参数值组合后，三方缴费负担比例变动幅度最小值分别为 0.01%、54.70% 和 78.43%，其对应的个人缴费率和企业缴费率分别为 0.7% 和 0.168%。

4. 政府财政补贴 70 元时的模拟结果及分析

若政府投入的财政补贴为每年 70 元 / 人，通过个人缴费率和企业缴费率不同参数值组合测算得出个人、企业、政府三方缴费责任负担比例及它们各自的变动幅度见表 6-12。测算结果显示，政府补贴为每年 70 元 / 人时，所有个人和企业缴费率不同参数值组合后，三方缴费负担比例变动幅度最小值分别为 3.34%、59.84% 和 77.66%，其对应的个人缴费率和企业缴费率分别为 0.7% 和 0.168%。

5. 政府财政补贴 80 元时的模拟结果及分析

若政府投入的财政补贴为每年 80 元 / 人，通过个人缴费率和企业缴费率不同参数值组合测算得出个人、企业、政府三方缴费责任负担比例及它们各自的变动幅度见表 6-13。测算结果显示，政府补贴为每年 80 元 / 人，所有个人和企业缴费率不同参数值组合后，三方缴费负担比例变动幅度最小值分别为4.99%、62.40% 和 77.32%，其对应的个人缴费率和企业缴费率分别为 0.7% 和 0.168%。

## （二）政府实施比例财政补贴时三方缴费责任负担比例测算

1. 政府财政补贴 0.046% 时的模拟结果及分析

政府投入的财政补贴为 0.046% 时，通过个人缴费率和企业缴费率不同参数值组合测算得出个人、企业、政府三方缴费责任负担比例及它们各自的变动幅度见表 6-14。测算结果显示，政府按 GDP 的 0.046% 给予城乡居民长期护理保险补贴时，所有个人和企业缴费率不同参数值组合后三方缴费负担比例变动幅度最小值分别有 13.22%、34.31%、78.89% 和 10.22%、38.56%、84.92% 两种情况，其对应的个人缴费率和企业缴费率分别为 0.5%、0.014% 和 0.7%、0.014%。本着长期护理保险基金历年结余大于零，企业负担比例变动幅度较小，同时不增加个人、企业、政府三方缴费负担的原则，应优先选择个人和企业缴费率分别为 0.5% 和 0.014% 这一组合。

2. 政府财政补贴 0.061% 时的模拟结果及分析

政府投入的财政补贴为 0.061% 时，通过个人缴费率和企业缴费率不同参数值组合测算得出个人、企业、政府三方缴费责任负担比例及它们各自的变动幅度见表 6-15。测算结果显示，政府按 GDP 的 0.061% 给予城乡居民长期护理保险补贴时，所有个人和企业缴费率不同参数值组合后三方缴费负担比例变动幅度最小值分别有 15.99%、30.10%、73.17% 和 12.56%、35.14%、80.27% 两种情况，其对应的个人缴费率和企业缴费率分别为 0.5%、0.014% 和 0.7%、0.014%。本着长期护理保险基金历年结余大于零，企业负担比例变动幅度较小，同时不增加个人、企业、政府三方缴费负担的原则，应优先选择个人和企业缴费率分别为 0.5% 和 0.014% 这一组合。

3. 政府财政补贴 0.076% 时的模拟结果及分析

政府投入的财政补贴为 0.076% 时，通过个人缴费率和企业缴费率不同参数值组合测算得出个人、企业、政府三方缴费责任负担比例及它们各自的变动幅度见表 6-16。测算结果显示，政府按 GDP 的 0.076% 给予城乡居民长期护理保险补贴时，所有个人和企业缴费率不同参数值组合后三方缴费负担比例变动幅度最小值分别有 18.37%、26.60%、68.23% 和 14.64%、32.17%、75.96% 两种情况，其对应的个人缴费率和企业缴费率分别为 0.5%、0.014% 和 0.7%、0.014%。鉴于我国企业社保缴费承担比例已经超过其上限，本着企业社保缴费负担比例变化幅度较小，同时满足长期护理保险结余大于零的原则，应优先选择个人缴费率和企业缴费率为 0.5% 和 0.014% 这一组合。

4. 政府财政补贴 0.107% 时的模拟结果及分析

政府投入的财政补贴为 0.107% 时，通过个人缴费率和企业缴费率不同参数值组合测算得出个人、企业、政府三方缴费责任负担比例及它们各自的变动幅度见表 6-17。测算结果显示，政府按 GDP 的 0.107% 给予城乡居民长期护理保险补贴时，所有个人和企业缴费率不同参数值组合后三方缴费负担比例变动幅度最小值分别有 26.92%、13.06%、50.66%，22.41%、20.11%、59.92% 和 18.31%、26.67%、68.35% 三种情况，其对应的个人缴费率和企业缴费率分别为 0.35%、0.014%，0.5%、0.014% 和 0.7%、0.014% 共三种不同缴费比例组合。本着企业社保缴费负担比例变化幅度较小，同时满足长期护理保险结余大于零的原则，应优先选择个人缴费率和企业缴费率分别为 0.35% 和 0.014% 这一组合。

5. 政府财政补贴 0.122% 时的模拟结果及分析

政府投入的财政补贴为 0.122% 时，通过个人缴费率和企业缴费率不同参数值组合测算得出个人、企业、政府三方缴费责任负担比例及它们各自的变动幅度见表 6-18。测算结果显示，政府按 GDP 的 0.122% 给予城乡居民长期护理保险补贴时，所有个人和企业缴费率不同参数值组合后三方缴费负担比例变动幅度最小值分别有 28.53%、10.38%、47.28%，24.03%、17.26%、56.60% 和 19.83%、24.42%、65.25% 共三种情况，其对应的个人缴费率和企业缴费率分别为 0.35%、0.014%，0.5%、0.014% 和 0.7%、0.014% 共三种不同缴费比例组合。鉴于我国企业社保缴费承担比例已经超过其上限，本着企业社保缴费负担比例变化幅度较小的原则，同时考虑在政府按 GDP 的 0.122% 给予城乡居民长期护理保险补贴时，在我国企业长期护理保险缴费率相同的条件下，本着个人长期护理保险缴费负担比例较小的原则，应优先选择个人缴费率和企业缴费率为 0.35% 和 0.014% 这一组合。

表6-9 政府财政补贴为每年30元/人的个人、企业、政府三方负担比例和变动率

| 个人/企业 | 年份/差距 | 0.014% | | | | 0.021% | | | | 0.070% | | | | 0.168% | | | | 0.420% | | | |
|---|---|---|---|---|---|---|---|---|---|---|---|---|---|---|---|---|---|---|---|---|---|
| | | $k_1$/% | $k_2$/% | $k_3$/% | 基金结余 | $k_1$/% | $k_2$/% | $k_3$/% | 基金结余 | $k_1$/% | $k_2$/% | $k_3$/% | 基金结余 | $k_1$/% | $k_2$/% | $k_3$/% | 基金结余 | $k_1$/% | $k_2$/% | $k_3$/% | 基金结余 |
| 0.03% | 2022 | 29.17 | 11.74 | 59.09 | < 0 | 27.55 | 16.64 | 55.81 | < 0 | 19.85 | 39.95 | 40.20 | < 0 | 12.73 | 61.49 | 25.78 | < 0 | 6.62 | 79.97 | 13.41 | < 0 |
| | 2050 | 48.54 | 30.23 | 21.24 | < 0 | 42.16 | 39.39 | 18.45 | < 0 | 21.97 | 68.42 | 9.61 | < 0 | 11.22 | 83.87 | 4.91 | < 0 | 4.97 | 92.86 | 2.17 | > 0 |
| | 差距 $d$ | 66.40 | 157.50 | 64.05 | — | 53.03 | 136.72 | 66.94 | — | 10.68 | 71.26 | 76.09 | — | 11.86 | 36.40 | 80.95 | — | 24.92 | 16.12 | 83.82 | — |
| 0.2% | 2022 | 77.43 | 3.74 | 18.82 | < 0 | 76.01 | 5.51 | 18.48 | < 0 | 67.35 | 16.27 | 16.37 | < 0 | 54.86 | 31.80 | 13.34 | < 0 | 37.14 | 53.83 | 9.03 | < 0 |
| | 2050 | 88.71 | 6.63 | 4.66 | < 0 | 85.87 | 9.63 | 4.51 | < 0 | 70.12 | 26.20 | 3.68 | < 0 | 51.30 | 46.01 | 2.69 | < 0 | 30.35 | 68.05 | 1.59 | > 0 |
| | 差距 $d$ | 14.57 | 77.27 | 75.24 | — | 12.97 | 74.77 | 75.60 | — | 4.11 | 61.03 | 77.52 | — | 6.49 | 44.69 | 79.84 | — | 18.28 | 26.42 | 82.39 | — |
| 0.35% | 2022 | 82.77 | 2.86 | 14.37 | < 0 | 81.61 | 4.22 | 14.17 | < 0 | 74.28 | 12.82 | 12.90 | < 0 | 62.98 | 26.08 | 10.94 | > 0 | 45.27 | 46.87 | 7.86 | > 0 |
| | 2050 | 91.67 | 4.89 | 3.44 | < 0 | 89.48 | 7.16 | 3.36 | < 0 | 76.66 | 20.46 | 2.88 | < 0 | 59.59 | 38.17 | 2.23 | > 0 | 37.89 | 60.68 | 1.42 | > 0 |
| | 差距 $d$ | 10.75 | 70.98 | 76.06 | — | 9.64 | 69.67 | 76.29 | — | 3.20 | 59.59 | 77.67 | — | 5.38 | 46.36 | 79.62 | — | 16.30 | 29.46 | 81.93 | — |
| 0.50% | 2022 | 87.28 | 2.11 | 10.61 | > 0 | 86.37 | 3.13 | 10.50 | > 0 | 80.49 | 9.72 | 9.78 | > 0 | 70.85 | 20.54 | 8.61 | > 0 | 54.16 | 39.25 | 6.58 | > 0 |
| | 2050 | 94.02 | 3.51 | 2.47 | > 0 | 92.40 | 5.18 | 2.43 | > 0 | 82.43 | 15.40 | 2.16 | > 0 | 67.81 | 30.41 | 1.78 | > 0 | 46.57 | 52.21 | 1.22 | > 0 |
| | 差距 $d$ | 7.72 | 66.35 | 76.72 | — | 6.98 | 65.50 | 76.86 | — | 2.41 | 58.44 | 77.91 | — | 4.29 | 48.05 | 79.33 | — | 14.01 | 33.02 | 81.46 | — |
| 0.70% | 2022 | 90.57 | 1.56 | 7.86 | > 0 | 89.87 | 2.33 | 7.80 | > 0 | 85.24 | 7.35 | 7.40 | > 0 | 77.29 | 16.00 | 6.71 | > 0 | 62.33 | 32.26 | 5.41 | > 0 |
| | 2050 | 95.65 | 2.55 | 1.79 | > 0 | 94.45 | 3.78 | 1.77 | > 0 | 86.79 | 11.58 | 1.63 | > 0 | 74.68 | 23.92 | 1.40 | > 0 | 54.96 | 44.01 | 1.03 | > 0 |
| | 差距 $d$ | 5.61 | 63.46 | 77.23 | — | 5.10 | 62.23 | 77.31 | — | 1.82 | 57.55 | 77.97 | — | 3.38 | 49.50 | 79.14 | — | 11.82 | 36.42 | 80.96 | — |

表6-10　政府财政补贴为每年40元/人的个人、企业、政府三方负担比例和变动率

| 个人/企业 | 年份/差距 | 0.014% | | | | 0.021% | | | | 0.070% | | | | 0.168% | | | | 0.420% | | | |
|---|---|---|---|---|---|---|---|---|---|---|---|---|---|---|---|---|---|---|---|---|---|
| | | $k_1$/% | $k_2$/% | $k_3$/% | 基金结余 | $k_1$/% | $k_2$/% | $k_3$/% | 基金结余 | $k_1$/% | $k_2$/% | $k_3$/% | 基金结余 | $k_1$/% | $k_2$/% | $k_3$/% | 基金结余 | $k_1$/% | $k_2$/% | $k_3$/% | 基金结余 |
| 0.03% | 2022 | 24.37 | 9.81 | 65.82 | < 0 | 23.23 | 14.03 | 62.74 | < 0 | 17.50 | 35.23 | 47.27 | < 0 | 11.72 | 56.62 | 31.66 | < 0 | 6.34 | 76.54 | 17.12 | < 0 |
| | 2050 | 45.33 | 28.23 | 26.44 | < 0 | 39.72 | 37.11 | 23.17 | < 0 | 21.29 | 66.29 | 12.42 | < 0 | 11.04 | 82.52 | 6.44 | < 0 | 4.93 | 92.19 | 2.88 | > 0 |
| | 差距 $d$ | 86.01 | 187.77 | 59.83 | — | 70.99 | 164.50 | 63.07 | — | 21.66 | 88.16 | 73.73 | — | 5.80 | 45.74 | 79.66 | — | 22.24 | 20.45 | 83.18 | — |
| 0.25% | 2022 | 72.86 | 3.52 | 23.62 | < 0 | 71.60 | 5.19 | 23.21 | < 0 | 63.87 | 15.43 | 20.70 | < 0 | 52.52 | 30.45 | 17.03 | < 0 | 36.05 | 52.26 | 11.69 | > 0 |
| | 2050 | 87.36 | 6.53 | 6.12 | < 0 | 84.59 | 9.48 | 5.92 | < 0 | 69.27 | 25.88 | 4.85 | < 0 | 50.84 | 45.60 | 3.56 | < 0 | 30.19 | 67.69 | 2.11 | > 0 |
| | 差距 $d$ | 19.90 | 85.51 | 74.09 | — | 18.14 | 82.66 | 74.49 | — | 8.45 | 67.73 | 76.57 | — | 3.20 | 49.75 | 79.10 | — | 16.26 | 29.53 | 81.95 | — |
| 0.35% | 2022 | 78.99 | 2.73 | 18.29 | < 0 | 77.92 | 4.03 | 18.04 | < 0 | 71.22 | 12.29 | 16.49 | < 0 | 60.77 | 25.16 | 14.07 | < 0 | 44.11 | 45.67 | 10.21 | > 0 |
| | 2050 | 90.63 | 4.84 | 4.53 | < 0 | 88.49 | 7.09 | 4.42 | < 0 | 75.94 | 20.27 | 3.80 | < 0 | 59.15 | 37.89 | 2.96 | > 0 | 37.72 | 60.40 | 1.89 | > 0 |
| | 差距 $d$ | 14.74 | 77.29 | 75.23 | — | 13.57 | 75.93 | 75.50 | — | 6.63 | 64.93 | 76.96 | — | 2.67 | 50.60 | 78.96 | — | 14.49 | 32.25 | 81.49 | — |
| 0.50% | 2022 | 84.30 | 2.04 | 13.66 | > 0 | 83.45 | 3.02 | 13.53 | > 0 | 77.95 | 9.42 | 12.63 | > 0 | 68.87 | 19.96 | 11.16 | > 0 | 53.00 | 38.41 | 8.59 | > 0 |
| | 2050 | 93.25 | 3.48 | 3.26 | > 0 | 91.65 | 5.14 | 3.21 | > 0 | 81.84 | 15.29 | 2.86 | > 0 | 67.41 | 30.23 | 2.36 | > 0 | 46.38 | 51.99 | 1.62 | > 0 |
| | 差距 $d$ | 10.62 | 70.59 | 76.13 | — | 9.83 | 70.20 | 76.27 | — | 4.99 | 62.31 | 77.36 | — | 2.12 | 51.45 | 78.85 | — | 12.49 | 35.36 | 81.14 | — |
| 0.70% | 2022 | 88.26 | 1.52 | 10.22 | > 0 | 87.59 | 2.27 | 10.14 | > 0 | 83.19 | 7.18 | 9.63 | > 0 | 75.60 | 15.65 | 8.75 | > 0 | 61.22 | 31.69 | 7.09 | > 0 |
| | 2050 | 95.08 | 2.54 | 2.38 | > 0 | 93.89 | 3.76 | 2.35 | > 0 | 86.32 | 11.52 | 2.16 | > 0 | 74.33 | 23.81 | 1.86 | > 0 | 54.77 | 43.86 | 1.37 | > 0 |
| | 差距 $d$ | 7.73 | 67.11 | 76.71 | — | 7.19 | 65.64 | 76.82 | — | 3.76 | 60.45 | 77.57 | — | 1.68 | 52.14 | 78.74 | — | 10.54 | 38.40 | 80.68 | — |

表6-11　政府财政补贴为每年50元/人的个人、企业、政府三方负担比例和变动率

| 个人/企业 | 年份/差距 | 0.014% | | | | 0.021% | | | | 0.070% | | | | 0.168% | | | | 0.420% | | | |
|---|---|---|---|---|---|---|---|---|---|---|---|---|---|---|---|---|---|---|---|---|---|
| | | $k_1$/% | $k_2$/% | $k_3$/% | 基金结余 | $k_1$/% | $k_2$/% | $k_3$/% | 基金结余 | $k_1$/% | $k_2$/% | $k_3$/% | 基金结余 | $k_1$/% | $k_2$/% | $k_3$/% | 基金结余 | $k_1$/% | $k_2$/% | $k_3$/% | 基金结余 |
| 0.03% | 2022 | 20.92 | 8.42 | 70.65 | < 0 | 20.08 | 12.13 | 67.80 | < 0 | 15.65 | 31.51 | 52.84 | < 0 | 10.86 | 52.47 | 36.67 | < 0 | 6.08 | 73.40 | 20.52 | < 0 |
| | 2050 | 42.52 | 26.48 | 31.01 | < 0 | 37.55 | 35.07 | 27.38 | < 0 | 20.65 | 64.29 | 15.06 | < 0 | 10.87 | 81.21 | 7.92 | < 0 | 4.90 | 91.53 | 3.57 | > 0 |
| | 差距d | 103.25 | 214.49 | 56.11 | — | 87.00 | 189.12 | 59.62 | — | 31.95 | 104.03 | 71.50 | < 0 | 0.09 | 54.77 | 78.40 | < 0 | 19.41 | 24.70 | 82.60 | — |
| 0.25% | 2022 | 68.80 | 3.32 | 27.88 | < 0 | 67.67 | 4.90 | 27.42 | < 0 | 60.73 | 14.67 | 24.60 | < 0 | 50.38 | 29.21 | 20.41 | < 0 | 35.03 | 50.77 | 14.19 | > 0 |
| | 2050 | 86.04 | 6.43 | 7.53 | < 0 | 83.36 | 9.34 | 7.29 | < 0 | 68.44 | 25.57 | 5.99 | < 0 | 50.40 | 45.19 | 4.41 | > 0 | 30.03 | 67.34 | 2.63 | > 0 |
| | 差距d | 25.06 | 93.67 | 72.99 | — | 23.19 | 90.61 | 73.41 | — | 12.70 | 74.30 | 75.65 | < 0 | 0.04 | 54.71 | 78.39 | — | 14.27 | 32.64 | 81.47 | — |
| 0.35% | 2022 | 75.53 | 2.61 | 21.86 | < 0 | 74.56 | 3.86 | 21.58 | < 0 | 68.40 | 11.80 | 19.80 | < 0 | 58.70 | 24.31 | 16.99 | < 0 | 43.02 | 44.53 | 12.45 | > 0 |
| | 2050 | 89.61 | 4.78 | 5.60 | < 0 | 87.52 | 7.01 | 5.47 | < 0 | 75.22 | 20.08 | 4.70 | < 0 | 58.72 | 37.61 | 3.67 | > 0 | 37.54 | 60.11 | 2.35 | > 0 |
| | 差距d | 18.64 | 83.14 | 74.38 | — | 17.38 | 81.61 | 74.65 | — | 9.97 | 70.17 | 76.26 | — | 0.03 | 54.71 | 78.40 | — | 12.74 | 34.99 | 81.12 | — |
| 0.50% | 2022 | 81.52 | 1.97 | 16.51 | > 0 | 80.72 | 2.92 | 16.35 | > 0 | 75.56 | 9.13 | 15.31 | > 0 | 67.00 | 19.42 | 13.57 | > 0 | 51.89 | 37.60 | 10.51 | > 0 |
| | 2050 | 92.50 | 3.46 | 4.05 | > 0 | 90.93 | 5.10 | 3.98 | > 0 | 81.26 | 15.18 | 3.56 | > 0 | 67.02 | 30.05 | 2.93 | > 0 | 46.20 | 51.78 | 2.02 | > 0 |
| | 差距d | 13.47 | 75.63 | 75.47 | — | 12.65 | 74.66 | 75.66 | — | 7.54 | 66.27 | 76.75 | — | 0.03 | 54.74 | 78.41 | — | 10.97 | 37.71 | 80.78 | — |
| 0.70% | 2022 | 86.06 | 1.48 | 12.45 | > 0 | 85.43 | 2.21 | 12.36 | > 0 | 81.24 | 7.01 | 11.76 | > 0 | 73.98 | 15.32 | 10.71 | > 0 | 60.16 | 31.14 | 8.71 | > 0 |
| | 2050 | 94.52 | 2.52 | 2.95 | > 0 | 93.35 | 3.74 | 2.92 | > 0 | 85.86 | 11.46 | 2.68 | > 0 | 73.99 | 23.70 | 2.31 | > 0 | 54.59 | 43.71 | 1.71 | > 0 |
| | 差距d | 9.83 | 70.27 | 76.31 | — | 9.27 | 69.23 | 76.38 | — | 5.69 | 63.48 | 77.21 | — | 0.01 | 54.70 | 78.43 | — | 9.26 | 40.37 | 80.37 | — |

表 6-12　政府财政补贴为每年 70 元/的个人、企业、政府三方负担比例和变动率

| 个人/企业 | 年份/差距 | 0.014% | | | 基金结余 | 0.021% | | | 基金结余 | 0.070% | | | 基金结余 | 0.168% | | | 基金结余 | 0.420% | | | 基金结余 |
|---|---|---|---|---|---|---|---|---|---|---|---|---|---|---|---|---|---|---|---|---|---|
| | | $k_1$/% | $k_2$/% | $k_3$/% | | $k_1$/% | $k_2$/% | $k_3$/% | | $k_1$/% | $k_2$/% | $k_3$/% | | $k_1$/% | $k_2$/% | $k_3$/% | | $k_1$/% | $k_2$/% | $k_3$/% | |
| 0.03% | 2022 | 16.31 | 6.57 | 77.12 | < 0 | 15.80 | 9.54 | 74.67 | < 0 | 12.92 | 26.01 | 61.07 | < 0 | 9.47 | 45.76 | 44.77 | < 0 | 5.62 | 67.84 | 26.55 | > 0 |
| | 2050 | 37.83 | 23.56 | 38.62 | < 0 | 33.84 | 31.61 | 34.55 | < 0 | 19.48 | 60.64 | 19.88 | < 0 | 10.53 | 78.71 | 10.75 | < 0 | 4.83 | 90.24 | 4.93 | > 0 |
| | 差距 $d$ | 131.94 | 258.60 | 49.92 | — | 114.18 | 231.34 | 53.73 | — | 50.77 | 133.14 | 67.45 | — | 11.19 | 72.01 | 75.99 | — | 14.06 | 33.02 | 81.43 | — |
| 0.25% | 2022 | 61.90 | 2.99 | 35.11 | < 0 | 60.99 | 4.42 | 34.59 | < 0 | 55.28 | 13.35 | 31.36 | < 0 | 46.58 | 27.00 | 26.42 | < 0 | 33.15 | 48.05 | 18.80 | > 0 |
| | 2050 | 83.53 | 6.24 | 10.23 | < 0 | 81.00 | 9.08 | 9.92 | < 0 | 66.84 | 24.97 | 8.19 | < 0 | 49.52 | 44.41 | 6.07 | < 0 | 29.72 | 66.64 | 3.64 | > 0 |
| | 差距 $d$ | 34.94 | 108.70 | 70.86 | — | 32.81 | 105.43 | 71.32 | — | 20.91 | 87.04 | 73.88 | — | 6.31 | 64.48 | 77.02 | — | 10.35 | 38.69 | 80.64 | — |
| 0.35% | 2022 | 69.46 | 2.40 | 28.14 | < 0 | 68.64 | 3.55 | 27.81 | < 0 | 63.38 | 10.94 | 25.68 | < 0 | 54.97 | 22.76 | 22.27 | > 0 | 40.98 | 42.42 | 16.60 | > 0 |
| | 2050 | 87.65 | 4.68 | 7.67 | < 0 | 85.65 | 6.86 | 7.49 | < 0 | 73.83 | 19.71 | 6.46 | < 0 | 57.87 | 37.07 | 5.06 | > 0 | 37.19 | 59.56 | 3.25 | > 0 |
| | 差距 $d$ | 26.19 | 95.00 | 72.74 | — | 24.78 | 93.24 | 73.07 | — | 16.49 | 80.16 | 74.84 | — | 5.28 | 62.87 | 77.28 | — | 9.25 | 40.41 | 80.42 | — |
| 0.50% | 2022 | 76.47 | 1.85 | 21.69 | > 0 | 75.77 | 2.75 | 21.49 | > 0 | 71.20 | 8.60 | 20.20 | > 0 | 63.55 | 18.42 | 18.03 | > 0 | 49.79 | 36.08 | 14.12 | > 0 |
| | 2050 | 91.02 | 3.40 | 5.58 | > 0 | 89.50 | 5.02 | 5.48 | > 0 | 80.12 | 14.97 | 4.91 | > 0 | 66.24 | 29.70 | 4.06 | > 0 | 45.82 | 51.37 | 2.81 | > 0 |
| | 差距 $d$ | 19.03 | 83.78 | 74.27 | — | 18.12 | 82.55 | 74.50 | — | 12.53 | 74.07 | 75.69 | — | 4.23 | 61.24 | 77.48 | — | 7.97 | 42.38 | 80.10 | — |
| 0.70% | 2022 | 81.98 | 1.41 | 16.61 | > 0 | 81.40 | 2.11 | 16.49 | > 0 | 77.59 | 6.69 | 15.72 | > 0 | 70.94 | 14.69 | 14.37 | > 0 | 58.13 | 30.09 | 11.78 | > 0 |
| | 2050 | 93.42 | 2.49 | 4.09 | > 0 | 92.27 | 3.69 | 4.04 | > 0 | 84.95 | 11.34 | 3.72 | > 0 | 73.31 | 23.48 | 3.21 | > 0 | 54.22 | 43.41 | 2.37 | > 0 |
| | 差距 $d$ | 13.95 | 76.60 | 75.38 | — | 13.35 | 74.88 | 75.50 | — | 9.49 | 69.51 | 76.34 | — | 3.34 | 59.84 | 77.66 | — | 6.73 | 44.27 | 79.88 | — |

表 6-13 政府财政补贴为每年 80 元/人的个人、企业、政府三方负担比例和变动率

| 个人/企业 | 年份/差距 | 0.014% | | | | 0.021% | | | | 0.070% | | | | 0.168% | | | | 0.420% | | | |
|---|---|---|---|---|---|---|---|---|---|---|---|---|---|---|---|---|---|---|---|---|---|
| | | $k_1$/% | $k_2$/% | $k_3$/% | 基金结余 | $k_1$/% | $k_2$/% | $k_3$/% | 基金结余 | $k_1$/% | $k_2$/% | $k_3$/% | 基金结余 | $k_1$/% | $k_2$/% | $k_3$/% | 基金结余 | $k_1$/% | $k_2$/% | $k_3$/% | 基金结余 |
| 0.03% | 2022 | 14.69 | 5.92 | 79.39 | < 0 | 14.27 | 8.62 | 77.11 | < 0 | 11.88 | 23.92 | 64.20 | < 0 | 8.90 | 43.01 | 48.09 | < 0 | 5.41 | 65.36 | 29.23 | > 0 |
| | 2050 | 35.85 | 22.32 | 41.83 | < 0 | 32.25 | 30.12 | 37.63 | < 0 | 18.94 | 58.97 | 22.10 | < 0 | 10.37 | 77.52 | 12.10 | < 0 | 4.80 | 89.61 | 5.60 | > 0 |
| | 差距 $d$ | 144.04 | 277.03 | 47.31 | — | 126.00 | 249.42 | 51.20 | — | 59.43 | 146.53 | 65.58 | — | 16.52 | 80.24 | 74.84 | — | 11.28 | 37.10 | 80.84 | — |
| 0.25% | 2022 | 58.94 | 2.85 | 38.21 | < 0 | 58.11 | 4.21 | 37.67 | < 0 | 52.91 | 12.78 | 34.30 | < 0 | 44.88 | 26.02 | 29.10 | > 0 | 32.28 | 46.79 | 20.93 | > 0 |
| | 2050 | 82.32 | 6.15 | 11.53 | < 0 | 79.87 | 8.95 | 11.18 | < 0 | 66.06 | 24.69 | 9.25 | < 0 | 49.10 | 44.03 | 6.87 | > 0 | 29.57 | 66.29 | 4.14 | > 0 |
| | 差距 $d$ | 39.67 | 115.79 | 69.82 | — | 37.45 | 112.59 | 70.32 | — | 24.85 | 93.19 | 73.03 | — | 9.40 | 69.22 | 76.39 | — | 8.40 | 41.68 | 80.22 | — |
| 0.35% | 2022 | 66.77 | 2.30 | 30.92 | > 0 | 66.01 | 3.42 | 30.57 | > 0 | 61.14 | 10.55 | 28.31 | > 0 | 53.27 | 22.06 | 24.67 | > 0 | 40.03 | 41.44 | 18.53 | > 0 |
| | 2050 | 86.70 | 4.63 | 8.67 | > 0 | 84.74 | 6.79 | 8.47 | < 0 | 73.16 | 19.53 | 7.32 | < 0 | 57.45 | 36.80 | 5.75 | > 0 | 37.02 | 59.28 | 3.70 | > 0 |
| | 差距 $d$ | 29.85 | 101.30 | 71.96 | — | 28.37 | 98.54 | 72.29 | — | 19.66 | 85.12 | 74.14 | — | 7.85 | 66.82 | 76.69 | — | 7.52 | 43.05 | 80.03 | — |
| 0.50% | 2022 | 74.17 | 1.79 | 24.04 | > 0 | 73.51 | 2.66 | 23.83 | > 0 | 69.21 | 8.36 | 22.43 | > 0 | 61.96 | 17.96 | 20.08 | > 0 | 48.81 | 35.37 | 15.82 | > 0 |
| | 2050 | 90.30 | 3.37 | 6.32 | > 0 | 88.81 | 4.98 | 6.22 | > 0 | 79.56 | 14.87 | 5.57 | > 0 | 65.86 | 29.53 | 4.61 | > 0 | 45.64 | 51.16 | 3.20 | > 0 |
| | 差距 $d$ | 21.75 | 88.27 | 73.71 | — | 20.81 | 87.22 | 73.90 | — | 14.95 | 77.87 | 75.17 | — | 6.29 | 64.42 | 77.04 | — | 6.49 | 44.64 | 79.77 | — |
| 0.70% | 2022 | 80.08 | 1.38 | 18.54 | > 0 | 79.53 | 2.06 | 18.41 | > 0 | 75.88 | 6.55 | 17.57 | > 0 | 69.51 | 14.39 | 16.09 | > 0 | 57.17 | 29.59 | 13.24 | > 0 |
| | 2050 | 92.88 | 2.48 | 4.64 | > 0 | 91.74 | 3.67 | 4.59 | > 0 | 84.50 | 11.28 | 4.23 | > 0 | 72.98 | 23.37 | 3.65 | > 0 | 54.03 | 43.26 | 2.70 | > 0 |
| | 差距 $d$ | 15.98 | 79.71 | 74.97 | — | 15.35 | 78.16 | 75.07 | — | 11.36 | 72.21 | 75.92 | — | 4.99 | 62.40 | 77.32 | — | 5.49 | 46.20 | 79.61 | — |

表6-14　政府财政补贴0.046%时的个人、企业、政府三方负担比例和变动率

| 个人/企业 | 年份/差距 | 0.014% | | | | 0.021% | | | | 0.070% | | | | 0.168% | | | | 0.420% | | | |
|---|---|---|---|---|---|---|---|---|---|---|---|---|---|---|---|---|---|---|---|---|---|
| | | $k_1$/% | $k_2$/% | $k_3$/% | 基金结余 | $k_1$/% | $k_2$/% | $k_3$/% | 基金结余 | $k_1$/% | $k_2$/% | $k_3$/% | 基金结余 | $k_1$/% | $k_2$/% | $k_3$/% | 基金结余 | $k_1$/% | $k_2$/% | $k_3$/% | 基金结余 |
| 0.03% | 2022 | 24.85 | 10.01 | 65.14 | < 0 | 23.67 | 14.29 | 62.04 | < 0 | 17.75 | 35.73 | 46.52 | < 0 | 11.83 | 57.16 | 31.01 | < 0 | 6.37 | 76.93 | 16.70 | < 0 |
| | 2050 | 14.23 | 8.86 | 76.90 | < 0 | 13.63 | 12.73 | 73.64 | < 0 | 10.51 | 32.72 | 56.77 | < 0 | 7.21 | 53.86 | 38.94 | < 0 | 3.99 | 74.48 | 21.54 | > 0 |
| | 差距 d | 42.74 | 11.49 | 18.05 | — | 42.42 | 10.92 | 18.70 | — | 40.79 | 8.42 | 22.03 | — | 39.05 | 5.77 | 25.57 | — | 37.36 | 3.18 | 28.98 | — |
| 0.25% | 2022 | 73.37 | 3.54 | 23.08 | < 0 | 72.10 | 5.22 | 22.68 | < 0 | 64.26 | 15.52 | 20.21 | < 0 | 52.79 | 30.61 | 16.61 | < 0 | 36.18 | 52.44 | 11.38 | > 0 |
| | 2050 | 58.04 | 4.34 | 37.63 | < 0 | 56.80 | 6.37 | 36.83 | < 0 | 49.46 | 18.48 | 32.06 | > 0 | 39.29 | 35.24 | 25.47 | > 0 | 25.70 | 57.63 | 16.67 | > 0 |
| | 差距 d | 20.89 | 22.60 | 63.04 | — | 21.22 | 22.03 | 62.39 | — | 23.03 | 19.07 | 58.63 | — | 25.57 | 15.13 | 53.34 | — | 28.97 | 9.90 | 46.49 | — |
| 0.35% | 2022 | 79.42 | 2.74 | 17.84 | < 0 | 78.34 | 4.06 | 17.60 | < 0 | 71.57 | 12.35 | 16.08 | < 0 | 61.02 | 25.27 | 13.71 | < 0 | 44.25 | 45.81 | 9.94 | > 0 |
| | 2050 | 65.94 | 3.52 | 30.54 | > 0 | 64.80 | 5.19 | 30.01 | > 0 | 57.80 | 15.43 | 26.77 | > 0 | 47.54 | 30.45 | 22.01 | > 0 | 32.63 | 52.26 | 15.11 | > 0 |
| | 差距 d | 16.97 | 28.47 | 71.19 | — | 17.28 | 27.83 | 70.51 | — | 19.24 | 24.94 | 66.48 | — | 22.09 | 20.50 | 60.54 | — | 26.26 | 14.08 | 52.01 | — |
| 0.50% | 2022 | 84.64 | 2.04 | 13.31 | > 0 | 83.79 | 3.04 | 13.18 | > 0 | 78.24 | 9.45 | 12.31 | > 0 | 69.10 | 20.03 | 10.87 | > 0 | 53.14 | 38.51 | 8.36 | > 0 |
| | 2050 | 73.45 | 2.74 | 23.81 | > 0 | 72.45 | 4.06 | 23.49 | > 0 | 66.18 | 12.36 | 21.45 | > 0 | 56.42 | 25.30 | 18.29 | > 0 | 40.90 | 45.84 | 13.26 | > 0 |
| | 差距 d | 13.22 | 34.31 | 78.89 | — | 13.53 | 33.55 | 78.22 | — | 15.41 | 30.79 | 74.25 | — | 18.35 | 26.31 | 68.26 | — | 23.03 | 19.03 | 58.61 | — |
| 0.70% | 2022 | 88.53 | 1.53 | 9.95 | > 0 | 87.86 | 2.27 | 9.87 | > 0 | 83.43 | 7.20 | 9.37 | > 0 | 75.79 | 15.69 | 8.51 | > 0 | 61.35 | 31.76 | 6.89 | > 0 |
| | 2050 | 79.48 | 2.12 | 18.40 | > 0 | 78.64 | 3.15 | 18.21 | > 0 | 73.26 | 9.78 | 16.96 | > 0 | 64.44 | 20.64 | 14.92 | > 0 | 49.21 | 39.40 | 11.39 | > 0 |
| | 差距 d | 10.22 | 38.56 | 84.92 | — | 10.49 | 38.77 | 84.50 | — | 12.19 | 35.83 | 81.00 | — | 14.98 | 31.55 | 75.32 | — | 19.79 | 24.06 | 65.31 | — |

表6-15 政府财政补贴0.061%时的个人、企业、政府三方负担比例和变动率

| 个人/企业 | 年份/差距 | 0.014% | | | | 0.021% | | | | 0.070% | | | | 0.168% | | | | 0.420% | | | |
|---|---|---|---|---|---|---|---|---|---|---|---|---|---|---|---|---|---|---|---|---|---|
| | | $k_1$/% | $k_2$/% | $k_3$/% | 基金结余 | $k_1$/% | $k_2$/% | $k_3$/% | 基金结余 | $k_1$/% | $k_2$/% | $k_3$/% | 基金结余 | $k_1$/% | $k_2$/% | $k_3$/% | 基金结余 | $k_1$/% | $k_2$/% | $k_3$/% | 基金结余 |
| 0.03% | 2022 | 20.50 | 8.25 | 71.25 | < 0 | 19.68 | 11.89 | 68.43 | < 0 | 15.41 | 31.02 | 53.57 | < 0 | 10.74 | 51.91 | 37.35 | < 0 | 6.04 | 72.96 | 21.00 | < 0 |
| | 2050 | 11.38 | 7.09 | 81.53 | < 0 | 10.99 | 10.27 | 78.74 | < 0 | 8.87 | 27.61 | 63.53 | < 0 | 6.39 | 47.79 | 45.82 | > 0 | 3.72 | 69.59 | 26.69 | > 0 |
| | 差距 d | 44.49 | 14.06 | 14.43 | — | 44.16 | 13.62 | 15.07 | — | 42.44 | 10.99 | 18.59 | — | 40.50 | 7.94 | 22.68 | — | 38.41 | 4.62 | 27.10 | — |
| 0.25% | 2022 | 68.24 | 3.30 | 28.46 | < 0 | 67.13 | 4.87 | 28.00 | < 0 | 60.29 | 14.56 | 25.15 | < 0 | 50.08 | 29.03 | 20.89 | < 0 | 34.89 | 50.56 | 14.55 | > 0 |
| | 2050 | 51.69 | 3.86 | 44.44 | > 0 | 50.71 | 5.68 | 43.60 | > 0 | 44.77 | 16.73 | 38.50 | > 0 | 36.28 | 32.53 | 31.19 | > 0 | 24.38 | 54.66 | 20.96 | > 0 |
| | 差距 d | 24.25 | 16.97 | 56.15 | — | 24.46 | 16.63 | 55.71 | — | 25.74 | 14.90 | 53.08 | — | 27.56 | 12.06 | 49.31 | — | 30.12 | 8.11 | 44.05 | — |
| 0.35% | 2022 | 75.05 | 2.59 | 22.36 | < 0 | 74.09 | 3.84 | 22.08 | < 0 | 68.00 | 11.73 | 20.26 | < 0 | 58.41 | 24.19 | 17.40 | < 0 | 42.86 | 44.37 | 12.77 | > 0 |
| | 2050 | 59.97 | 3.20 | 36.83 | > 0 | 59.03 | 4.73 | 36.25 | > 0 | 53.16 | 14.19 | 32.65 | > 0 | 44.35 | 28.41 | 27.24 | > 0 | 31.10 | 49.80 | 19.10 | > 0 |
| | 差距 d | 20.09 | 23.55 | 64.71 | — | 20.33 | 23.18 | 64.18 | — | 21.82 | 20.97 | 61.15 | — | 24.07 | 17.45 | 56.55 | — | 27.44 | 12.24 | 49.57 | — |
| 0.50% | 2022 | 81.12 | 1.96 | 16.92 | > 0 | 80.33 | 2.91 | 16.76 | > 0 | 75.22 | 9.09 | 15.69 | > 0 | 66.74 | 19.35 | 13.92 | > 0 | 51.73 | 37.49 | 10.79 | > 0 |
| | 2050 | 68.15 | 2.55 | 29.30 | > 0 | 67.30 | 3.77 | 28.93 | > 0 | 61.85 | 11.56 | 26.59 | > 0 | 53.24 | 23.87 | 22.89 | > 0 | 39.20 | 43.95 | 16.85 | > 0 |
| | 差距 d | 15.99 | 30.10 | 73.17 | — | 16.22 | 29.55 | 72.61 | — | 17.77 | 27.17 | 69.47 | — | 20.23 | 23.36 | 64.44 | — | 24.22 | 17.23 | 56.16 | — |
| 0.70% | 2022 | 85.75 | 1.48 | 12.77 | > 0 | 85.12 | 2.20 | 12.68 | > 0 | 80.96 | 6.98 | 12.06 | > 0 | 73.74 | 15.27 | 10.99 | > 0 | 60.00 | 31.06 | 8.94 | > 0 |
| | 2050 | 74.98 | 2.00 | 23.02 | > 0 | 74.23 | 2.97 | 22.79 | > 0 | 69.42 | 9.26 | 21.32 | > 0 | 61.45 | 19.68 | 18.87 | > 0 | 47.44 | 37.99 | 14.57 | > 0 |
| | 差距 d | 12.56 | 35.14 | 80.27 | — | 12.79 | 35.00 | 79.73 | — | 14.25 | 32.66 | 76.78 | — | 16.67 | 28.88 | 71.70 | — | 20.93 | 22.31 | 62.98 | — |

表6-16 政府财政补贴0.076%时的个人、企业、政府三方负担比例和变动率

| 个人/企业 | 年份/差距 | 0.014% | | | 基金结余 | 0.021% | | | 基金结余 | 0.070% | | | 基金结余 | 0.168% | | | 基金结余 | 0.420% | | | 基金结余 |
|---|---|---|---|---|---|---|---|---|---|---|---|---|---|---|---|---|---|---|---|---|---|
| | | $k_1$/% | $k_2$/% | $k_3$/% | | $k_1$/% | $k_2$/% | $k_3$/% | | $k_1$/% | $k_2$/% | $k_3$/% | | $k_1$/% | $k_2$/% | $k_3$/% | | $k_1$/% | $k_2$/% | $k_3$/% | |
| 0.03% | 2022 | 17.44 | 7.02 | 75.54 | < 0 | 16.85 | 10.18 | 72.97 | < 0 | 13.62 | 27.41 | 58.97 | < 0 | 9.84 | 47.54 | 42.62 | < 0 | 5.74 | 69.38 | 24.88 | > 0 |
| | 2050 | 9.48 | 5.90 | 84.62 | < 0 | 9.21 | 8.60 | 82.19 | < 0 | 7.67 | 23.88 | 68.45 | < 0 | 5.75 | 42.95 | 51.30 | > 0 | 3.50 | 65.30 | 31.20 | > 0 |
| | 差距 d | 45.64 | 15.95 | 12.02 | — | 45.34 | 15.52 | 12.64 | — | 43.69 | 12.88 | 16.08 | — | 41.57 | 9.66 | 20.37 | — | 39.02 | 5.88 | 25.40 | — |
| 0.25% | 2022 | 63.77 | 3.08 | 33.14 | < 0 | 62.81 | 4.55 | 32.64 | < 0 | 56.78 | 13.72 | 29.51 | < 0 | 47.63 | 27.61 | 24.75 | < 0 | 33.68 | 48.82 | 17.50 | > 0 |
| | 2050 | 46.60 | 3.48 | 49.92 | > 0 | 45.80 | 5.13 | 49.06 | > 0 | 40.90 | 15.28 | 43.81 | > 0 | 33.69 | 30.22 | 36.09 | > 0 | 23.18 | 51.98 | 24.84 | > 0 |
| | 差距 d | 26.92 | 12.99 | 50.63 | — | 27.08 | 12.75 | 50.31 | — | 27.97 | 11.37 | 48.46 | — | 29.27 | 9.45 | 45.82 | — | 31.18 | 6.47 | 41.94 | — |
| 0.35% | 2022 | 71.14 | 2.45 | 26.41 | < 0 | 70.27 | 3.64 | 26.09 | < 0 | 64.78 | 11.18 | 24.05 | < 0 | 56.01 | 23.20 | 20.79 | > 0 | 41.55 | 43.02 | 15.43 | > 0 |
| | 2050 | 54.99 | 2.94 | 42.07 | > 0 | 54.19 | 4.34 | 41.47 | > 0 | 49.21 | 13.13 | 37.65 | > 0 | 41.57 | 26.63 | 31.81 | > 0 | 29.70 | 47.57 | 22.73 | > 0 |
| | 差距 d | 22.70 | 20.00 | 59.30 | — | 22.88 | 19.23 | 58.95 | — | 24.04 | 17.44 | 56.55 | — | 25.78 | 14.78 | 53.01 | — | 28.52 | 10.58 | 47.31 | — |
| 0.50% | 2022 | 77.88 | 1.88 | 20.24 | > 0 | 77.15 | 2.80 | 20.05 | > 0 | 72.43 | 8.75 | 18.82 | > 0 | 64.53 | 18.71 | 16.77 | > 0 | 50.39 | 36.52 | 13.09 | > 0 |
| | 2050 | 63.57 | 2.38 | 34.05 | > 0 | 62.83 | 3.52 | 33.65 | > 0 | 58.06 | 10.85 | 31.10 | > 0 | 50.40 | 22.60 | 27.00 | > 0 | 37.64 | 42.20 | 20.16 | > 0 |
| | 差距 d | 18.37 | 26.60 | 68.23 | — | 18.56 | 25.71 | 67.83 | — | 19.84 | 24.00 | 65.25 | — | 21.90 | 20.79 | 61.00 | — | 25.30 | 15.55 | 54.01 | — |
| 0.70% | 2022 | 83.13 | 1.43 | 15.43 | > 0 | 82.54 | 2.14 | 15.32 | > 0 | 78.62 | 6.78 | 14.59 | > 0 | 71.80 | 14.87 | 13.33 | > 0 | 58.71 | 30.39 | 10.90 | > 0 |
| | 2050 | 70.96 | 1.89 | 27.15 | > 0 | 70.29 | 2.81 | 26.89 | > 0 | 65.96 | 8.80 | 25.23 | > 0 | 58.73 | 18.81 | 22.47 | > 0 | 45.80 | 36.67 | 17.52 | > 0 |
| | 差距 d | 14.64 | 32.17 | 75.96 | — | 14.84 | 31.31 | 75.52 | — | 16.10 | 29.79 | 72.93 | — | 18.20 | 26.50 | 68.57 | — | 21.99 | 20.66 | 60.73 | — |

表6-17 政府财政补贴0.107%时的个人、企业、政府三方负担比例和变动率

| 个人/企业 | 年份/差距 | 0.014% | | | | 0.021% | | | | 0.070% | | | | 0.168% | | | | 0.420% | | | |
|---|---|---|---|---|---|---|---|---|---|---|---|---|---|---|---|---|---|---|---|---|---|
| | | $k_1$/% | $k_2$/% | $k_3$/% | 基金结余 | $k_1$/% | $k_2$/% | $k_3$/% | 基金结余 | $k_1$/% | $k_2$/% | $k_3$/% | 基金结余 | $k_1$/% | $k_2$/% | $k_3$/% | 基金结余 | $k_1$/% | $k_2$/% | $k_3$/% | 基金结余 |
| 0.03% | 2022 | 13.33 | 5.37 | 81.30 | < 0 | 12.98 | 7.84 | 79.17 | < 0 | 10.98 | 22.10 | 66.93 | < 0 | 8.38 | 40.50 | 51.12 | < 0 | 5.21 | 62.99 | 31.80 | > 0 |
| | 2050 | 7.05 | 4.39 | 88.56 | < 0 | 6.90 | 6.44 | 86.66 | < 0 | 5.99 | 18.67 | 75.34 | > 0 | 4.75 | 35.52 | 59.73 | > 0 | 3.10 | 57.93 | 38.97 | > 0 |
| | 差距 d | 47.11 | 18.25 | 8.93 | — | 46.84 | 17.86 | 9.46 | — | 45.45 | 15.52 | 12.57 | — | 43.32 | 12.30 | 16.84 | — | 40.50 | 8.03 | 22.55 | — |
| 0.25% | 2022 | 56.18 | 2.71 | 41.11 | < 0 | 55.43 | 4.02 | 40.56 | < 0 | 50.68 | 12.24 | 37.08 | < 0 | 43.26 | 25.08 | 31.66 | < 0 | 31.44 | 45.56 | 23.00 | > 0 |
| | 2050 | 38.72 | 2.89 | 58.39 | > 0 | 38.16 | 4.28 | 57.56 | > 0 | 34.70 | 12.97 | 52.33 | > 0 | 29.37 | 26.34 | 44.29 | > 0 | 21.05 | 47.20 | 31.75 | > 0 |
| | 差距 d | 31.08 | 6.64 | 42.03 | — | 31.16 | 6.47 | 41.91 | — | 31.53 | 5.96 | 41.13 | — | 32.11 | 5.02 | 39.89 | — | 33.05 | 3.60 | 38.04 | — |
| 0.35% | 2022 | 64.22 | 2.22 | 33.56 | > 0 | 63.52 | 3.29 | 33.20 | > 0 | 58.99 | 10.18 | 30.83 | > 0 | 51.63 | 21.38 | 26.99 | > 0 | 39.09 | 40.47 | 20.43 | > 0 |
| | 2050 | 46.93 | 2.51 | 50.56 | > 0 | 46.35 | 3.71 | 49.93 | > 0 | 42.66 | 11.39 | 45.95 | > 0 | 36.79 | 23.57 | 39.64 | > 0 | 27.18 | 43.53 | 29.28 | > 0 |
| | 差距 d | 26.92 | 13.06 | 50.66 | — | 27.03 | 12.77 | 50.39 | — | 27.68 | 11.89 | 49.04 | — | 28.74 | 10.24 | 46.87 | — | 30.47 | 7.56 | 43.32 | — |
| 0.50% | 2022 | 71.94 | 1.74 | 26.32 | > 0 | 71.32 | 2.58 | 26.09 | > 0 | 67.27 | 8.12 | 24.61 | > 0 | 60.40 | 17.51 | 22.10 | > 0 | 47.83 | 34.67 | 17.50 | > 0 |
| | 2050 | 55.82 | 2.09 | 42.09 | > 0 | 55.25 | 3.10 | 41.66 | > 0 | 51.52 | 9.63 | 38.85 | > 0 | 45.40 | 20.36 | 34.24 | > 0 | 34.78 | 38.99 | 26.23 | > 0 |
| | 差距 d | 22.41 | 20.11 | 59.92 | — | 22.53 | 20.16 | 59.68 | — | 23.41 | 18.60 | 57.86 | — | 24.83 | 16.28 | 54.93 | — | 27.28 | 12.46 | 49.89 | — |
| 0.70% | 2022 | 78.21 | 1.35 | 20.44 | > 0 | 77.69 | 2.01 | 20.30 | > 0 | 74.21 | 6.40 | 19.39 | > 0 | 68.10 | 14.10 | 17.80 | > 0 | 56.21 | 29.10 | 14.69 | > 0 |
| | 2050 | 63.89 | 1.71 | 34.41 | > 0 | 63.35 | 2.54 | 34.12 | > 0 | 59.81 | 7.98 | 32.21 | > 0 | 53.80 | 17.23 | 28.97 | > 0 | 42.75 | 34.23 | 23.02 | > 0 |
| | 差距 d | 18.31 | 26.67 | 68.35 | — | 18.46 | 26.37 | 68.08 | — | 19.40 | 24.69 | 66.12 | — | 21.00 | 22.20 | 62.75 | — | 23.95 | 17.63 | 56.71 | — |

表6-18　政府财政补贴0.122%时的个人、企业、政府三方负担和变动率

| 个人/企业 | 年份/差距 | 0.014% | | | | 0.021% | | | | 0.070% | | | | 0.168% | | | | 0.420% | | | |
|---|---|---|---|---|---|---|---|---|---|---|---|---|---|---|---|---|---|---|---|---|---|
| | | $k_1$/% | $k_2$/% | $k_3$/% | 基金结余 | $k_1$/% | $k_2$/% | $k_3$/% | 基金结余 | $k_1$/% | $k_2$/% | $k_3$/% | 基金结余 | $k_1$/% | $k_2$/% | $k_3$/% | 基金结余 | $k_1$/% | $k_2$/% | $k_3$/% | 基金结余 |
| 0.03% | 2022 | 11.97 | 4.82 | 83.21 | <0 | 11.69 | 7.06 | 81.25 | <0 | 10.03 | 20.20 | 69.76 | <0 | 7.82 | 37.79 | 54.38 | <0 | 4.99 | 60.30 | 34.71 | >0 |
| | 2050 | 6.27 | 3.90 | 89.83 | >0 | 6.15 | 5.74 | 88.11 | >0 | 5.42 | 16.88 | 77.69 | >0 | 4.39 | 32.77 | 62.84 | >0 | 2.94 | 54.93 | 42.13 | >0 |
| | 差距 $d$ | 47.62 | 19.09 | 7.96 | — | 47.39 | 18.70 | 8.44 | — | 45.96 | 16.44 | 11.37 | — | 43.86 | 13.28 | 15.56 | — | 41.08 | 8.91 | 21.38 | — |
| 0.25% | 2022 | 53.12 | 2.57 | 44.32 | <0 | 52.45 | 3.80 | 43.75 | <0 | 48.17 | 11.64 | 40.19 | <0 | 41.42 | 24.02 | 34.56 | >0 | 30.45 | 44.14 | 25.41 | >0 |
| | 2050 | 35.79 | 2.67 | 61.54 | >0 | 35.32 | 3.96 | 60.73 | >0 | 32.33 | 12.08 | 55.59 | >0 | 27.65 | 24.80 | 47.55 | >0 | 20.16 | 45.19 | 34.66 | >0 |
| | 差距 $d$ | 32.62 | 3.89 | 38.85 | — | 32.66 | 4.21 | 38.81 | — | 32.88 | 3.78 | 38.32 | — | 33.24 | 3.25 | 37.59 | — | 33.79 | 2.38 | 36.40 | — |
| 0.35% | 2022 | 61.33 | 2.12 | 36.55 | >0 | 60.69 | 3.14 | 36.17 | >0 | 56.55 | 9.76 | 33.70 | >0 | 49.75 | 20.60 | 29.65 | >0 | 38.01 | 39.35 | 22.65 | >0 |
| | 2050 | 43.83 | 2.34 | 53.83 | >0 | 43.32 | 3.47 | 53.21 | >0 | 40.08 | 10.70 | 49.23 | >0 | 34.86 | 22.33 | 42.81 | >0 | 26.11 | 41.82 | 32.07 | >0 |
| | 差距 $d$ | 28.53 | 10.38 | 47.28 | — | 28.62 | 10.51 | 47.11 | — | 29.12 | 9.63 | 46.08 | — | 29.93 | 8.40 | 44.38 | — | 31.31 | 6.28 | 41.59 | — |
| 0.50% | 2022 | 69.38 | 1.68 | 28.94 | >0 | 68.81 | 2.49 | 28.70 | >0 | 65.02 | 7.85 | 27.12 | >0 | 58.58 | 16.98 | 24.44 | >0 | 46.69 | 33.84 | 19.48 | >0 |
| | 2050 | 52.71 | 1.97 | 45.32 | >0 | 52.20 | 2.93 | 44.88 | >0 | 48.86 | 9.13 | 42.01 | >0 | 43.32 | 19.43 | 37.25 | >0 | 33.55 | 37.61 | 28.84 | >0 |
| | 差距 $d$ | 24.03 | 17.26 | 56.60 | — | 24.14 | 17.67 | 56.38 | — | 24.85 | 16.31 | 54.90 | — | 26.05 | 14.43 | 52.41 | — | 28.14 | 11.14 | 48.05 | — |
| 0.70% | 2022 | 76.03 | 1.31 | 22.65 | >0 | 75.54 | 1.96 | 22.51 | >0 | 72.24 | 6.23 | 21.53 | >0 | 66.44 | 13.76 | 19.80 | >0 | 55.08 | 28.51 | 16.41 | >0 |
| | 2050 | 60.95 | 1.63 | 37.43 | >0 | 60.45 | 2.42 | 37.13 | >0 | 57.22 | 7.64 | 35.14 | >0 | 51.70 | 16.56 | 31.75 | >0 | 41.41 | 33.16 | 25.43 | >0 |
| | 差距 $d$ | 19.83 | 24.43 | 65.25 | — | 19.98 | 23.47 | 64.95 | — | 20.79 | 22.63 | 63.21 | — | 22.19 | 20.35 | 60.35 | — | 24.82 | 16.31 | 54.97 | — |

## （三）模拟结果综合分析

1. 政府定额补贴情形下的最优三方缴费责任分担比例及其对应缴费率确定

当个人长期护理保险缴费率分别为 0.03%、0.25%、0.35%、0.50%、0.70% 和企业长期护理保险缴费率分别为 0.014%、0.021%、0.070%、0.168%、0.420% 时，政府实施定额补贴金额分别为 30 元、40 元、50 元、70 元和 80 元变化时，个人、企业和政府三方缴费责任负担比例的变动情况（见表 6-9 至表 6-13）分析显示，当政府实施定额财政补贴为 50 元时，对应的三方责任负担比例变化率最小，分别是 0.01%、54.70% 和 78.43%，其对应的个人和企业长期护理保险缴费率分别是 0.7% 和 0.168%，2022 年个人、企业和政府三方缴费责任负担比例分别为 73.98%、15.32% 和 10.71%，2050 年的三方缴费责任负担比例分别是 73.99%、23.70% 和 2.31%，意味着个人承担长期护理保险的主要缴费责任，其次是企业，最后是政府。

2. 政府比例补贴情形下的最优三方缴费责任分担比例及其对应缴费率确定

同理，当个人长期护理保险缴费率分别为 0.03%、0.25%、0.35%、0.50%、0.70% 和企业长期护理保险缴费率分别为 0.014%、0.021%、0.070%、0.168%、0.420% 时，政府实施比例补贴为 0.046%、0.061%、0.076%、0.107%、0.122% 变化时，个人、企业和政府三方缴费责任负担比例的变动情况（见表 6-14 至表 6-18）分析显示，当政府实施财政比例补贴为 0.046% 时，对应的三方责任负担比例变化率最小，分别是 13.22%、34.31% 和 78.89%，其对应的个人、企业长期护理保险缴费率分别是 0.5%、0.014%，2022 年个人、企业和政府三方缴费责任负担比例分别为 84.64%、2.04% 和 13.31%，2050 年的三方缴费责任负担比例分别是 73.45%、2.74% 和 23.81%，同样是个人承担长期护理保险的主要缴费责任，其次是政府，最后是企业。

# 第三节　长期护理保险不同缴费模式的政策模拟

本节将在前两节内容的基础上，根据长期护理保险的不同参保范围，通过调整参数的方式模拟测算强制缴费、自愿缴费、"强制＋自愿"缴费、福利缴费4种不同模式下，为了保持长期护理保险基金的收支平衡运行，个人、企业、政府需要缴纳的长期护理保险费率。

## 一、强制缴费模式下的缴费责任分担机制

试点期间，我国长期护理保险的参保范围是从职工基本医疗保险参保人群起步。本着"谁缴费，谁受益"的原则，同时考虑不增加企业社保缴费负担，假设强制缴费模式下，职工个人以工资收入为缴费基数进行资金筹集，参照现行社会保险基金有关制度执行长期护理保险基金管理，长期护理保险基金要单独建账、单独核算，并达到"收支平衡，略有结余"，才能保证长期护理保险制度持续运行。

参照现有职工参保现行其他社会保险缴费的方式，不考虑政府财政补贴，同时不考虑企业缴纳长期护理保险费的情况下，职工个人缴费占长期护理保险基金收入的100%，按照现有试点地区个人缴费率分别为0.03%、0.25%、0.35%、0.5%和0.7%时测算得出的长期护理保险基金收支结余情况发现，从职工个人缴费率达到0.25%开始就可以实现长期护理保险基金"收支平衡，略有结余"的目标，同时随着时间推移，长期护理保险基金结余金额不断增加，势必会造成一定的资金浪费。因此，将职工个人缴费率按照0.05%每档降低进行进一步测算，发现当职工个人缴费率从0.25%降至0.20%时，长期护理保险基金收支历年结余虽有所减少，但仍旧大于零；当职工个人缴费率从0.20%进一步下降至0.15%时，测算发现2022—2024年的长期护理保险基金收支结余低于零，出现了亏空问题（见表6-19）。综合测算结果可以得出，在强制缴费模式下，城镇职工作为参保人群，其个人缴费率设定为0.20%、企业和政府缴费都是零的缴费责任分担机制下，长期护理保险基金收支历年都有结余，能够平稳运行。

表6-19　强制缴费模式下的长期护理保险基金结余　单位：亿元

| 年份 | 个人缴费率 | | | | | | |
|------|-------|-------|-------|-------|------|------|------|
| | 0.03% | 0.15% | 0.20% | 0.25% | 0.35% | 0.50% | 0.70% |
| 2022 | −544 | −36.67 | 174.72 | 386.11 | 809 | 1443 | 2289 |
| 2023 | −585 | −26.05 | 206.87 | 439.80 | 906 | 1604 | 2536 |
| 2024 | −630 | −14.65 | 241.64 | 497.94 | 1011 | 1779 | 2805 |
| 2025 | −671 | 4.3757 | 285.94 | 567.51 | 1131 | 1975 | 3102 |
| 2026 | −712 | 29.285 | 338.08 | 646.88 | 1264 | 2191 | 3426 |
| 2027 | −749 | 62.634 | 400.72 | 738.82 | 1415 | 2429 | 3782 |
| 2028 | −787 | 99.459 | 468.98 | 838.50 | 1578 | 2686 | 4164 |
| 2029 | −829 | 138.87 | 542.05 | 945.23 | 1752 | 2961 | 4574 |
| 2030 | −869 | 185.08 | 624.24 | 1063.39 | 1942 | 3259 | 5016 |
| 2031 | −906 | 239.97 | 717.47 | 1194.97 | 2150 | 3582 | 5492 |
| 2032 | −937 | 306.47 | 824.76 | 1343.06 | 2380 | 3935 | 6008 |
| 2033 | −964 | 384.11 | 945.69 | 1507.26 | 2630 | 4315 | 6561 |
| 2034 | −983 | 474.38 | 1081.6 | 1688.86 | 2903 | 4725 | 7154 |
| 2035 | −993 | 580.09 | 1235.4 | 1890.70 | 3201 | 5167 | 7788 |
| 2036 | −993 | 700.57 | 1406.4 | 2112.24 | 3524 | 5641 | 8465 |
| 2037 | −986 | 834.9 | 1593.7 | 2352.58 | 3870 | 6147 | 9182 |
| 2038 | −973 | 981.9 | 1796.3 | 2610.61 | 4239 | 6682 | 9940 |
| 2039 | −956 | 1137.5 | 2009.6 | 2881.70 | 4626 | 7242 | 10 731 |
| 2040 | −936 | 1299.9 | 2231.6 | 3163.34 | 5027 | 7822 | 11 549 |
| 2041 | −914 | 1468.8 | 2461.6 | 3454.30 | 5440 | 8418 | 12 389 |
| 2042 | −890 | 1641.5 | 2696.3 | 3751.10 | 5861 | 9025 | 13 244 |
| 2043 | −859 | 1821.3 | 2938.1 | 4054.83 | 6288 | 9639 | 14 106 |
| 2044 | −819 | 2006.7 | 3184.2 | 4361.75 | 6717 | 10 249 | 14 959 |
| 2045 | −777 | 2188.4 | 3423.9 | 4659.45 | 7131 | 10 837 | 15 779 |
| 2046 | −732 | 2360.4 | 3648.9 | 4937.47 | 7515 | 11 380 | 16 534 |
| 2047 | −685 | 2517 | 3851.4 | 5185.74 | 7854 | 11 858 | 17 195 |
| 2048 | −632 | 2655.3 | 4025.1 | 5394.88 | 8134 | 12 244 | 17 723 |
| 2049 | −572 | 2766.5 | 4157.6 | 5548.63 | 8331 | 12 504 | 18 068 |
| 2050 | −508 | 2836.9 | 4230.6 | 5624.36 | 8412 | 12 593 | 18 168 |

## 二、自愿缴费模式下的缴费责任分担机制

2020 年国家医保局和财政部发布的《关于扩大长期护理保险制度试点的指导意见》（医保发〔2020〕37 号）明确规定："试点阶段从职工基本医疗保险参保人群起步……有条件的地方可随试点探索深入，综合考虑经济发展水平、资金筹集能力和保障需要等因素，逐步扩大参保对象范围，调整保障范围。"依此文件规定，在前期城镇职工参保长期护理保险的基础上，本着"自愿参与"的原则将城乡居民医疗参保人纳入长期护理保险参保对象范围，以其可支配收入作为缴费基数。同样本着"谁缴费，谁受益"的原则，不考虑增加企业社保缴费负担、不考虑政府补贴的情形下，城乡居民个人缴费占长期护理保险基金收入的 100%，按照现有试点地区个人缴费率分别为 0.03%、0.25%、0.35%、0.5% 和 0.7% 时测算得到长期护理保险基金收支结余情况发现，城乡居民个人缴费率达到 0.7% 时才能实现长期护理保险基金"收支平衡，略有结余"的目标，同时存在随着时间延长，长期护理保险基金结余金额不断增加导致的资金浪费问题。因此，将城乡居民个人缴费率按照 0.05% 每档降低进一步测算发现，当个人缴费率降至 0.65% 和 0.60% 时，长期护理保险基金收支历年结余虽有所减少，但仍旧大于零；当进一步下降至 0.55% 时，测算发现 2026—2036 年的长期护理保险基金收支结余低于零，出现了亏空问题（见表 6-20）。因此，在自愿参与缴费模式下，将城乡居民纳入参保范围，与城镇职工长期护理保险基金分别建账、分别核算，其个人缴费率设定为 0.60%、企业和政府缴费率都是零的缴费责任分担机制下，长期护理保险基金收支历年都有结余，就能够平稳运行。

表 6-20　自愿缴费模式下的长期护理保险基金结余　　单位：亿元

| 年份 | 个人缴费率 | | | | | | | |
|------|--------|--------|--------|--------|--------|--------|--------|--------|
| | 0.03% | 0.25% | 0.35% | 0.50% | 0.55% | 0.60% | 0.65% | 0.70% |
| 2022 | −1758 | −965 | −605 | −64 | 116 | 296 | 477 | 657 |
| 2023 | −1904 | −1062 | −679 | −105 | 87 | 278 | 470 | 661 |
| 2024 | −2065 | −1171 | −764 | −155 | 48 | 252 | 455 | 658 |
| 2025 | −2224 | −1275 | −844 | −197 | 19 | 235 | 451 | 666 |
| 2026 | −2388 | −1381 | −923 | −236 | −7 | 222 | 451 | 680 |

| 年份 | 个人缴费率 | | | | | | | |
|------|--------|--------|--------|--------|--------|--------|--------|--------|
|      | 0.03%  | 0.25%  | 0.35%  | 0.50%  | 0.55%  | 0.60%  | 0.65%  | 0.70%  |
| 2027 | −2551  | −1482  | −996   | −267   | −24    | 218    | 461    | 704    |
| 2028 | −2728  | −1594  | −1078  | −305   | −48    | 210    | 468    | 725    |
| 2029 | −2923  | −1721  | −1174  | −354   | −81    | 192    | 465    | 739    |
| 2030 | −3127  | −1852  | −1273  | −404   | −114   | 176    | 466    | 755    |
| 2031 | −3336  | −1984  | −1370  | −449   | −141   | 166    | 473    | 780    |
| 2032 | −3542  | −2110  | −1459  | −482   | −156   | 169    | 495    | 820    |
| 2033 | −3748  | −2230  | −1540  | −505   | −160   | 185    | 530    | 875    |
| 2034 | −3950  | −2342  | −1611  | −514   | −149   | 217    | 582    | 948    |
| 2035 | −4140  | −2436  | −1662  | −500   | −113   | 274    | 661    | 1049   |
| 2036 | −4319  | −2515  | −1695  | −464   | −54    | 356    | 766    | 1176   |
| 2037 | −4491  | −2580  | −1712  | −409   | 25     | 459    | 894    | 1328   |
| 2038 | −4658  | −2636  | −1716  | −337   | 123    | 582    | 1042   | 1502   |
| 2039 | −4835  | −2694  | −1720  | −261   | 226    | 713    | 1199   | 1686   |
| 2040 | −5025  | −2758  | −1728  | −183   | 332    | 847    | 1362   | 1877   |
| 2041 | −5227  | −2829  | −1739  | −104   | 441    | 987    | 1532   | 2077   |
| 2042 | −5449  | −2912  | −1758  | −28    | 548    | 1125   | 1702   | 2278   |
| 2043 | −5672  | −2987  | −1767  | 63     | 673    | 1283   | 1893   | 2503   |
| 2044 | −5890  | −3051  | −1761  | 175    | 820    | 1465   | 2110   | 2755   |
| 2045 | −6127  | −3125  | −1761  | 285    | 967    | 1649   | 2331   | 3013   |
| 2046 | −6388  | −3216  | −1775  | 388    | 1109   | 1830   | 2551   | 3272   |
| 2047 | −6679  | −3327  | −1804  | 481    | 1243   | 2005   | 2767   | 3528   |
| 2048 | −6979  | −3439  | −1830  | 584    | 1388   | 2193   | 2998   | 3802   |
| 2049 | −7284  | −3547  | −1848  | 701    | 1550   | 2399   | 3249   | 4098   |
| 2050 | −7611  | −3667  | −1874  | 816    | 1712   | 2609   | 3505   | 4402   |

## 三、"强制 + 自愿"相结合的缴费责任分担机制

根据试点阶段长期护理保险跟随医疗保险参保的原则，城镇职工参保人采取强制缴费、城乡居民参保人采取自愿参与缴费的模式，两者缴费共同构成长期护理保险基金收入，不再单独建账，也不再单独进行核算。同样，本

着"谁缴费，谁受益"的原则，不考虑增加企业社保缴费负担、不考虑政府补贴的情形下，城镇职工参保人和城乡居民参保人分别以工资收入和可支配收入作为缴费基数，这两类参保人群的个人缴费占长期护理保险基金收入的100%，按照现有试点地区个人缴费率分别为0.03%、0.25%、0.35%、0.5%和0.7%时测算得出的长期护理保险基金收支结余情况发现，从个人缴费率达到0.35%开始就可以实现长期护理保险基金"收支平衡，略有结余"的目标（见表6-21）。同时，长期护理保险基金结余金额随着时间增长而不断增加，势必会造成一定的资金浪费，所以在"强制＋自愿"缴费模式下，实行城镇职工和城乡居民个人缴费率都设定为0.35%、企业和政府缴费率都是零的缴费责任分担机制，长期护理保险基金收支历年都有结余，能够平稳运行。

表6-21　"强制＋自愿"缴费模式下的长期护理保险基金结余　单位：亿元

| 年份 | 个人缴费率 | | | | |
| --- | --- | --- | --- | --- | --- |
| | 0.03% | 0.25% | 0.35% | 0.50% | 0.70% |
| 2022 | −2302 | −579 | 204 | 1379 | 2945 |
| 2023 | −2489 | −622 | 227 | 1500 | 3197 |
| 2024 | −2695 | −673 | 246 | 1625 | 3463 |
| 2025 | −2896 | −708 | 287 | 1779 | 3768 |
| 2026 | −3100 | −734 | 342 | 1955 | 4106 |
| 2027 | −3299 | −743 | 419 | 2162 | 4486 |
| 2028 | −3515 | −755 | 499 | 2381 | 4889 |
| 2029 | −3752 | −776 | 577 | 2607 | 5313 |
| 2030 | −3996 | −789 | 669 | 2856 | 5771 |
| 2031 | −4242 | −790 | 780 | 3134 | 6273 |
| 2032 | −4480 | −767 | 921 | 3453 | 6828 |
| 2033 | −4712 | −723 | 1090 | 3810 | 7436 |
| 2034 | −4933 | −653 | 1293 | 4211 | 8102 |
| 2035 | −5132 | −545 | 1540 | 4667 | 8837 |
| 2036 | −5312 | −402 | 1829 | 5177 | 9641 |
| 2037 | −5477 | −227 | 2159 | 5738 | 10 510 |
| 2038 | −5631 | −25 | 2523 | 6345 | 11 441 |
| 2039 | −5791 | 188 | 2905 | 6982 | 12 417 |

| 年份 | 个人缴费率 | | | | |
|------|-----------|------|------|------|------|
| | 0.03% | 0.25% | 0.35% | 0.50% | 0.70% |
| 2040 | -5961 | 405 | 3299 | 7639 | 13 426 |
| 2041 | -6141 | 625 | 3701 | 8314 | 14 466 |
| 2042 | -6339 | 839 | 4102 | 8997 | 15 522 |
| 2043 | -6530 | 1067 | 4521 | 9701 | 16 608 |
| 2044 | -6709 | 1311 | 4956 | 10 424 | 17 715 |
| 2045 | -6903 | 1534 | 5369 | 11 122 | 18 792 |
| 2046 | -7121 | 1721 | 5740 | 11 768 | 19 806 |
| 2047 | -7364 | 1858 | 6051 | 12 339 | 20 723 |
| 2048 | -7611 | 1956 | 6305 | 12 828 | 21 525 |
| 2049 | -7856 | 2002 | 6483 | 13 204 | 22 166 |
| 2050 | -8119 | 1958 | 6538 | 13 409 | 22 570 |

## 四、福利缴费模式下的缴费责任分担机制

假定我国构建长期护理保险制度实施国家福利模式，即在不考虑慈善捐助等资金来源的情形下，政府财政补贴作为长期护理保险基金唯一资金来源，个人及其用人单位不缴纳长期护理保险费用的情况下，政府财政补贴金额占长期护理保险基金收入的100%。

按照现有部分试点地区实施定额补贴分别为30元、40元、50元、70元、80元，同时参保个人及其用人单位不缴费时进行测算，可以得到长期护理保险基金收支结余在2022—2050年都是低于零的，而且随着时间延长，长期护理保险基金收支结余亏空日益扩大，意味着如果实施福利缴费模式，按照现行试点地区财政补贴金额构建长期护理保险制度不可行，必须提高政府定额补贴金额，才能实现长期护理保险基金收支平衡。但与此同时，提高政府定额补贴金额将导致长期护理保险基金收支短期内历年结余较多，长期来看历年结余减少，如经过测算将政府定额补贴提高至每年200元/人，2022年长期护理保险基金结余162亿元，之后历年结余都为负数，直到2050年当年度结余亏空额最大，达到了 -7364亿元（见表6-22）。

综合测算结果可知，实施定额补贴的福利缴费模式构建我国长期护理保

险制度要实现基金收支平衡、略有结余、难度较大，按照现行试点地区定额补贴金额缴费难以实现，必须大幅提高补贴金额才有可能实现，这对目前政府财政收支能力构成了较大挑战。

表 6-22　定额补贴型福利模式下的长期护理保险基金结余　单位：亿元

| 年份 | 政府定额补贴金额 | | | | | | |
|------|------|------|------|------|------|------|------|
| | 30 元 | 40 元 | 50 元 | 70 元 | 80 元 | 200 元 | 300 元 |
| 2022 | −2133 | −1998 | −1863 | −1593 | −1458 | 162 | 1511 |
| 2023 | −2339 | −2204 | −2069 | −1799 | −1664 | −46 | 1303 |
| 2024 | −2566 | −2431 | −2297 | −2027 | −1892 | −275 | 1073 |
| 2025 | −2790 | −2656 | −2521 | −2252 | −2117 | −503 | 843 |
| 2026 | −3020 | −2885 | −2751 | −2483 | −2348 | −737 | 606 |
| 2027 | −3246 | −3112 | −2978 | −2711 | −2577 | −969 | 370 |
| 2028 | −3491 | −3357 | −3224 | −2957 | −2823 | −1222 | 113 |
| 2029 | −3759 | −3626 | −3493 | −3227 | −3094 | −1499 | −169 |
| 2030 | −4036 | −3904 | −3772 | −3507 | −3375 | −1786 | −462 |
| 2031 | −4318 | −4186 | −4054 | −3791 | −3659 | −2079 | −762 |
| 2032 | −4593 | −4462 | −4331 | −4069 | −3938 | −2367 | −1057 |
| 2033 | −4865 | −4735 | −4605 | −4345 | −4215 | −2653 | −1351 |
| 2034 | −5129 | −5000 | −4870 | −4612 | −4483 | −2931 | −1638 |
| 2035 | −5373 | −5245 | −5116 | −4860 | −4731 | −3191 | −1908 |
| 2036 | −5600 | −5473 | −5345 | −5091 | −4963 | −3435 | −2162 |
| 2037 | −5814 | −5688 | −5561 | −5309 | −5183 | −3667 | −2405 |
| 2038 | −6020 | −5895 | −5770 | −5519 | −5394 | −3892 | −2640 |
| 2039 | −6234 | −6110 | −5986 | −5738 | −5614 | −4126 | −2886 |
| 2040 | −6460 | −6338 | −6215 | −5969 | −5846 | −4373 | −3145 |
| 2041 | −6699 | −6577 | −6456 | −6213 | −6091 | −4633 | −3418 |
| 2042 | −6957 | −6837 | −6717 | −6477 | −6356 | −4914 | −3712 |
| 2043 | −7210 | −7091 | −6972 | −6735 | −6616 | −5190 | −4002 |
| 2044 | −7450 | −7333 | −7216 | −6981 | −6864 | −5455 | −4282 |
| 2045 | −7707 | −7591 | −7475 | −7243 | −7128 | −5738 | −4580 |
| 2046 | −7984 | −7870 | −7755 | −7527 | −7413 | −6043 | −4901 |
| 2047 | −8285 | −8172 | −8060 | −7835 | −7723 | −6374 | −5250 |
| 2048 | −8584 | −8474 | −8363 | −8142 | −8031 | −6705 | −5599 |

| 年份 | 政府定额补贴金额 | | | | | | |
|---|---|---|---|---|---|---|---|
| | 30 元 | 40 元 | 50 元 | 70 元 | 80 元 | 200 元 | 300 元 |
| 2049 | −8875 | −8766 | −8658 | −8441 | −8332 | −7029 | −5943 |
| 2050 | −9174 | −9068 | −8961 | −8748 | −8642 | −7364 | −6299 |

　　假定实施比例补贴方式，测算政府比例补贴分别为 0.046%、0.061%、0.076%、0.107%、0.122%，同时参保个人及其用人单位不缴费时，测算得出的长期护理保险基金收支结余在 2022—2050 年都是低于零的。值得注意的是，随着时间推移，长期护理保险基金收支结余亏空日益减少，意味着如果实施福利缴费模式，必须提高政府按人均每年 GDP 比例补贴金额才能实现长期护理保险基金收支平衡，当政府比例补贴达到 0.16% 时，2022—2039 年每年度结余都小于零，但从 2040 年起，每年度结余转变为正数，并逐年增加，并且 2022—2050 年长期护理保险基金收支累计结余大于零（见表 6-23），制度能够基本实现正常运行。

表 6-23　比例补贴型福利模式下的长期护理保险基金结余　单位：亿元

| 年份 | 政府比例补贴 | | | | | | |
|---|---|---|---|---|---|---|---|
| | 0.046% | 0.061% | 0.076% | 0.107% | 0.122% | 0.150% | 0.160% |
| 2022 | −2014 | −1843 | −1672 | −1319 | −1148 | −829 | −715 |
| 2023 | −2176 | −1991 | −1806 | −1423 | −1238 | −893 | −769 |
| 2024 | −2356 | −2155 | −1955 | −1541 | −1340 | −966 | −833 |
| 2025 | −2529 | −2312 | −2095 | −1647 | −1430 | −1025 | −880 |
| 2026 | −2703 | −2468 | −2234 | −1749 | −1514 | −1076 | −920 |
| 2027 | −2870 | −2617 | −2363 | −1839 | −1585 | −1112 | −943 |
| 2028 | −3051 | −2777 | −2503 | −1937 | −1663 | −1151 | −969 |
| 2029 | −3251 | −2955 | −2659 | −2048 | −1752 | −1200 | −1002 |
| 2030 | −3455 | −3135 | −2816 | −2157 | −1837 | −1242 | −1029 |
| 2031 | −3657 | −3313 | −2969 | −2257 | −1913 | −1271 | −1041 |
| 2032 | −3848 | −3477 | −3106 | −2339 | −1968 | −1276 | −1028 |
| 2033 | −4030 | −3630 | −3231 | −2405 | −2005 | −1259 | −993 |
| 2034 | −4197 | −3767 | −3337 | −2447 | −2017 | −1214 | −927 |
| 2035 | −4338 | −3875 | −3412 | −2455 | −1992 | −1128 | −819 |
| 2036 | −4455 | −3957 | −3459 | −2430 | −1932 | −1003 | −671 |

| 年份 | 政府比例补贴 | | | | | | |
|------|--------|--------|--------|--------|--------|--------|--------|
| | 0.046% | 0.061% | 0.076% | 0.107% | 0.122% | 0.150% | 0.160% |
| 2037 | −4551 | −4016 | −3481 | −2375 | −1840 | −841 | −484 |
| 2038 | −4632 | −4057 | −3482 | −2294 | −1719 | −645 | −262 |
| 2039 | −4712 | −4095 | −3477 | −2201 | −1583 | −431 | −19 |
| 2040 | −4796 | −4133 | −3471 | −2101 | −1438 | −201 | 241 |
| 2041 | −4883 | −4172 | −3461 | −1992 | −1281 | 46 | 520 |
| 2042 | −4981 | −4218 | −3456 | −1881 | −1118 | 304 | 813 |
| 2043 | −5062 | −4245 | −3429 | −1741 | −924 | 600 | 1144 |
| 2044 | −5121 | −4247 | −3373 | −1566 | −692 | 940 | 1523 |
| 2045 | −5186 | −4251 | −3316 | −1384 | −449 | 1297 | 1920 |
| 2046 | −5262 | −4263 | −3264 | −1199 | −200 | 1665 | 2331 |
| 2047 | −5352 | −4285 | −3219 | −1015 | 51 | 2042 | 2753 |
| 2048 | −5430 | −4293 | −3156 | −807 | 330 | 2451 | 3209 |
| 2049 | −5490 | −4280 | −3070 | −569 | 641 | 2900 | 3706 |
| 2050 | −5549 | −4263 | −2977 | −319 | 967 | 3368 | 4225 |
| 总计 | −119 939 | −103 094 | −86 249 | −51 437 | −34 592 | −3149 | 8081 |

　　针对不同参保人群分别实施强制缴费、自愿缴费、"强制＋自愿"缴费和福利缴费4种不同模式下形成的长期护理保险基金收入、支出和结余情况关乎未来长期护理保险制度的可持续运行，上述测算结果显示，当不考虑企业和政府缴费率，即两者缴费负担比例为零时，强制缴费、自愿缴费、"强制＋自愿"组合缴费3种模式下的个人缴费率分别达0.20%、0.60%和0.35%时，能够实现长期护理保险基金历年收支平衡、略有结余，但三者的参保人群和保障范围差异较大。通过测算政府对长期护理保险缴费进行全额财政补贴，即福利缴费模式下的长期护理保险基金收支结余情况发现，随着时间延长，若选择财政定额补贴则会出现短期结余较高且长期结余亏空较严重的问题，若选择财政比例补贴方式时会出现前期结余小于零但远期结余亏空收窄的情况，当补贴比例占当年度GDP的0.16%时，2022—2050年累计结余为正，制度基本可以实现正常运行的效果。

# 第七章　我国长期护理保险缴费机制的政策建议

长期护理保险作为我国正在试点的、新的社会保险险种，其缴费模式和缴费责任分担机制的顶层设计对于保证制度正常运行具有非常重要的意义。

## 第一节　微调企业现有不同社保险种的缴费率

### 一、降低现行企业医保缴费率，新增企业长期护理保险缴费

由于现有企业社保缴费负担已经超过其缴费负担上限[①]，因此不宜增加企业社保缴费负担。随着老龄化时代的到来，长期护理需求潜力较大，考虑到有实力、有条件的企业会为员工购买长期护理商业保险提高员工福利待遇作为吸引人才的手段，而且未来长期护理保险制度若作为"第六险种"纳入《中华人民共和国社会保险法》，按照独立险种、独立设计、独立运行的原则，势必要将长期护理保险筹资与医疗保险切割清晰。针对城镇职工而言，企业将会作为缴费责任主体承担相应缴费比例，通过先降低企业医疗保险缴费率、再新增企业长期护理保险缴费的方式，在不增加企业整体社保缴费负担的条件下，尽快形成长期护理保险自身独立的筹资来源，不再依靠医保基金划拨。

### 二、新增企业长期护理保险缴费不宜过高

第六章的测算结果显示，如果未来长期护理保险制度顶层设计选择个人、企业、国家三方共同分担缴费责任机制，在政府采用定额补贴和比例补贴两种不同方式下，最优的三方缴费责任分担机制对应的企业缴费率分别是

---

[①] 第五章第二节测算得到的结果显示，我国企业社保缴费上限是 31.53%，目前企业社会保险比例为 32%，已经超过其上限。

0.168% 和 0.014%。由于新增的企业长期护理保险缴费是从企业医疗保险缴费率中通过内部调整而来，目前我国医疗费用总体上涨较快，而且个人医疗费用负担较重，新增长期护理保险缴费率对医疗保险缴费率形成了事实上的"挤占"效应。因此，本着"筹资水平要适应经济发展状况，实现基本保障目标，坚持低标准起步，确保各方都能承受"的原则，企业长期护理保险缴费率以城镇职工平均工资为缴费基数，设定为 0.014%，就能满足 2022—2050 年的长期护理服务需求。尤其是在我国经济转型时期，企业自身负担较重，2019 年国务院通过并开始实施《降低社会保险费率综合方案》，因此，未来新增长期护理保险这一社会保险新险种，对企业开征缴费率适合从低水平起步。

## 第二节　政府应恰当选择财政补贴方式

### 一、三方缴费责任分担机制下要实施比例补贴方式

国家 GDP 总额与政府财政支出密切相关。GDP 总额越大，政府财政补贴支出水平才可能越高。政府实施财政补贴的方式包括定额补贴和比例补贴两种方式。综合考虑企业、个人缴费率的情形下，测算结果显示，政府实施比例补贴方式对应的个人、企业、政府三方缴费责任分担比例按大小顺序排列，个人分担比例最高，其次是政府，最后是企业，其对应的三方缴费责任分担最优缴费率分别是 0.5%、0.014% 和 0.046%；政府实施定额补贴方式在同样条件下对应的个人、企业和政府缴费率（金额）分别是 0.7%、0.168% 和 50 元财政补贴。定额补贴相对于比例补贴，个人和企业的缴费率都较高，尤其是企业缴费率相差 0.154%，会给企业造成较大压力。因此，建议政府选择比例补贴的方式承担长期护理保险缴费责任。

### 二、福利缴费模式下要选择比例补贴方式

随着老龄人口比例日益提高，失能人口占总人口的比例也相应提高。若政府以财政全额补贴方式选择福利缴费模式构建未来长期护理保险制度，则意味着个人和企业除了慈善捐助外，没有长期护理保险法定缴费责任。在这

种情形下，经过测算发现，如果实施定额补贴方式，随着时间延长，长期护理保险基金收支结余每年亏空金额不断扩大，难以维持制度的可持续发展，这主要是由于人口出生率降低，新生儿减少，老龄人口增加的同时导致整体人口失能率提高，进而导致长期护理保险基金支出大于收入。如果采取比例补贴方式，政府财政补贴形成的长期护理保险基金收入减去支出后，2022—2050 年历年结余金额越来越大，只要设定的财政补贴比例科学合理，就能保证长期护理保险收支平衡运行，从而满足失能人口的长期护理服务费用报销支出。

# 第三节　强调个人缴费与受益之间的权利与义务对等

## 一、提高个人应对失能风险的参保意识

随着我国整体生育水平下降和家庭小型化趋势不断深入，传统家庭内部"养儿防老"的代际护理养老模式难以为继，"一人失能，全家失衡"的风险给失能人员及其家庭带来了财务经济、时间精力、心理精神上的三重负担。自 2016 年以来，全国已有几十个城市启动长期护理保险制度试点，截至 2022 年底，共有 1.69 亿人参保，累计有 195 万人享受待遇，累计支出基金 624 亿元，年人均支出 1.4 万元，在减轻失能人员家庭经济负担、促进长期护理服务体系发展等方面发挥了积极作用。但值得注意的是，我国即将进入中度老龄化社会阶段，随着整体人口年龄偏高，失能风险发生的概率也相应提高，在此背景下，失能人员的护理问题将日益凸显。要进一步加强长期护理保险的政策宣传，提高个人的参保缴费意识，为全国稳步建立长期护理保险制度提供基础。

一是要加大长期护理保险制度的宣传力度，利用国家医保局微信公众号、街道社区等"线上＋线下"方式广泛宣传长期护理保险政策，推动经办数字化转型，依托数字赋能，推动失能评定、待遇享受等护理养老服务业务网上办，确保参保人及其家庭获得方便、及时的护理服务。

二是全面提升护理服务质量。针对失能人员的护理养老服务不同于传统的家政服务，一方面，需要由具有一定医学、护理学、心理学等综合知识的

专业护理人员提供服务，这就需要加强养老护理服务人才的培养、培训及其技能认定，被认定为合格的人员方能持证上岗。另一方面，尽快建立健全养老服务标准和评价体系，执行养老机构服务质量、安全基本规范等标准，通过养老服务质量星级评定，依法依规采取守信联合激励和失信联合惩戒等措施，以强化养老机构和护理机构监管，引导养老和护理服务机构及其工作人员诚信守法经营，持续优化服务，以更好地满足日益增长的失能护理服务需求。

## 二、渐进式逐步实现长期护理保险人群全覆盖

第六章第三节测算结果显示，在不考虑企业和政府缴费责任分担时，一是在独立建账、独立核算"强制缴费"模式下，以城镇职工个人为强制缴费责任单一主体，建立全国性长期护理保险制度，仅需达到 0.2% 的缴费率，就能实现基金收支平衡、历年结余为正，进而保障其可持续运行。二是在独立建账、独立核算"自愿缴费"模式下，若城乡居民自愿参保，并单独建立城乡居民长期护理保险基金账户，则需要达到 0.6% 的个人缴费率，方可实现基金收支平衡、历年结余为正。三是在合并建账、合并核算的"强制 + 自愿"缴费模式下，将第一种针对城镇职工强制缴费形成的长期护理保险基金和第二种针对城乡居民自愿缴费形成的长期护理保险基金合并建账并合并核算，测算结果显示，当其个人缴费率达到 0.35% 时，就可以实现基金收支平衡、历年结余为正。

前述测算结果表明，未来全国性长期护理保险制度构建，从城镇职工起步较为稳妥，因为城镇职工工资收入稳定且相对较高，0.2% 的缴费率水平相对于养老保险、医疗保险等现有社保个人缴费率较低，更容易被城镇职工接受。之后随着制度发展，可以逐渐扩大到城乡居民自愿参保，但城乡居民收入相对较低，因此需要达到较高的个人缴费率水平（0.6%），如果采用合并建账和合并核算的财务会计处理方式，则仅需达到 0.35% 的个人缴费率水平就可以实现制度正常运行。后期若政府给予一定财政补贴，则可以进一步降低城镇职工和城乡居民的个人缴费率，从而使长期护理保险惠及所有人，全面提升整个社会，尤其是失能人员的生活质量和生命尊严。

### 三、个人长期护理保险缴费率存在提升空间

长期护理保险制度的功能定位是长期失能人员的基本生活照料和与之密切相关的医疗护理提供服务或资金保障，其实质是应对人口老龄化社会中失能风险、补齐现有社会保障短板的有效金融手段。长期以来，我国企业承担较重的社保缴费压力，政府对城乡居民养老和医疗参保人提供财政补贴，客观上造成了城乡居民个人社保缴费责任意识不强，陷入"有补贴，才参保"和"补贴高，参保率高"的怪圈。

未来要强化长期护理保险制度权利与义务对等的基本原则，强调"谁享受，谁缴费；谁参保，谁缴费；缴费高，待遇高"的个人社保缴费责任主体意识，并且理论上我国个人社保缴费能力高达30.37%，扣除现有养老保险、医疗保险和失业保险费率之和（11%）后，在我国经济不断发展、居民可支配收入不断提高的背景下，个人能够负担的社保缴费率具有较大提升空间。

# 参考文献

一、中文文献

[1] 崔慕洁. 日本看护护理保险制度评析及展望 [J]. 现代日本经济, 2002（6）: 40-42.

[2] 裴晓梅. 老年型城市长期照护服务的发展及其问题 [J]. 上海城市管理职业技术学院学报, 2004（6）: 35-37.

[3] 卓志等. 保险精算通论 [M]. 成都：西南财经大学出版社, 2006.

[4] 何林广. 长期护理保险定价研究 [D]. 成都：西南财经大学, 2007.

[5] 蒋虹. 我国长期护理保险的发展模式选择 [J]. 西南金融, 2007（1）: 61-62.

[6] 陈岱婉. 综合责任长期护理保险的精算模型 [J]. 山西师范大学学报（自然科学版）, 2008（1）: 40-43.

[7] 范灵璐, 郑梓桢. 不能自理老年人照顾方式调查与养老服务体系的建构——以广东省为例 [J]. 贵州社会科学, 2008（7）: 24-27.

[8] 蒋承, 顾大男, 柳玉芝, 等. 中国老年人照料成本研究——多状态生命表方法 [J]. 人口研究, 2009, 33（3）: 81-88.

[9] 朱铭来, 贾清显. 我国老年长期护理需求测算及保障模式选择 [J]. 中国卫生政策研究, 2009, 2（7）: 32-38.

[10] 荆涛. 建立适合中国国情的长期护理保险制度模式 [J]. 保险研究, 2010（4）: 77-82.

[11] 陈垦. 长期护理保险费率研究 [D]. 杭州：浙江大学, 2010.

[12] 陈晓安. 公私合作构建我国的长期护理保险制度：国外的借鉴 [J]. 保险研究, 2010（11）: 55-60.

[13] 刘金涛, 陈树文. 我国老年长期护理保险筹资机制探析 [J]. 大连理工大学学报（社会科学版）, 2011, 32（3）: 44-48.

[14] 王维. 上海市长期护理保险制度设计研究 [D]. 上海：上海工程技术大学, 2011.

[15] 荆涛, 王靖韬, 李莎. 影响我国长期护理保险需求的实证分析 [J]. 北

京工商大学学报（社会科学版），2011，26（6）：90-96.

[16] 汉斯·兰克，唐菏娟. 什么是责任 [J]. 西安交通大学学报（哲学社会科学版），2011，31（3）：1-4，50.

[17] 魏华林，何玉东. 中国长期护理保险市场潜力研究 [J]. 保险研究，2012（7）：7-15.

[18] 戴卫东. 中国长期护理保险制度构建研究 [M]. 北京：人民出版社，2012.

[19] 张盈华. 老年长期照护的风险属性与政府职能定位：国际的经验 [J]. 西北大学学报（哲学社会科学版），2012，42（5）：40-46.

[20] 郑雄飞. 一种伙伴关系的建构：我国老年人长期照护问题研究 [J]. 华东师范大学学报（哲学社会科学版），2012，44（3）：135-142.

[21] 韩振燕，梁誉. 关于构建中国老年长期照护保险制度的研究——必要性、经验、效应、设想 [J]. 东南大学学报（哲学社会科学版），2012，14（3）：38-42，126-127.

[22] 孙建娥，王慧. 中国老年长期护理产业发展路径研究 [J]. 湖南师范大学社会科学学报，2012，41（2）：4.

[23] 钱军程，陈育德，饶克勤，等. 中国老年人口失能流行趋势的分析与建议 [J]. 中国卫生统计，2012，29（1）：6-9.

[24] 孙正成. 需求视角下的老年长期护理保险研究——基于浙江省 17 个县市的调查 [J]. 中国软科学，2013（11）：73-82.

[25] 上海财经大学社会保障中心课题组. 推行子女照护责任货币化，促进老年照护社会化 [J]. 科学发展，2013（9）：81-85.

[26] 林姗姗. 我国长期照护保险制度的构建与财务平衡分析 [J]. 福建师范大学学报（哲学社会科学版），2013（1）：28-34.

[27] 张盈华. 老年长期照护制度的筹资模式与政府责任边界 [J]. 老龄科学研究，2013，1（2）：27-35.

[28] 施巍巍. 发达国家破解老年长期照护难点带给我们的启示 [J]. 西北人口，2013，34（4）：105-109.

[29] 高春兰，班娟. 日本和韩国老年长期护理保险制度比较研究 [J]. 人口与经济，2013（3）：104-110.

[30] 肖云，王冰燕. 中国建立长期照护保险的必要性和路径 [J]. 社会福利（理

论版），2013（6）：26-30，47.

[31] 吕国营，韩丽. 中国长期护理保险的制度选择 [J]. 财政研究，2014（8）：69-71.

[32] 王新军，郑超. 老年人健康与长期护理的实证分析 [J]. 山东大学学报（哲学社会科学版），2014（3）：30-41.

[33] 海龙. 我国高龄老人长期护理需求测度及保障模式选择 [J]. 西北人口，2014，35（2）：40-44，49.

[34] 郝君富，李心愉. 德国长期护理保险：制度设计、经济影响与启示 [J]. 人口学刊，2014，36（2）：104-112.

[35] 戴卫东，李裕吉，顾梦洁. 日本残疾人长期护理服务体系研究 [J]. 残疾人研究，2014（3）：69-74.

[36] 景跃军，李元. 中国失能老年人构成及长期护理需求分析 [J]. 人口学刊，2014，36（2）：55-63.

[37] 曹信邦，陈强. 中国长期护理保险费率测算 [J]. 社会保障研究，2014（2）：111-122.

[38] 曹信邦，陈强. 中国长期护理保险需求影响因素分析 [J]. 中国人口科学，2014（4）：102-109，128.

[39] 荆涛，谢远涛. 我国长期护理保险制度运行模式的微观分析 [J]. 保险研究，2014（5）：60-66.

[40] 房立冰. 中国失能老人机构照护供需失衡及对策研究 [D]. 重庆：重庆大学，2014.

[41] 戴卫东. 中国长期护理制度建构的十大议题 [J]. 中国软科学，2015（1）：28-34.

[42] 闫一辰. 中国失能老人机构照护服务体系的构建 [D]. 重庆：重庆大学，2015.

[43] 雷晓康，冯雅茹. 社会长期护理保险筹资渠道：经验借鉴、面临困境及未来选择 [J]. 西北大学学报（哲学社会科学版），2016，46（5）：108-115.

[44] 刘德浩. 荷兰长期照护制度：制度设计、挑战与启示 [J]. 中国卫生事业管理，2016，33（8）：567-571.

[45] 杨付英，郝晓宁. 我国老年人失能现状及其影响因素分析——基于

CHARLS 数据的实证分析 [J]. 卫生经济研究, 2016（11）：7-10.

[46] 荆涛, 杨舒, 谢桃方. 政策性长期护理保险定价研究——以北京市为例 [J]. 保险研究, 2016（9）：74-88.

[47] 丁志宏, 魏海伟. 中国城市老人购买长期护理保险意愿及其影响因素 [J]. 人口研究, 2016, 40（6）：76-86.

[48] 张璐, 王歧丰. 长期护理保险应纳入社保体系 [N]. 北京晨报, 2016-03-13（5）.

[49] 陈国彬. 长期护理保险制度政府责任探究——基于德日奥三国的比较分析 [J]. 中国人力资源社会保障, 2016（9）：52-53.

[50] 江崇光. 中国台湾地区长期照护计划筹资模式研究及其借鉴意义 [D]. 北京：中国社会科学院研究生院, 2016.

[51] 林宝. 中国长期护理保险筹资水平的初步估计 [J]. 财经问题研究, 2016（10）：66-70.

[52] 景跃军, 李涵, 李元. 我国失能老人数量及其机构的定量预测分析 [J]. 人口学刊, 2017, 39（6）：81-89.

[53] 杨天红. 国家在长期照护社会保障中的功能定位与职责分工 [J]. 中共浙江省委党校学报, 2017, 33（5）：92-99.

[54] 王健康, 张利梅, 何静, 等. 我国老年长期护理保险保障对象界定的研究 [C]. 浙江省保险学会专题资料汇编, 2018.

[55] 党俊武. 中国城乡老年人生活状况调查报告（2018）[M]. 北京：社会科学文献出版社, 2018.

[56] 丁华, 严洁. 中国老年人失能率测算及变化趋势研究 [J]. 中国人口科学, 2018（3）：97-108, 128.

[57] 郑秉文. 从“长期照护服务体系”的视角纪念长期护理保险试点三周年 [J]. 中国医疗保险, 2019（8）：16-19.

[58] 丁坚江, 张春芳. 不能自理老年人照顾方式调查与养老服务体系构建 [J]. 中国老年学杂志, 2019, 39（3）：709-712.

[59] 李林, 任晓雅. 我国长期护理保险制度建设中的政府责任研究 [J]. 金融理论探索, 2019（4）：53-62.

[60] 谢冰清. 我国长期护理制度中的国家责任及其实现路径 [J]. 法商研究, 2019, 36（5）：40-53.

[61] 谢冰清. 论中国长期护理保险制度中国家责任之定位 [J]. 云南社会科学，2019（3）：118-126.

[62] 李新平，朱铭来. 基于转移概率矩阵模型的失能老年人长期照护保险缴费率分析——以天津市为研究对象 [J]. 人口与发展，2019，25（2）：11-19.

[63] 雷咸胜. 需求溢出视角下老年人长期照护的主体责任划分 [J]. 云南民族大学学报（哲学社会科学版），2019，36（1）：116-122.

[64] 李红. 我国长期护理保险需求的影响因素分析——基于面板分位数回归法 [J]. 保险职业学院学报，2019，33（4）：55-60.

[65] 李红，王新军. 非正式护理能否替代正式护理——基于 CLHLS（2014）的实证分析 [J]. 江西财经大学学报，2019（6）：76-86.

[66] 姜甜，于保荣，朱大伟. 老年长期照护保险制度的筹资来源和筹资标准 [J]. 山东大学学报（医学版），2019，57（8）：95-102.

[67] 文太林，孔金平. 中国长期照护筹资与公共财政转型 [J]. 行政论坛，2020，27（1）：114-119.

[68] 张盈华. 中国长期护理保险制度的可持续评价与趋势分析 [J]. 人口学刊，2020，42（2）：80-89.

[69] 陈鹤，赵姗姗. 长期护理保险财务可持续性——基于微观仿真方法和保险报销数据的评估研究 [J]. 保险研究，2021（10）：64-78.

[70] 于新亮，黄俊铭，康琢，等. 老年照护保障与女性劳动参与——基于中国农村长期护理保险试点的政策效果评估 [J]. 中国农村经济，2021（11）：125-144.

[71] 孟佳娃，胡静波. 长期护理保险待遇给付问题研究 [J]. 人民论坛，2022（7）：71-73.

[72] 杜天天，王宗凡. 我国长期护理保险筹资机制评介——基于 29 个长期护理保险试点城市经验 [J]. 卫生经济研究，2022，39（10）：10-15.

[73] 张良文，付思佳，方亚. 基于 SD 模型的长期护理保险筹资可持续性研究——以厦门市为例 [J]. 中国卫生统计，2023，40（1）：62-67，73.

[74] 刘方涛，费清. 中国长期护理保险需求规模预测和保障路径研究——基于第七次人口普查数据的测算 [J]. 保险研究，2023（3）：59-69.

[75] 韩润霖，韩晓静，张立龙，等. 中国农村失能老年人口的规模、结构与

发展趋势——基于 CLHLS 数据和第七次全国人口普查数据的研究 [J].
人口研究，2023，47（2）：63-77.

[76] 张家玉，蓝丹红，陈永杰. 长期护理保险待遇的混合给付模式何以实
现?——基于广州市的实证研究 [J]. 东北师大学报（哲学社会科学版），
2023（4）：117-128.

## 二、英文文献

[1] Nagi S Z. Some Conceptual Issues in Disability and Rehabilitation. Sociology
and Rehabilitation [M]. Washington, DC: American Sociological Association,
1965.

[2] Demsetz H. The Private Production of Public Goods [J]. The Journal of Law &
Economics, 1970, 13（2）: 293-306.

[3] Goldin K D. Equal Access vs. Selective Access: A Critique of Public Goods
Theory [J]. Public Choice, 1977, 29（1）: 53-71.

[4] Meiners M R, Trapnell G R. Long-term Care Insurance: Premium Estimates
for Prototype Policies [J]. Medical Care, 1984, 22（10）: 901-911.

[5] Morginstin B. Long-term Care Insurance in Israel [J]. Ageing International,
1987, 14（2）: 10-13.

[6] Schmidtz D. Contracts and Public Goods[J]. Harvard Journal of Law and Pub-
lic Policy 1987（10）: 475-503.

[7] Rivlin A, Wiener J, Hanley R, et al. Who Should Pay for Long-term Care for
the Elderly?[J]. Brookings Review, 1988, 6（3）: 3-9.

[8] Rice D P. Health and Long-term Care for the Aged[J]. American Economic Re-
view, 1989, 79（2）: 343-348.

[9] Levikson B, Mizrahi G. Pricing Long Term Care Insurance Contracts [J].
Insurance Mathematics & Economics, 1994, 14（1）: 1-18.

[10] Ermanno Pitacco. Actuarial Models for Pricing Disability Benefits: Towards a
Unifying Approach [J]. Insurance Mathematics and Economics, 1995,（16）:
39-62.

[11] Zwifel P, Struwe W. Long-term Care Insurance in a Two-generation Model [J].
Journal of Risk and Insurance,1998, 65（1）: 13-32.

[12] Campbell J C, Ikegami N. Long-term Care Insurance Comes to Japan [J]. Health Affairs, 2000, 19（3）: 26-39.

[13] Geraedts, Heller, Harrington. Germany's Long-term Care Insurance: Putting a Social Insurance Model into Practice [J]. Milbank Quarterly, 2000（78）: 375-401.

[14] Schnepper, Jeff A. Can You Afford Long-term Care?[J].USA Today Magazine, 2001, 130 （2678）: 25.

[15] Lakdawalla D, Philipson T. The Rise in Old-Age Longevity and the Market for Long-term Care [J]. American Economic Review, 2002, 92（1）: 295-306.

[16] OECD. Long-term Care for Older People[R]. OECD Health Project, 2005.

[17] Finkelstein A, Mcgarry K. Multiple Dimensions of Private Information: Evidence from the Long-term Care Insurance Market [J]. American Economic Review, 2006, 96（4）: 938-958.

[18] Pritchard D J. Modeling Disability in Long-term Care Insurance [J]. North American Actuarial Journal, 2006, 10（4）: 48-75.

[19] Karlsson M, Mayhew L, Rickayzen B. Long-term Care Financing in Four OECD Countries: Fiscal Burden and Distributive Effects[J]. Health Policy, 2007, 80（1）: 107-134.

[20] Brown J R, Finkelstein A. Why is the Market for Long-term Care Insurance so Small? [J]. Journal of Public Economics, 2007, 91（10）: 1967-1991.

[21] Bolin K, Lindgren B, Lundborg P. Informal and Formal Care among Single-living Elderly in Europe[J]. Health Economics, 2008, 17（3）, 493-409.

[22] Brown J R, Finkelstein A. The Private Market for Long-term Care Insurance in the United States: A Review of the Evidence[J]. Journal of Risk and Insurance, 2009, 76（1）: 5–29.

[23] Finkelstein A, Luttmer E, Notowidigdo M. Approaches to Estimating the Health State Dependence of the Utility Function[J]. American Economic Review, 2009, 99（2）, 116-121.

[24] Schneider U. Germany's Social Long-term Care Insurance: Design, Implementation and Evaluation [J].International Social Security Review, 2010, 52

（2）：31-74.

[25] Rothgang H. Social Insurance for Long-term Care: An Evaluation of the German Model[J]. Social Policy & Administration, 2010, 44（4）：436-460.

[26] Peng R, Ling L, He Q. Self-rated Health Status Transition and Long-term Care Need, of the oldest Chinese[J]. Health Policy, 2010, 97（2）：259-266.

[27] Barr N. Long-term Care: A Suitable Case for Social Insurance[M]. Wiley-Blackwell, 2010.

[28] Yong V, Saito Y. National Long-term Care Insurance Policy in Japan a Decade after Implementation: Some Lessons for Aging Countries [J]. Ageing International, 2012, 37（3）：271-284.

[29] Shimizutani S. The Future of Long-term Care in Japan [J]. Asia-Pacific Review, 2014, 21（1）：88-119.

[30] Nadash P, Doty P, Von S M. The German Long-Term Care Insurance Program: Evolution and Recent Developments [J]. Gerontologist, 2018, 58（3）：588-597.

[31] Rogelj V, Bogataj D. Planning and Financing the Home and Facility-based Care Using the Multiple Decrement Approach [J]. Journal of Decision System, 2018（3）：1-12.